“任何一个物种，
没有随着竞争者的变化而发生相应程度的改变或变异，
结果就会灭绝。”

——查尔斯·达尔文

“经济学家
由于社会组织——特别是工业组织——与高级动物的身体组织间
所出现的很多奥秘的相似点而获益匪浅。”

——阿尔弗雷德·马歇尔

从哲学的角度看，企业在“化物”；
从经济学角度看，企业要“获利”；
从社会学角度看，企业是“生态”；
从生物学角度看，企业有“生命”；
从物理学角度看，企业在“做功”。

——著　者

企业进化浅论

王保江　著

北京航空航天大学出版社

内容简介

本书所讨论的主题为企业是什么及其进化、生长的过程。本书将企业看成生命体，定义并提出了企业的机能、组织、价值观的有机构成部分，并以此来回答企业是什么。本书肯定了企业的进化性以及企业生命生长的规律性，提出了企业进化的概念和范畴，并展开了一定范围的讨论。

本书的内容具有一定的原创性，但是也有鲜明的前人之肩膀提供支撑，这其中包含了两个支撑点：一个是借鉴了达尔文进化主义关于自然界生物生长发育的观察和解答，比如适者生存、优胜劣汰、自然选择、生存竞争等，这与现实中企业的进化完全契合。另一个是借鉴了中国传统文化特别是《易经》和道德经中关于生命的追问和解答，比如"道生之，德蓄之，物形之，势成之""万物负阴而抱阳""道生一，一生二，二生三，三生万物""阴消阳长"等。古人为了描述现象并提取其本质，选择使用了这些特殊文字，我们应将其理解为概念、范畴、符号、描述，而绝不仅仅是其字面内涵。在学习和借鉴中，本书做了传统思想体系在企业实体上的投射。

本书适合企业管理者参考，也可作为培训机构的讲义，还可作为研究企业相关领域学者的参考资料。

图书在版编目(CIP)数据

企业进化浅论 / 王保江著. -- 北京 : 北京航空航天大学出版社, 2020.11

ISBN 978-7-5124-3380-9

Ⅰ. ①企… Ⅱ. ①王… Ⅲ. ①企业成长—研究 Ⅳ. ①F271

中国版本图书馆 CIP 数据核字(2020)第 205736 号

企业进化浅论

王保江 著

责任编辑 张 凌

*

北京航空航天大学出版社出版发行

北京市海淀区学院路 37 号(邮编 100191) http://www.buaapress.com.cn

发行部电话：(010)82317024 传真：(010)82328026

读者信箱：bhpress@263.net 邮购电话：(010)82316936

北京九州迅驰传媒文化有限公司印装 各地书店经销

*

开本：710×1 000 1/16 印张：17 字数：362 千字

2020 年 11 月第 1 版 2020 年 11 月第 1 次印刷

ISBN 978-7-5124-3380-9 定价：54.00 元

若本书有倒页、脱页、缺页等印装质量问题，请与本社发行部联系调换。联系电话：(010)82317024

前　言

本书所讨论的主题是，企业是什么，它是如何进化的，又是如何生长的。

毋庸置疑，企业是有生命的。我们试图揭示的是，企业的自然存在的生长规律和变化规律，以及是否能够真正指导企业的经营管理，抑或提出一种新的可能性选择。

办企业与做生意是不同的。细致分析它们之间的界限是非常重要的，也可以说它们之间是存在着非常重大的区别的，这当然也是共识。

在这里，我们给出另外一个如何区分的标准或者基因——不谋求进化的企业，不是在办企业，而是在利用非市场的要素做生意，这种情况目前看还是非常普遍存在的。

进化是自然界的一切选择的结果，也是偶然中的必然。

从自然界进化的过程来看，最核心的是适者生存、用进废退和自然选择。这些，对应于企业的生命体，完全可以照搬过来对照评价、指导、参考。

适者生存。对于企业而言，就是适应社会发展、满足社会需求、所提供的产品具有非常明显的进化性和进化能力。

用进废退。对企业而言，就是革新，也是吐故纳新。通过不断地向前探索和尝试来提高自身的能力和潜力；反之，就是退步、衰退，企业就走向末路。

自然选择。企业使出浑身力气取得发展或者遇到瓶颈，这里面有必然，但也有偶然。有很多时候，因为自然选择的存在，企业自身如何努力也无法超越自然选择的力量。

所以，唯有进化，企业才能生存、生长。

我们抄录一段百度百科关于进化的定义和解释，如下：

进化，又称演化(evolution)，在生物学中是指种群里的遗传性状在世代之间的变化。所谓性状是指基因的表现，在繁殖过程中，基因会经复制并传递到子代，基因的突变可使性状改变，进而造成个体之间的遗传变异。新性状又会因物种迁徙或是物种间的水平基因转移，而随着基因在种群中传递。当这些遗传变异受到非随机的自然选择或随机的遗传漂变影响，在种群中变得较为普遍或不再稀有时，就表示发生了进化。简略地说，进化的实质便是：种群基因频率的改变。

用类比来分析：企业是生物物种，企业群体是物种群落，个体企业有个体企业的基因，群落里面的个体又有个体基因的差异。企业的遗传表现为“长期可持续发展”的动能和惯性。企业的遗传变异表现为“企业的变革和转型”。

由此，可以得出一个结论：但凡长寿的企业必然经历过进化。否则，必然在惯性中碰壁、在动能上归零。

所以,进化是企业发展的必然要求。

为什么企业的平均寿命比较短呢?是因为,其一进化是必然要求,其二进化不容易发生。我想,仅此而已。从现象上,虽然可以归结为市场的激烈竞争、技术的不断替代、人才的缺失等原因,但从哲学的本质来看,就是不进化则亡。

企业寿命不长是必然——如同万物生生死死的必然性,同理同源,不能够完成自身的凤凰涅槃,就只能匆匆走完第一个生长的轮回,甚至是夭折。

价值是企业进化的目标和动能。

企业需要进化,从社会发展需求而言,其自身的价值一直被需要、被认可、被支持。核心的部分是"价值进化",即随着时代发展能够提供社会上正需要的产品和服务,从而体现一种"被需要"的价值。因为被需要,企业得到了发展的动能——市场和利润。

变现是企业进化的保障和手段。企业进化从表面上看有很多方法,包括管理创新、技术创新、市场开拓、人才队伍培养等,但是所有的这一切都必须通过变现来保障,都必须由表现的手段来支撑。否则,企业的上述行动都是空谈。

再来看做生意——能够赚到一笔是一笔,能够做上几年是几年,运气好多赚点、多赚几年。但是,这样的价值观不是企业家的思维,也不能够展现企业家精神。当然,这往往是很多企业的起点和原点,从这个点出发,走在路上,形成了迥然不同的发展路径和发展状态。这就如同幼儿园的小孩年少不更事,但待到成年走向社会后则会展现出巨大的差异一样。反思,我们能够要求幼儿园的小孩长大都一样吗?我们能够预判幼儿园的某个小孩会发展成什么样吗?这些都是进化的偶然和必然规律在起作用。

该怎么进化?

从结果看,企业进化后和进化前就不是一样的企业了——基因发生了突变,而不是遗传(惯性)所得。

从形式看,企业的进化就是两个:转型和升级。

从难易程度看,一步一步升级比较容易,突然之间的转型比较难,甚至说几乎不可能——相当于"死去活来"一次。

从宏观来看,企业不论怎么升级,总要面对"转型"的要求,总要迈过这个坎,这是因为社会在进化、在转型,跟得上社会进化和转型的企业才可以继续生存。

我们接下来尝试定义和分析一下何为企业的进化。

第一,微观和宏观:在微观上就是不断"通过否定自己而实施探索实践(不一定都叫创新)",在宏观上不论是偶然还是必然都能够与社会的进化和转型保持一致。

第二,思想和行动:在思想上必须秉承"不进化则亡"的危机意识,在行动上要不断地探索和寻找破解这个危机的方法、途径、措施。

第三,生长和健康:在企业生长的过程中,其生命力有若干指标,最低的就是不会破产;在健康上,企业不可能不生病,所以企业要能够及时检视自己的病症,做到治未病、早发现、早治疗。

第四，投入与产出：按照线性逻辑投入必须有产出，企业都这么认为。但是在面向和应对企业的进化一事上，投入不一定有当下的产出，并且往往增加了企业的投入风险，而这个风险是用来抵御未来社会进化和转型给企业带来的灭顶之灾的风险的。

第五，惯性和突变：企业发展有惯性，如同物理学上讲的惯性一样，是事物发展的主要阻力。企业走在惯性的道路上是安逸的，安逸恰恰就是风险。所以，企业发生突变是自然选择的要求，企业不容易也不愿意发生突变。但是，企业应该有勇气面向和应对突变，这种勇气的核心其实也就是企业家精神——冒险精神和创新精神。

企业需要进化本质上也是由于"价值的进化"，这包括企业自身的价值、企业提供的产品和服务的价值、社会的价值观、社会的发展需求，这些统统可以归总为社会的进化。

所以，仅仅关注价值和表现是不够全面的，也是只见树木、不见森林的，更应该关注到和努力做到自身的不断进化，这样才能长期可持续发展，才能基业长青。

这里，引用一句汪丁丁教授在《思想史基本问题》中写到的话："无止境地试图超越自身的有限性，这就是我理解的生命力。"它可用来概括企业进化的动力——不断超越自身的有限性。基于这一点，企业进化与自然界物种进化的最大不同也在于此——主观能动性。

最后，对于本书的内容和写作目的略作说明——我想做的仅仅是一个探索、一组猜想、一种可能，并试图完成文字化的描述。这距离企业生命生长及其规律的真实的存在，还有非常遥远的距离。所以仅希望本书可以发挥抛砖引玉的作用。

著 者

2020 年 6 月

目　　录

第一章　提出的背景

企业是什么

我们已经看到和学到太多关于企业运营管理的学问了，诸如市场营销、领导力、执行力、人力资源、财务管理、风险管理、团队建设、项目管理、工商管理，等等。

我们是否曾经想过一个问题：企业是什么？或者还可以问：什么是企业？企业究竟是如何组成的？企业所拥有的生命藏在什么密码中？人们为何聚集在一起组成了企业的这种社会有机体？等等。

企业是一种“社会生物”，也就是通常所说的社会有机体。因为，我们看到，企业有生老病死、企业有年龄、企业有发育、企业有精神、企业有文化、企业有思想、企业有行为、企业有组织、企业有传承、企业有繁衍、企业有价值观、企业有使命、企业有目标、企业有创造性、企业有能动性，等等。这些属性都是存在的，企业具有这么多的属性，足以说明企业像一个“人”了。

因为企业的核心和本质是“人的集群”，一群人所显现出来的集体行为特征就是企业的行为特征，所以企业不仅是一种“社会生物”，而且还是一种“社会人生物”——如同在法律上我们把企业定义为法人一样，在社会学中我们一样可以把企业定义为“社会人”。

我们社会上的人有男人、女人，也有不同民族、国籍的人，按照企业是社会人的理解（借鉴企业是法人的概念范畴），我们把企业看作是一种“社会人”是逻辑成立的。我们看企业变得越来越复杂、变得越来越有智慧——智慧企业、智慧管理，这些我们都已经听说很久了，这些也反复冲击我们的思考，即企业具有鲜明的人格属性。

企业作为“社会人”目前还是一个非严格意义的科学或者社会学概念范畴，但是给我们启发、思考其进化奠定了理解和认知上的基础，这一点应该是具足的。企业无论如何都不是机器机械，不是无生命之实物，它最终的里里外外的构成与所展现的都体现为“人的意志”与“人的行为”。

这些思考和认识还有待更长久、更深刻地去探索和研究。

企业联姻生子

企业作为社会有机体具有生命特征的看法并不稀奇，也不新鲜。

企业有很多种“出生”方式，然后在其“股东”中显性地标明了该企业的“生身父母”是谁。其中比较典型的企业有两类“生身父母”：①个人股东；②单位股东，当然，还有这两类的混合体。

世界上肯定有第一个企业（第一个社会有机体物种）由其“个人股东作为生身父母”而诞生。这就是企业作为新物种的出现。然后，就开始了其自身物种的不断演化——结构、机能、组织、使命。

按照生物学进化里面的联姻繁衍的概念，我们今天可以说常见“企业联姻谈恋爱结婚生子”——得到一个崭新的企业，有继承也有发展。

这听起来夸张吗？依照联姻繁衍的概念，这一点也不夸张。

按照这种方式“出生”的企业，其有多个法人股东——企业股东，他们之间进行要素的组合，生出了一个新的企业——子企业。这种“父母企业”“子企业”的说法，本身就存在。

什么是两个或者多个企业生出一个新的企业的原理呢，这种方式生出的企业是否天生健康或者不健康呢，是否有生物学经验借鉴到这种方式的优生优育的环节中来提高新生企业的生命力呢？诸如此类，不能不引起人们思考。

从第一个企业出现，到现在世界上有无数的企业，它们每天都在经历着生与死——与自然界生物所面临的情形一样。企业的这个长期演变过程是一个什么样的过程呢？我们称这种过程为进化，应该不为过。那么这个进化的过程是如何发生的，以及探讨之后是否有助于企业的生长、发展与转变？这也是引人思考的。

企业联姻结婚生子给我的启发很多，也会极大拓展我们对企业“出生”这个环节的理解和认知——它并非仅仅是注册拿证这么简单。一个新企业所获得的营业执照，仅仅是其“出生”的证明而已。这就很类似一个新生婴儿的出生证，新企业想要长大成人、成材，也还不知道要经历多少苦难与磨砺。

给一个“新出生的企业”喂食什么“营养品”，它才能长得健康长得好呢？其长大成材的漫漫过程又可能怎样发展呢？在少青壮老的不同生命阶段，如何做到基业长青，这些不是我们经常探讨的问题吗？

自然进化论概述

本节的以下内容，全部引自百度百科。

以自然选择为基础的进化理论，最早是由查尔斯·达尔文与亚尔佛德·罗素·华莱士提出的，详细论述则出现在达尔文于1859年出版的《物种起源》。1930年代，达尔文自然选择说与孟德尔遗传合二为一，形成了现代综合进化理论，联结了进化的“机制”(自然选择)与进化的“单位”(基因)。这种有力的解释及具有预测性的理论，成为现代生物学的中心原则，使地球生物的多样性得以统一说明。

生物学家认为演化是没有方向的过程，也没有任何预先计划的目标。虽然在已知的演化过程中，确实具有逐渐复杂的现象，但是依然有许多物种保持在较简单的状态，如细菌。因此复杂性可能增加也可能减少，或是维持不变，结果取决于天择的机制。

生物学进化是与遗传相对应的概念，核心反映的是遗传变异并形成规模和普遍性，从而实现了物种的进化。

演化可以依据时间长短与差异程度，分成“微观演化”(微演化)与“宏观演化”(广演化)。微观演化指几个世代中，基因频率小范围的变化，例如现今世界各地人类的差异。宏观演化指长时间的演化过程，例如人类与灭绝祖先的关系。宏观演化的历史，包括生物群在化石纪录中突然出现突然丢失的环节、物种长期停滞不变等难以解释的现象，例如延续时间5370万年左右的寒武纪地层中保存大量化石的现象。

在天择的作用影响之后，生物能够更加适应它们所处的环境。只要是能够使个体拥有更大生存优势的过程，都可以称为适应。不过需要注意的是，适应并非放诸四海而皆准，在一个环境中拥有优势的特征，可能会在另一个环境中成为缺陷，这种现象也能解释为何演化并没有任何默认方向和目的，只有适应或是不适应。

即使“进步”在演化过程中并非必要，但是物种之间的竞争关系仍能使物种在最基本的环境适应之外，进行更进一步的变化。这些竞争类似于人类的军备竞赛(arms race)，依照物种的关系可将其分成两种：一种是不对称竞争，指物种受到不同条件的选择，如掠食者与猎物的关系；另一种是对称竞争，指物种受到相同的条件选择，如森林中树木对阳光的争取。此外，性择也具有竞争的特性，有些物种在繁殖机会的竞争压力之下，会逐渐发展出相当奇特的外观或行为，例如鲜艳羽毛与吞食异性。

灭绝指物种或是某个分类上的族群消失，并减少生物多样性。某一物种的最后个体死亡，就是物种的灭绝时刻，即使灭绝前就已经失去了任何繁殖的可能。由于物种的潜在范围可能相当大，因此确定物种灭绝时刻相当困难。地球上曾经有过多次大规模的灭绝，其原因大多是因为环境，尤其是气候的大幅改变。其中最严重的5次，分别是奥陶纪后期(4亿4千万年前)、泥盆纪后期(3亿6千万年前)、二叠纪后期

(2亿5千万年前)、三叠纪后期(2亿1千万年前)与白垩纪末期(6千5百万年前)。其中二叠纪后期的二叠纪灭绝事件,大约95%的海洋生物与70%的陆地动物消失。白垩纪末期的白垩纪灭绝事件,则因为恐龙的灭绝而著名。

以上所体现的核心学术观点就是:物竞天择、优胜劣汰。

企业进化的内涵

马歇尔在《经济学原理》谈及工业组织的章节中有一段描述:“而最后足以说明物质世界与精神世界中各种自然法则之间的影响的基本统一性。这个核心的统一性可以通过以下的一般理由来说明:有机体——不管是社会的有机体还是自然的有机体——的扩展,一方面使它的各个部分之间的效能的再分部分有所增加,另一方面使各个部分之间的联系更为紧密,这个理由是没有多少例外的。每一部分的自给自足越来越少,但为了它的福利却越来越多地依赖其他的部分,所以,一个高度发达的有机体的部分出了毛病,就会影响另外各部分。”这段话充分支撑和指明了作为社会有机体的企业的进化逻辑,以及关于企业进化的研究和研究方向,可以支持我们沿着企业有机体的生物视角来探寻和思考诸多的问题。

我们从百度百科引用一段解释:进化,又称演化(evolution),在生物学中是指种群里的遗传性状在世代之间的变化。所谓性状是指基因的表现,在繁殖过程中,基因会经复制传递到子代,基因的突变可使性状改变,进而造成个体之间的遗传变异。新性状又会因物种迁徙或是物种间的水平基因转移,而随着基因在种群中传递。当这些遗传变异受到非随机的自然选择或随机的遗传漂变影响,在种群中变得较为普遍或不再稀有时,就表示发生了进化。简略地说,进化的实质便是:**种群基因频率的改变**。达尔文并未对“evolution”下过定义,在1859年出版的《物种起源》第一版中,也并未使用“evolution”这个词,当时达尔文是使用“经过改变的继承”(descent with modification)、“改变过程”(process of modification)或是“物种改变的原理”(doctrine of the modification of species)等词。evolution这个词在当时生物学上的意义,是胚胎发育过程,在当时一般用语中具有“进步”的含义,而达尔文反对用“进步”之类的用语来描述生物改变的过程。

在编写本书的过程中,我们试图从生物学“进化”的内涵中获得启发,利用这个概念内涵来阐述企业自身发生的某些变化。

所以,超越生物学范畴,进化该怎么定义和描述呢?

我们给一个内涵的定义:所谓进化是指一个事物由于各种原因成了另一个不同的事物。这里所谓的不同是指包含了事物应该具有的所有本质要素的部分或者全部的改变。对于生物而言主要是基因;对于企业而言本质的要素是什么,什么样的情况下发生改变并意味着成了一个新的企业呢?这就是接下来准备逐步讨论清楚的问题。

进化可以用非常类似于对化学反应的解释来理解——有新物种产生，而物理反应没有新物种产生，改变的要素不是决定事物本质的要素。

企业的进化也可以借此解释为“企业的化学反应”。的确很像，企业有很多很多的要素组织在一起，还有很多很多行为组织在一起，在各种作用下会发生物理反应和化学反应，其中的化学反应出现了新的物种，是企业真正实现进化的主要标志。

最具争议的一个问题将是“企业是否适用进化的概念”，怀着对这个问题的忐忑，本书中将尝试做一些分析和探讨。

第二章　企业的构成

我们要研究企业的进化，就需要研究两个问题及它们之间的关系，这样就是面对三个问题了：①企业内是什么？②企业外（市场）是什么？③企业内外的关系是什么？简单说就是：企业与市场及其之间的关系，三个问题都需要说清楚。

这一章的主要目的是定义企业内是什么。

有很多人给企业下过定义。我们又将采取什么样的范式给企业下定义呢？又因为将企业作为社会中存在的一种物种，如何体现其生命特征呢？

我们用系统论作为指导，对企业的特质进行描述和定义。所谓企业，就是在市场中实现价值创造和价值传递的转化系统，组织形式主要为公司。

企业是一个系统自当不用讨论，而企业这个系统完成的使命是“价值创造和价值传递”，一端连接企业的输入，另一端连接企业的输出。作为一个系统，其不是独立存在于社会经济生活中的，所以企业的系统要与非常多的其他系统发生接口关系，只有这样才能达到一种平衡或者发展状态。

将企业看成一个黑盒子，将其置于社会经济生活的大系统中，这个黑盒子需要对接其他系统，比如：市场系统、金融系统、政策系统、供应链系统、价值链系统，等等，只有在这些多系统间寻求稳定的连接和交换，企业才能生存发展壮大。

在系统论的视角下，很多涉及企业的问题，比如创新、技术、管理、产品、质量、工艺、服务、性能、客户、资金等都是这个系统赖以生存的要素、属性、机能。

下一节将对企业的系统结构进行定义和描述。

系统的结构

企业究竟由哪些要素组成，这些要素之间有什么关系，从而使得企业形成了一套有机系统，能够自我生长发育、变强变大？

“不识庐山真面目，只缘身在此山中”，借用这句话的内涵，要想看透企业的组成本质，也应该站在企业外部来观察它。我的意思是，对于企业内部流程、组织、管理、模式的研究，不足以回答“企业究竟由什么组成”的，因为从企业“内部”入手来观察和分析一个企业并不能得出企业的全貌。

“盲人摸象”的故事也是家喻户晓的。事实上，我们可以感知，对于任何存在未知情况的事物进行分析和认识，都免不了会出现“盲人摸象”的情形，这与观察者所处的角度和位置密切相关，谁也不能一下子看全、看准。

从上面的两个基本观点出发，我们认为非常有可能在分析和认识“企业”的过程中，依然存在“庐山面目未明”“盲人摸象”的情况。之所以这样给出判断结论，还因为虽然对于企业的研究开展得非常多，但是企业自身的发展也是非常的快速，很多的理论都有当时出现的历史条件和经济条件背景。

我们提出一个命题：“企业系统结构的一般性定义与应用。”当然，也不能排除盲人摸象的嫌疑，也不一定是站在了能够观察到全局的视角和位置，只是希望通过提出这个命题，并与其他的各种视角观点形成对比、交叉、融合，也许是有意义的。

对于如何指引企业家“在思路上走得更远一些”，已经有很多的研究和指引。“不忘初心，方得始终”，思路必须时刻从企业的“原点”、“源头”出发、校准、回溯。否则，思路跑远了，也不是好事情；这种情况也是时有发生的。

那么，如何正确地让思路能够做到在“原点”、“源头”出发、“校准”和“回溯”呢？

我们提出了“企业系统结构的一般性定义和运用”的探讨命题，所遵循的是以系统论为指导，以逻辑性为标准，以结构化为目标。由此，在系统论的指导下，企业的系统结构组成采取“分层”的逻辑思路进行设计、给出。在企业系统的结构一般性定义中，将企业的系统结构分为三层，同时结合了《易经》中天、地、人三才的内涵，归纳描述如下：

第一层：支撑层（地，物以形之）：企业的创办、生长、发展、壮大，有一个支撑层的概念，如同植物的生长一样需要“土壤”、生生不息。企业每一年相比较上一年而言，生命力源泉也需要来源于“支撑层（地）”。其中，研究和谈论最多的是企业的资源，还应该考虑把“股东、架构、领导”三个要素作为企业发展的支撑，这些是相对静态不常发生变化的，起到了支撑企业发展的基石的作用。

第二层：创造层（人，德以畜之）：这是管理学、管理手段研究比较多的层面，人是价值的唯一创造者。企业是靠人创造出来的，离开了创造，就不可能成为企业。对于创造层的人而言，有很多的研究成果讨论效率、流程、质量、绩效、考核、激励等等，但是第一位的应该还是“德——各得其所欲也(黄石公)”,这样才能把企业做大、做强、做长。

第三层:价值层(天,势以成之):企业的价值是企业的生命,企业创造价值的能力是企业基本的生命力。企业的价值必须在社会、客户、市场层面得到认可和接受,才能够变现并获得利润。需要企业考虑的包括提供什么样的产品或服务有价值,有什么样的价值,等等。这些,现实都是从“产品”的角度思考“成本、利润、市场”。而缺少从“价值”的角度思考,这是企业价值观的问题,而不是企业产品观的问题。从这个层面,最重要的是趋势,趋势是企业家最忠诚的盟友,跟不上趋势将满盘皆输。

以上所述如表 2.1 所列。

表 2.1　企业一般性系统结构定义

<table>
<tr><td rowspan="4">价值层</td><td>社会</td><td>企业的社会价值</td><td rowspan="4">价值观引领企业发展方向</td><td>天</td><td rowspan="12">企业管理:贯穿上下</td></tr>
<tr><td>客户</td><td>产品的客户价值</td><td rowspan="3">势成之</td></tr>
<tr><td>市场</td><td>产品价值的变现</td></tr>
<tr><td>服务</td><td>产品价值的催化</td></tr>
<tr><td rowspan="4">创造层</td><td>输出</td><td>企业的产品或服务</td><td rowspan="4">创造出价值是企业的本质</td><td>人</td></tr>
<tr><td>执行</td><td>企业的运营与控制</td><td rowspan="3">德畜之</td></tr>
<tr><td>决策</td><td>企业运营管理的大脑</td></tr>
<tr><td>团队</td><td>企业的创造者</td></tr>
<tr><td rowspan="4">支撑层</td><td>领导</td><td>企业的领头羊</td><td rowspan="4">企业生长的土壤环境</td><td>地</td></tr>
<tr><td>架构</td><td>企业组织机构</td><td rowspan="3">物形之</td></tr>
<tr><td>股东</td><td>企业的投资人</td></tr>
<tr><td>资源</td><td>企业生生不息的根</td></tr>
</table>

“基础不牢,地动山摇。”企业系统结构的一般性定义目的是提供一个牢固的“思想认知”基础,在创新发展过程中,遇到问题能够时刻从这个基础点出发,寻找战略机遇所在。而其应用也主要是指导企业的战略制定和战略执行。

“顶天立地,事在人为”,从企业系统结构的一般性定义中的层级结构,可以看出所有企业的战略都可以概括为这句话。“顶天”就是做好“价值层”的战略规划,把握趋势、跟进形势、满足价值观要求、做好服务等;“立地”就是做好“支撑层”的战略规划,夯实基础、充实资源、稳定机构等等;“人为”就是要能够充分发挥每个人的创造力,做好“创造层”的规划,在“人为”层面上的战略规划尤其重要,不然即使顶天立地了,人都不作为、不努力,一样没有用。

指导企业制定战略和实施的文字可以说非常多,五花八门。但是,若没有从真正的“根本”上出发,这些战略指导以及参照制定的战略,多半是用处不大的,就如同我们坊间所说的“战略规划变成了战略鬼话”。什么是企业制定战略的“根”呢?这就回到了我们为什么提出“企业系统结构的一般性定义和运用”的出发点和目标了,企业战略制定的“根”就是“企业的系统结构”在实际情形下的实例化。结构,是一切事物的“根”，比如建筑、比如化学分子式、比如软硬件，再比如人体机构，等等。

因为把企业比作生物物种，我们就拿果树来作一个比喻吧。把企业看作一棵果树，那么树干就是“创造层”、树根就是“支撑层”、果实就是“价值层”。企业作为一个独立的系统，也就相当于果树自身的生命系统了。

企业的实力

毫无疑问，企业需要实力，需要发展实力，需要持续具有实力。

企业是一个组织有自己的目标和使命。那么如何理解和定义企业的实力呢？我们从《软实力》一书中先引用一段话：“实力即是对他人的行为施加影响，并达到自己目的的能力。”这句话，同样也适用于描述企业的实力。

我们可以给出一个简单的等式：

实力＝能力＋资源

在这里，我们综合分析提出，企业应该具有四个方面的实力：

① **软实力**。包括诸如文化、价值观、精神、政策、制度、服务，等等，起到吸引、同化、凝聚、认同的作用。

② **硬实力**。包括企业的技术、创造、产品、销售、工艺等等，完成产品的加工制造和销售，实现资金的投入和产出。

③ **支撑力**。包括企业掌握或者拥有的资源、股东、架构、领导人，等等，实现对企业发展的支撑和引领、带动和推动。

④ **巧实力**。就是企业的管理能力，通过预测和调控，使企业内外部事务处于有序状态、有序发展、有序运转，即各司其职，又协调协作到位。因为现在我们共同面临信息时代的全面到来，所以对于任何一个企业而言，信息也是实力，而且既是巧实力，也是支撑力。

在上一节，我们一开始就提出了企业系统的结构，并且是从中国传统文化的视角、从现代企业组织管理的视角进行了综合统一和协调，从而得到了一个崭新的结论。

在我们得出的企业的系统结构的定义和描述中，可以清晰地看到：价值层对应的是企业的软实力，创造层对应的是企业的硬实力，支撑层对应的是企业的支撑力，而贯穿上下的企业管理对应的是企业的巧实力。

企业要实现自己的目标，打造自己的实力、持续发展自己的实力，这个过程本身就是进化的全部。需要三个构成要素：机能、组织和价值观。后文将全面深入展开阐述。

我们常常说一个企业有实力，大概不会超出上面提出的四个方面的范畴；反之，说一个企业没有实力或者实力下降（淘汰）也会包含在上面的四个范畴之内。

机能(Function)(四肢)

以企业的一般性系统结构定义为指引,将企业创造层的使命定义为企业的机能,所谓企业的进化、生长、壮大的核心指标均在此类别里面。换句话说,若一个企业机能全数丧失,则意味着一个它的生物学死亡。

我们由此定义了企业的九大机能,唯有具备这些机能,企业才是“活力无限”的。如若这里面的部分机能衰退,企业将是“病病殃殃”的;如若病得久了、更多机能衰退消失,企业就将“破产而亡”。

企业的九大机能包括:创新得有、产品成器、技术为本、服务得体、营销得利、免疫防病、革新得生、管理得序、健康得长(cháng)。

创新得有

创新就是“无中生有”。追本溯源,我们可以在老子的《道德经》里面找到“有生于无”这句话。当然,那个时代没有创新这个概念。还有一句是“天下万物生于有”,所以我们做一个逻辑范式推理——对于企业而言,没有创新就没有发展。

《道德经》第十一章有一句话:“三十辐共一毂,当其无,有车之用。埏埴以为器,当其无,有器之用。凿户牖以为室,当其无,有室之用。故有之以为利,无之以为用。”这里面重点是解释了“有”和“无”,因为有“无”,所以有“用”。

创新的结果是“有”,比如有技术、有机遇、有专利等等,诸如此类。

在“有了”的基础上,企业才可以创造出更有价值的产品或服务,此类按照古代,可以借用一个称呼为“器”。

最难破除的一个观念障碍是对“无”的理解,白话就是“没有”“不存在”,内涵就是没有被“发现”,或者是没有被“发明”,“发明”高于“发现”。

创新怎么做,怎么干?

开展创新说起来非常的不同寻常。

创新可分为主动和被动。主动是指,开展有机会、有目的的无中生有的探索、尝试、实验,在面对一次次的失败后,继续百折不挠、坚持行动。被动是指,遇到了问题,不得已必须解决,具有紧迫性、无奈感。

创新可分为偶然和必然。从本质上讲,所有的“新”在何方、何处、何时,都是未知的,所有创新的主要特征是偶然;因为从概率论角度,无数次的实验和探索之后,随着概率的提升,会得出必然的结果——成功或者失败,而失败是孕育下一次成功的必然基石。因此,可以总结的就是“不畏偶然、追求必然”。

创新可分为成功和失败。从一个轮回、一次迭代的时间周期维度,创新可以容易地判断为成功或者失败,而创新真正的挑战和伟大的意义在于宽容失败、勇于失败,将每一次失败看作是“成功”——成功地证明了不可能性。

创新可分为成功和失败。一方面,纯理性是基础,保障了创新的工程规范性;但另一方面，创新真正的支撑力来自于"信念"，相信未来是可以相信的，这又看起来完全是感性在支配。实际上，从社会学和心理学的角度来讲，太理性的行动不太容易导致创新。创新的内涵里面包含着一种冲动、一种信念、一种坚持。

创新从方法上来看，可以描述为"走一步试一步，走一步是一步"。也就是，创新是一步一个脚印向前探索、摸索的，绝不会是"天上掉馅饼"，当然更不能够去抄袭、模仿，那种"创新"是自欺欺人、掩耳盗铃。为了避免后一种情况出现，对所创新的领域的调查、研究、对比是十分必要的。

创新的结果是什么？

创新的结果90%以上是失败，失败的工艺、失败的技术、失败的产品，等等。在这种情形下，真正的创新者就是在这样的结果上继续前行，会遇到下一次的失败也是大概率事件，所以创新唯坚，多有不易。

不论创新多么难，创新都是保证企业这个系统具有超前发展机能的充分必要条件。我们做过形象的比喻：创新之于企业，就像营养之于人体，不创新，企业将失去营养慢慢衰老衰亡；创新不得当，企业将因为创新中毒而病、而亡。所以，这也是创新难以开展、难以发生，但又不可能绕得过去的原因。

把企业比作树，创新就是企业生长所必需的光合作用。

产品成器

用"玉不琢不成器"这句话来形容企业创造产品的机能是最恰当不过的了。一件产品得以在市场上销售、得到用户的认可，自然必须是"成器"的。

"器"是个会意字，本义是狗的叫声。金文的"器"，字形中间是"犬"，四周各有一个"口"字，代表一只狗正在大叫。小篆的"器"，字形和金文相近。"器"后来本义消失，假借为器具。因为器具都能容纳物品，所以"器"也引申为才华，如"庙堂之器"，意思就是有治理国事的才能。现在，"器"也常表示人体中的器官。

用"才华"之意描述产品虽略显不当，但也揭示了产品的要领内涵。一件产品之所以是好产品，之所以"成器"，是因为这个产品内蕴含了"人创造产品的才华"。

毋庸置疑，产品是生产制造设计加工出来的，而这些过程无一不渗透着各类工程技术人员的"才华"。

那么，企业如何使得产品成器？

答案就在于，企业拥有一批有才华的人才团队。假使做到了这一点，自然企业提供的产品服务就有很大可能是"成器"的；反之，则不可能是"成器"的。

基于此，产品成器的关键就在于企业人才团队的才华水平、创造水平，以及是否能够与时俱进不断提高自身的才华水平。

现在，评述和研究产品好坏的文章很多，多为论述产品的"性能"，部分涉及了产品的"内涵"，但我想说的，最终极的评判应该落实在产品是否成器——产品背后人的才华方面。这包括诸如技术水平、工艺质量、创造创新性等传统观点看法，并进一步揭示了产品之所以好或坏的本质——成器与否。

若把企业比作一棵树，产品就是企业这棵树所结下的果实。这给我们在思路上做了进一步的拓展，果实大小、成熟期、口感口味、树的培育养护，诸如此类，应用到企业的运营管理，就相当于对果树实施的田间管理。

所以，企业不是“管理出来的”，企业是“自然而然生长出来的”，到了季节该是什么样子就是什么样子，所结的产品这一果实是否成器早已在上一个季节周期埋下了因果。

如何实现“产品成器”？

这个问题涉及的方面非常多，拣最重要的几个方面来说，包括上面提到的“创新”、实现过程中的“标准、规范、质量”、满足用户需求的“功能、性能、成效”这几个方面。前面说过了创新，标准规范质量这一组，是对于创新而言的约束，我们将这个部分描述为“守成”——将所有“成功、成效”固化下来、坚持下去，确保产品成器。对于在用户需求端的功能、性能、成效，则具有很大的主观成分，既需要用户需求的调研以求匹配，又需要用户需求的培养以求接受并形成新的市场。

技术固本

技术不是企业的全部，甚至技术的迭代周期在企业里面是最长的，但是技术是企业最重要的生存生长之本。

所谓不能舍本求末，就是企业不能只盯着“利润”“营销”之类，而忽视了“技术为本”的要义。

因为是根本，所以具有不频繁革新的内涵，但是也意味着每一次革新都是有可能憾动“根本”的。这个定位定性十分重要，它一方面揭示了技术的重要性，另一方面揭示了技术革新升级的难度和挑战性。

很多企业，当技术成熟到了一定的程度之后，因为无法创新、无法再升级，必然达到了天花板，而此时如果不借用“技术为本、守成创新”的哲学思想，是意识不到企业其实已经到了最严峻的生死存亡的关头了。

所以，在技术为本的思想指导下，要特别强调“不破不立”。

如何做好“技术为本”呢？

方法论上就是如何开展和协调“守成与创新”。这非常类似于“鸡生蛋、蛋生鸡”的模型。是因为守成需要不破不立呢，还是因为创新有所成而可以守呢？什么时候是它们需要互相转换、打破平衡的条件机遇呢？

关于守成与创新，笔者在2019年1月出版的《守成与创新——根植于中国传统文化的企业生长之道》中做了大量探索性论述，读者可以查阅参考。

较为简单的解释就是，对于企业而言存在着一组阴阳平衡关系，为此将守成定义为“阳”、将创新定义为“阴”，所以守成与创新便是相生相克、相辅相成的关系。并且，独阳不长、独阴不生。

技术固本遇到的主要挑战是如何准确定位技术形态是超前、不成熟、成熟还是过气的，这是企业这棵大树、这座建筑的根系和基石，如果构建在“超前技术”的“本”上，必然容易倒塌；如果构建在“过气技术”的“本”上，必然会日益衰落灭亡，这是自然而然可以得出的结论。所以，回溯问题根源，准确判定技术的形态，之后才有可能采取正确的应对措施。

解决这个问题有一个方法论和路线图：

（1）瞄准和探索一批超前的技术；

（2）研发和尝试一批不成熟的技术；

（3）持有和应用一批成熟技术；

（4）放弃和淘汰一批过气的技术。

用一句话概括，就是企业在“技术为本”的一个时间节点上，并行同步开展四个不同成熟度的技术应用和研发，乃至放弃和淘汰。

企业需要一个又一个的**“技术图谱”**，尽可能地给出技术进化、技术遗传、技术淘汰、技术转化等概貌，这样按图索骥不失为一个好办法。因为技术内涵如此博大，一个企业不可能占满一个技术图谱的所有环节，上面自然会标注其他人拥有的技术、引领的技术，这也成了挑战和竞争的指向。

服务得体

我们经常会听到一句话叫“识大体”，是指懂得事情的要领或有关大局的道理。这个说法用于描述企业的服务是非常合适的，所以我们叫“服务得体”。

这里的“服务得体”，指的就是要抓住企业提供服务的“要领”和“企业的大局”。服务是事关企业全局的大事情，是影响企业发展的大事情。

在经济快速发展的这几十年，早年间就在企业界提出了“要把客户当上帝”，这句话的背后是说客户的重要性。客户与企业的关系就是服务与被服务的关系，而不仅仅是一买一卖的关系。

作为企业的完整性构建，不能没有服务，不能离开服务。

而定义企业的服务不能够仅仅从部门、客户、市场的狭窄维度来定义，应该从企业发展的“大体”维度来定义企业的服务，换句话，可以这样说，企业里面的每一个人（从高层领导到基层员工）都必然是客户的服务员，无一例外。如果做到了这一点，这个企业的服务就会与企业发展的全局相融合、相促进。

服务本身既是目的，也是手段。

从目的来说，服务是为了让客户在使用企业的产品的过程中，能够持续得到企业后续的帮助、支持，包括产品出现故障时的维修、产品的保养、使用咨询等等。

从手段来说，服务是企业为了更好地让客户接受产品的手段，通过产品之外的附加服务让客户得到超出产品本身价值的所得。

以服务得体为要求，企业的服务部门不能作为“孤岛”存在，应该密切地与研发、设计、生产、销售、市场部门进行结合，特别是进行信息数据交换，以最及时的方式反馈到企业的各个部门，反向刺激和推动企业的进步、进化。

服务的作用不仅仅体现在让客户接受企业的产品，更大的作用是让服务成为企业在市场里面的“雷达器、传感器”，是企业能够最直接感知客户、需求、市场反应和波动的第一线。

服务如此之重要，通常并没有体现在企业的组织机构设计上。不管是垂直的管理结构，还是平行的事业部的管理结构，服务都没有被给予足够的重视。倾听客户的投诉和抱怨反而成了服务部门的主要职责和标签了。

在决策环节中，服务部门的意见应该有一票。

任何新产品的定型、研发、发布，都应该有服务部门根据过往收集到的服务反馈意见提出的一份《基于服务反馈的评估报告》（假定是这个名字），以试图事先知道客户和市场将会如何反应，产品与市场是否是匹配的或超前的，等等。

又因为服务是只花钱不收钱（或收很少钱）的部门，所以干起来比较辛苦、考核指标也比较有压力，在企业内部地位自然也不够高。要我说，真正把服务做好，有两个环节：①对客户，服务做到细致入微、全心全意；②对决策层，服务做到信息数据全面、准确，指引决策的正确方向；所谓**“春江水暖鸭先知”**，服务部门才是第一个知道市场和需求变化的部门。

趋势稍有变化，处于服务第一线的工作就会有反应。

企业都希望第一时间感知趋势的变化、顺应趋势的发展、抓住机会，为了实现这一点，抓好服务部门的两个环节就显得十分重要和有意义了。

最后，在成本范畴领域，服务端的投入很类似于研发端的投入，既有风险又有很高的投入收益比。所以，可以提供另外一个理念：“像重视研发投入一样重视服务的投入。”当然，如果一个企业连研发投入都不重视，那么这句话也就没有意义了。

从系统论看，“服务”是唯一重要的打通企业内部系统和外部系统之间关系和信息交换的链条和传导。做得好，将解决“眼睛看得清，耳朵听得明，变化感知得快”的问题，也将解决内外系统之间协调、匹配、互通的问题。

营销得利

企业的发展离不开利润，从狭义的观点来说，发展这个使命是通过营销来完成的。

营销分成几个重要的部分，一个是“经营市场”，另一个是“销售产品”。这是企业最直接面向竞争的环节，也是最激烈惨烈的环境，市场如战场。

企业的机能中，营销的部分从来没有被弱势化淡化过，甚至出现很多只重视营销不重视其他环节的畸形的企业。

我们给营销得利设计一个模型范式：卖—买关系。其中，如何卖，如何买，都是企业和客户共同考虑的问题，所谓共赢，实则是卖买关系平衡发展。

如何卖？

首先产品好不好。产品不好，就不是营销的问题；产品好，卖不出去就是营销的问题。营销讲得最多的是手段、模式，但究其根本是产品好不好——产品是否成器、技术是否为本、服务是否得体，这些都是营销的背后支撑。

其次是怎么卖。比如，批发、零售、电商等等。这很重要，随着社会不断地发展进步（进化），客户获得产品和产品信息的渠道一直在发生变化，比如过去电视广告很重要，现在恐怕是网络口碑点评很重要，这些变化都决定了企业怎么卖自己的产品是一个挑战。

最后，营销的手段和套路如此之多，如何定义和选择？很多人也听说过把孙子兵法引进到企业营销中去，如果这么做，其中一句话**“守正出奇”**大概是核心，是灵魂。企业做事要“正”，以此为基础，出其不意才有效果；否则，很可能是搬起石头砸自己的脚。

营销涉及的商业模式和盈利模式在这里不再展开，因为那些涉及“术”的问题，脱离了本节讨论的“道”的范畴了。

如何买？

客户不论是个人还是企业，都是要货比三家的。除非一个产品具有市场上的相对垄断优势，否则供应方都是很多的，这就形成了多样化的购买选择。

有些产品价格敏感而有些不敏感，有些产品是耐用件而有些不是，有些产品更新快而有些慢，诸如此类的差别比表面上看起来要严重得多。这些差别决定了企业的很多方面，包括投入、迭代、更新、维保等等。站在客户的角度，往常叫性价比，现在叫体验，就是用户会对有好的体验的产品表现出一种忠诚度。

按照金字塔模型布局，任何一类产品，都有这种类似的情况：底层低质量大数量、顶层高质量小数量，与此对应的是利润的薄厚、竞争的大小。对于用户的需求而言，显然也存在这样的一个情形。所以，用户的需求决定了购买意愿，同样间接地决定了企业的生存。

营销得利的本质是“销”，其次是“利”。

两个环节都必须是由客户来买单的，因此客户的购买意愿和购买心理，不仅仅是经济学问题，而且这里面还有其他的学问，比如心理学。营销人员应该学点社会学、心理学乃至哲学会更好，而且最后要成为**必修课**。

所谓**“功夫在诗外”**，企业营销得利的机能的功夫不能仅盯着营销本身。服务，就是营销之外的很重要的内容。

免疫防病

这是一个从企业研究角度的新提法。

一直以来，我从企业生命生长、健康的角度多次提到了企业的免疫机能（子系统）。企业作为一个物种，自身一定是存在免疫调节机能的。

传统上，我们认为企业的审计、内控、预算、纠错等环节就是在进行自身的免疫调节——避免生病、避免病重。

若想企业的机能得以健康发展，我想，应该特别重视和研究企业的免疫机能。这到底是否成立，包含哪些要素和机制，如何设计和发挥作用？虽然，现在这个问题并不是十分明确的，各种机理的研究也非常少，但是提出这个问题是恰当的。

免疫的基本内涵是发现、抵御、自愈，以及过激反应。

对于企业而言，假使能够通过免疫而除病，那么就是一个比现在企业的物种更为高级的一个物种了（我们假定现在的企业都没有完善的免疫系统和机制）。

使用“病”来代替“问题”，是这个论述的前提之一。

不是所有的过去的“问题”都可以直接用“病”来代替，所谓企业的“病”指的是企业机能受损和不能正常运转，除此之外的仍旧称为问题（有可能后续经过研究发现，其已转化为企业的病症）。

免疫具有自主性和未知性，也就是在不知道企业可能生什么病的情况下，免疫就会发挥作用。这需要在企业内部建立起免疫系统、运行起免疫机制来，但又要避免“过激的反应”、产生过敏现象，这是概念性的论述，当然仅仅靠这个描述还无法指导企业如何去做。

笔者在过去的研究中形成了一些初步的观点和看法，也有想提出方法论的努力尝试，这些可以参考一下《守成与创新——根植于中国传统文化的企业生长之道》中的有关文字，在这里就不再引用和展开了。

从借鉴参考人体免疫学出发，在企业内部有细胞级的免疫——岗位免疫，有组织级的免疫——制度规范免疫，有子系统级的免疫——专门的部门（新旧更替发展中）。这里面，有对旧的传统的沿袭，更有对新的提法概念的创造创新尝试。

现在的问题是，小企业放弃免疫抵抗、大企业泛政治化免疫过激。这些表现为——小企业有啥病都不顾，像年轻人一样，不体检、不保养、不注意饮食休息，这样就埋下了很多疾病的隐患。大企业像老人一样，人到暮年自然成熟，但十分保守，不愿再犯错误，不愿再尝试改变，注意保养，注意休息饮食，注意规避各种风险。从这样的类比中，读者马上可以发现有很强的可对照性。

是的，不论是人还是企业，当处在不同“年龄段”的时候，对待生病和健康的确有不同的观点和看法，当然也很可能受到那个年龄段自身条件的限制。

从现在起，希望看到这段文字的企业家，尝试给企业建立一个“企业免疫”的机能，那么上面说了这么多话就算有点意义了。

革新得生

革新不同于创新，革新的结果或者手段可能是创新，但革新的范畴要远远大于创新。创新的本质是“无中生有”，而革新的本质是“推倒重来”。

人类的历史展现了人类社会之所以进化的过程（吕思勉语），其中主要的社会运动就是革命。而纵观中国的历史，革命与革新都出现过很多次，所不同的是采取的方式是否是暴力的、实现的目标是否是取代性的。商鞅变法成功了，王安石学之而变法却没有成功，乃至加速了北宋的灭亡，这里面的道理很深刻，但总结起来就是没有一个“法”是可以学来即用的。

通过上面这段话笔者想说明的是，对于一个企业而言革新也是难之又难的，比企业创新肯定要难很多。创新，做无中生有的事，一开始被打压的压力较小、做不成的负面影响也较小；但革新就不一样了，一旦革新开始，几乎绝大多数人的利益、部门的利益都要受到影响，从头至尾的阻力都会很大，而一旦失败影响面也是如此之大，以致革新者很难能够善终。

企业革新得生，没有办法，再艰难险阻也要干。这是企业家的使命，也是企业精神的内涵，更是企业寻求不断存活的必然选择。

因此，对于企业而言，革新既表现为轰轰烈烈，也表现为动荡不安。那么，不做了行吗？历史和现实证明，对不革新的企业，市场也是不给生存的机会的。回想当年，华为公司引入国际上的管理机制，企业内部也是动荡不安，革新也是轰轰烈烈，华为的成功离不开这次革新的成功。我们这里用这个特例来说明革新的重要性和困难性。当然，很多企业失败和灭亡了，是否是放弃了革新已经无从证明，但是革新还有一条生路在，这是显然的。

如何革新？

耳熟能详的一句话就是**“摸着石头过河”**，这是发生在中国改革开放初期，全国范围内实施改革开放的时候，改革开放总设计师邓小平的一句名言。这句话也是指导企业如何革新的指针。

摸着石头过河 ＝ 顶层设计 ＋ 基层实践。

首先，企业革新得生要做的是顶层设计。对于企业的发展、企业未来、面对的挑战，对可能的应对措施给出顶层的设计，给出可行的路线图。然后，交给基层去实践，去验证。

其次，企业革新得生要坚持和鼓励的是基础实践。只有实践才是检验真理的唯一标准，大战略、大方针、大目标容易定，不难，难的在于坚持、鼓励、试错、验证，这需要企业内部的基层部门大胆地去尝试，而不是口号和政策本身能够解决的。这种基层实践，必须辅助以物质和精神的保障才行。要对在实践中犯了错误的员工给予真正的支持和鼓励，基层实践革新才能够发生和可能成功。

管理得序

李泽厚的《中国古代思想史论》的众多引文中有如下两段：

【1】《吕氏春秋·用民》：“用民有纪有纲……为民纪纲者何也？欲也、恶也。何欲？何恶？欲荣利、恶辱害……不得其道而徒多其威，威愈多，民愈不用……故威不可无有而不足专恃。譬之若盐之于味，凡盐之用，有所托也，不适则败托而不可食。威亦然，必有所托然后可行。恶乎托？托于爱利。爱利之心谕，威乃可行。威太盛，则爱利之心息。”

【2】《为吏之道》中：“宽裕忠信，和平毋怨”“慈下勿凌”“恭敬多让，宽以治之”“有严不治”。

这些古汉语，比较容易理解。联系到日常，笔者想到了一句话：**“管理犹如用盐、犹如用药，何解？”**联想到这句话，一方面上面的这些文字提出了“用盐”的比喻；另一方面，较早前，笔者也提出了另外一个观点“管理就是解决问题的药方子”。在这里，汇合成这一句话，目的是希望为做管理工作的人提供参考和借鉴——管理本身如用盐、用药，不及和过火都是错误的。

就笔者个人的体会而言，我们在日常中，管理提到得很多，对管理很重视。出了任何问题，都可归结为管理方面出了问题。这对不对呢？亦对，亦不对。

用盐，多，则不可食；少，则无味；用药，多，则致命；少，则无效。道理浅显，但是把握甚难。一是众口难调，二是因人而异，三是同病不同药、同药不同病，常有。所以，管理者，非常类似给人看病的医生，职责在于提供解药，成效在于疗效。

因为管理，把"问题"治死的常见；因为"管理"，把"问题"放任的亦常见。管理，用人——犹如用盐、用药。

用盐，经验可以逐步提升，但面对众口难调亦无更好办法——只能尝试，反馈；

用药，经验可以逐步提升，但面对因人而异亦无更好办法——只能临床，观察；

用人呢？只会比用盐、用药难上加难。

何解？在这里，还是咬文嚼字一下：

管理 ＝ 管 ＋ 理。

通过百度百科对"管""理"的释义，稍加归纳总结，结论显示如下：

【管】：管辖、控制、管教、担任、负责、过问、干预、保证、保障、招待；

【理】：纹路、层次、规律、标准、根据、加工、处置、理睬、理会、事理。

所以，当窥到【管理】这一极为普通的词，其内涵就变得极为不普通了。

这里，我顺着逻辑和思路，提出一个定义和感悟：所谓管理，不是用人，而是"管好秩序"。为什么我们经常要说"**对事，不对人**"**呢**？这里就可以明显看出其道理所在了。所谓秩序一词，就可以简单朴素地理解为"理"的全部内涵，即：纹路、层次、规律、标准、根据、加工、处置、理睬、理会、事理。

管理，用人之说，盛行天下久已。管理，管好秩序之说，也许并非创见，但这里说的影响力怕不如"用人之说"吧。

这也可以说明，为什么我们面对的管理总是那么难。那是因为，我们在："纹路、层次、规律、标准、根据、加工、处置、理睬、理会、事理"的环节不重视"澄清"，常处于"混淆"、归结为"人的问题"，这样就把管理的力气使偏了方向，把问题的解决也搞错了方向。方向错，越走越偏离。

无秩序，不管理，非用人也。

秩序，不仅仅是制度，甚至最重要的也并不是制度，而应是"事理"。即，按规律办事，管理亦不能超越事物的客观规律。规律决定秩序。

管理的标的是"秩序"，而非用人；**没有了秩序，管理也就剩下"用人"了**，这是走不通的路子。至于秩序，如何建立、如何改变、如何调整，则是另一个问题了。

所以，我们现在面对管理时，常常感觉"不讲理"，这是因为事物背后的规律多有未知、违背、不求、不理、不问、不闻。而陷入了"用人""人治""服从""站队"，等等。

做好管理，必须遵从、把握、维护、探寻事物的事理规律，才可找到解决问题的药

方子。

我们在这里提出一个新的概念：企业管理的目标是维持企业的秩序、调整企业的秩序。企业有了秩序，一切井然，就是最好的管理。

秩序不仅是企业的一切，而且也是自然界的一切，也是宇宙的一切。所以，管理所求的就是事物的“纹理”。

健康得寿

健康对于企业一样重要，有健康才得长寿、才有未来，也才能基业长青。

不论形势、发展得多么好，一旦生病，企业的形势就会急转直下。所以，在这里又重点强调企业“健康”的机能问题。

把健康概念应用于企业已出现了很长的时间，但企业是一个组织，而不是一个非常鲜明的生物物种，这种提法也就是提提罢了，真正沿着这个方向研究和实践的并不多。

在本书里，我们再一次着重提出企业健康的问题。

之前的一些年，我曾经提出过企业健康宏观上的标准，主要包括**根深叶茂、打铁自身硬、乘势而上**。

把企业比作一棵树，没有根系，则不会开枝散叶、开花结果。从构建企业的角度来说，如果不考虑底层支持的深厚，就盲目地上马、上成本，企业肯定死得很快，那就不是健康问题而是生死问题了。

市场如战场，企业不够“硬”，没有硬功夫、硬本领，可想而知，出去打仗怎么赢得下来呢？所以，企业在进入战场之前，只有到了把功夫修炼硬了，才到了成熟有把握的时机。不然，就要清晰地知道自己的软肋，愿意冒着风险进入市场的创业阶段。

趋势是企业家最忠实的盟友，所以应乘势而上。没有了“势”，企业就没有了未来，就是在隐藏期，即便是如日中天，也是大病将至、大厦将倾。

我们在这一节之前，概述和定义了企业的八大机能，所以可以给出一个新的企业健康的定义，**那就是企业的所有机能运行在正常的轨道上是谓健康，反之为不健康**。对这些机能是否健康的体察，也可以借用中医的“把脉”概念，就是逐一地按照每个机能的特点进行诊断。这些机能也因此可以成为企业的“脉络”。

健康是企业的机能状态的总称，也是某些病症是否出现的总称。要应对企业的健康问题，一方面是控制企业各项机能的正常运转，另一方面是适时地对企业进行健康体检。关于企业健康体检这个话题又是说来话长，可以在《守成与创新——根植于中国传统文化的企业生长之道》一书中找到一些说明，但目前看，明显还没有研究透、没有说透，可操作性还很差。也许，未来有机会，考虑写一下企业健康的把脉问题。

概念提出了是容易的，把企业健康得长的概念转换为企业运营管理的实践，现在看来距离还很长，需要的探索和实践还有很多，还有非常多的未知。

企业的健康或者疾病的病灶不在企业的“机能”本身，而在于这些“病灶”在企业的“组织”内部。关于企业的“组织”将在下一章展开探讨和论述，对照来看，“组织”是未来如何解决掉企业病灶的一个出发点和落脚点。

组织(Organization)(躯干)

股东为根

在这里,企业的组织是指具有生机性、生物性的组织的概念,类同于细胞组织中组织的概念。在此基础上,如何描述和定义企业的有机组织肌体,是尝试探讨企业生物性的基础。我们接下来从有机性的角度对企业的组织功能进行描述和定义。

股东在企业组织中的作用越来越被重视。的确,股东是企业能够组织起来的第一梯队、第一战队。

股东主要由两个要素组成:一个是出资,另一个是股权。

股东作为发起人和投资人决定了企业的“生”,其实按照责权对等原则,股东也决定着企业的“活”和“死”。从这个意义上说,我们才真正地看清楚了为什么企业选择股东、股东选择合伙人、股权选择合适的比例是无比的重要。

本书的目的是谈企业的进化逻辑和途径,在这一节先简单描述一下。股东就是企业的“根”,这个根如何、是否健康或烂掉,决定了企业能否进化。若股东形成了阻碍,能够打破这种阻碍则罢了,否则企业必亡。

股东狭义上是出资人,因为还有其他渠道获得股权——包括期权、干股等,所以持有股权的人就都是股东。股东对于企业的作用有很多,核心的就是通过股东大会、股东决议来行使权力,维护自身的所有者权益。

其实,哪里都有利益的冲突,股东的利益和企业的利益、股东的利益和全体员工的利益,无论从逻辑上还是现实上都并不一致,当然应尽力协调好各方的利益。

细致观察,股东的身份是一致的,但是其持有的股权的比例则千差万别,对于一个100%股权的划分肯定远远超过100种组合方案,这种情况不能穷举,现实中出现的情况也是数不胜数。各家有各家的情况,各家有各家难念的经。

在企业生命周期中,所有涉及股东决议的都是企业的生死大事。

架构为骨

企业的架构相当于企业的“骨骼”,涉及结构、强度、硬度、灵活度、相互关系等等。这个概念的核心是是否“缺钙”,也就是常常说的企业“执行力”问题的本质是“企业架构是否缺钙”,执行力则表现为现象而不是本质。

借鉴人体结构的骨骼概念来描述企业的架构并不容易,这是因为人体的骨骼已经被研究透了,其组成和作用非常清晰。这是否可以指示清楚企业的架构也是这个作用和组成呢,还不好说。

一个企业,每个时刻,都必然有一个架构。不存在没有架构的企业。如果一个企业没有架构,那么这个企业就是一个畸形并且会显现没有得到医治的病态。

架构是支撑企业全部机能的物理组织。

上一章列出了企业的九大机能，为了支撑企业都有对应的部门（组织），一些新提出的机能也有分散在不同部门（组织）的情形。

我们要讨论的核心是一个企业怎样的“骨骼”是合适的。这在人体结构中是无需讨论的，遗传下来每个人都是他应该有的样子，并且不能改变。而企业的架构根据机能的需要，是有可能改变的，而且多数是经常改变的。

骨骼的主要的问题就是缺钙。这反映在企业的架构上也就是常说的“执行力”问题。

架构影响着企业的执行力，这是根子问题，而不是人的问题。这一点，也请广大企业家读者注意，不是一个岗位的人有没有执行力，而是企业设计出来的架构能否发挥支撑和执行的作用，才是根本的问题。

无论多么优秀的人放在一个不合适的岗位上都没有意义，除非改变这个企业的架构，不是追求人尽其才，而是追求岗位科学、人岗匹配，企业不是实验室，也不是培训学校，设计好岗位选择合适的人，这个过程来不得半点马虎。

架构好坏的评判以企业的机能是否运转良好为标准。

使命为源

创办企业都是负有一个使命的，这是企业出生的源头。

企业的使命是要回答“干什么？”这个事当然可能已经有其他的企业在解决的过程中，也有可能发现一个事还没有企业去解决，或者没有更新的办法来解决。还有一些情况，企业是为了非常具体的使命被设立组建的，比如某类平台公司、持股公司等等。

不忘初心，方得始终。

针对很多企业纠结的问题，企业很少会想起来是当初使命的定位出现了问题，反而纠结在微观的层面，不休不止。

企业的使命随着社会经济的发展变化（进化），有可能会消失。这样的例子很多，不再举出。

描述一个企业的使命多是从社会、产业、行业角度出发的，比如改变一个行业、改变社会，乃至改变世界，这不足为奇。

也有很多时候，特别是创业型企业，一开始并不明确自己的使命。只是觉得有一件事做就很有意义，值得去投入。而这个朦胧中的意义，就是当时创办这个企业的使命。

需要反复澄清回避的一点：办企业的使命不是赚钱，赚钱是使命达成的社会回报的一种方式、一种经济的方式，当然还有其他的回报。

如果一个企业被赋予了新的使命，那么就意味着这个企业的机能和组织必然要随之调整，不调整就不会正确履行好自己的使命。

很多企业清楚地表达了自己的使命，比如我们在网上随便找找就可以得到很多——万科：万科，不完美的世界需要完美的家！华为：华为，不仅仅是世界 500 强。迪士尼：迪士尼所带给你的将全部是快乐的回忆，无论什么时候。

使命对于企业而言多是比较宏大的，也是可以一直长期坚持下去的。从哲学角度，使命更多地集中体现了一个企业的价值观。

愿景为基

企业有了使命在身，在使命感的召唤下，企业所设立的愿景则是要回答“干成什么样?”——使命的达成。我理解，企业的愿景是在企业使命之下达成了使命的标准，也是一种实现使命的愿望和蓝图。

作为一个企业的发展蓝图，愿景的定义是合适的。

盖楼需要图纸，然后组织设计、施工建造。

办企业也需要一个图纸，这个图纸就是“愿景”，而这个愿景不能停留在口号上，把口号的事都压缩在“使命”的内涵里面比较好。愿景必须给出一个实现愿景的目标和抵达这个愿景目标的路线图。

这也不仅仅是企业发展规划的事，发展规划也只是实现企业愿景的一个措施，并不是愿景层面的事情。

如何回答企业愿景的问题?

企业希望多长时间长到多大?

企业希望把产品、服务卖到多远多广?

企业希望拥有多少客户?

企业希望实现多大规模的利润销售?

企业希望带领员工实现收获、收益多大的提升?

企业希望在产业界处于什么地位?

企业希望能够引领还是跟随?

……

这些都是愿景，愿景是要统一所有人的思想，在背后达成所有人利益的一致(包括企业内和企业外的所有人)，这样的愿景才能带动队伍，才能使企业长盛不衰。

这是企业生长的土壤，是企业生息的土壤，也是大家志向的汇合地。

目标为灯

不忘初心，方得始终。

在有关企业的定义的章节里，我们不是提出什么样的目标是好的、是宏大的，而是论述目标之于企业的重要性和作用。

企业的目标是设定一步一步的里程碑，是实现愿景(干成什么样)、达成使命(干什么)的阶段目标的分解。

一个目标就是一步，一组目标就是一步一步，这样向前，企业得以发展、员工得以进步、市场得以扩大。

所以，目标是企业的灯塔。

企业向前发展遇到的阻碍、竞争和偶然性非常之多，每天都有很多的干扰和问题出现，在应对的过程中会出现：只见树木、不见森林的情况，也会出现头疼医头、脚疼医脚的情形，所以我们在这一节提出一个跟目标的作用有关的概念："时刻以目标灯塔为指引"。企业本身也非常类似于在大海上航行的船舶，在遭遇风浪险滩的时候，如果前面有一个灯塔，那么，度过这个困境基本上就不会有问题了。

所以，首先，要求目标必须是坚定的，如同灯塔，再大的风浪，也不会把灯塔吹倒；其次，要求目标是清晰的，像灯塔一样时刻可以指引前进的方向；最后，要求目标是共识的，所以，看到灯塔的水手都会在困难面前重拾信心，目标有共识，公司里面的所有员工都认可，共同攻克难关的把握就会大很多。

企业的目标需要一定的质量。

在质量上的最低要求，企业的目标应该相容股东、管理团队、员工、客户各方的一致利益诉求；否则就不是好目标，特别是在发挥引领作用方面不会很充分。

所有遇到问题的企业，第一个层级的问题必然会出现"目标不清"，这包括甚至在企业设立之初就埋下这个隐患。这种情况随着企业的不断发展也不一定会变得更好，也许更大可能是变得更糟。

坚持目标的背后是勇于担当、不怕失败。

坚持目标在口头上太容易取得共识了，但实际做起来，却是非常难，使得产生动摇心是那么的容易。所以，避免这种情况的出现是问题的背面。必须坚持初心，勇于担当和发现错误，必须坚韧不动摇。

有"灯塔"的照亮，企业前行的发展之路会好走一些。

领导为向

企业走在其自身偶然和必然的发展道路上如同在迷宫里面找出口。

有了目标作为灯塔，但是抵达目标的路途并不轻松，乃至非常遥远和坎坷。

企业能否成功抵达目标，可以说，领导是决定性的、核心的责任主体。

领导的作用如此之大，使得对这个岗位职责的研究也是如此之多。我们在这里选择其最重要的部分，加以分析和定位，将其核心的作用定位为"向导"。

领导的作用有各种描述、领导的类型有各种的区别、领导的艺术如此繁多，这不好归类，也不好借鉴，太过于个性化了。

我们觉得不论领导属于什么类型、什么类别，就企业向前发展的本质而言，核心的部分就是要发挥"向导"的作用。这亦如导游对于一个旅行团的重要性。导游可以会开车，可以会翻译，可以会唱歌，但是不能离开其"向导"的核心使命。

领导可以专于技术，可以专于管理，这些都是"术"的层面的，其背后必然是要承担责任和决定"方向"，决定何种路线图可以走。

方向一错，万事错。

决定方向的责任还不能假其他人之手，只能和必须由领导来承担。

所以，我们从这里可以看到，领导之所以重要不是在于其"技能"和"术"的层面，而是在于能否带领团队一直走在正确的方向上。只要方向对，企业总能抵达自己的目标。所有失败的企业，第一个失败就是搞错了前进的方向，即便目标是对的，总是走不出障碍和困难的迷宫。

我们对领导的核心要素做了初步的归纳，有四个层次、四个维度或称有四个要素：

① **控制力**（Hold）。表现为对企业各项计划执行、各项规范原则坚持、各项活动组织的有力、有效。

② **有秩序**（Order）。表现为企业的各个部门有序运转与协作、每个员工有序工作和产生价值、上下游和市场营销关系顺畅得体，有秩序才能产生“合力”，才能产生“效率”。

③ **领头羊**（Leader）。表现为企业的领导能够身先士卒、能够靠前站位、能够深入基层，能够在带领大家向前的过程中走在“第一位”。

④ **把方向**（Guide）。表现为具有高瞻远瞩的能力、海纳百川的胸怀、发现未来趋势的预判力、及时纠错和反省的自知之明。

一个领导（集体）如果不能够同时做到上面的四点，那么就一定不能够称为合格的领导（集体）——所有的员工依次向前看，看到的是领导前行的背影；所有的员工依次向后看，看到的是领导后墙不倒的胸膛。

精神为柱

支撑企业的是什么？

可以回答是资金，是团队，是组织，是纪律，是文化，是客户，是市场，是技术，等等。但是，这些哪个又更重要一些，这些又怎样能够有机地支撑着企业？

我们鼓励一个人的时候，常说的一句话是“打起精神来！”

企业有自己的精神，企业的支柱也是自己的精神。精神的力量同样是企业最大的支撑力，企业无论如何都存在着这个精神，精神蕴含在企业的方方面面、角角落落。

但企业的精神如何“打起来”呢？

靠的是员工的精神面貌。影响员工在企业的精神面貌的情形有两大类：一类是个人原因，另一类是单位原因。从群体性精神面貌考量，单位里面的每一个员工的精神面貌汇合成了总体员工的精神面貌。好的面貌、坏的面貌，都是很容易知道的，这一点作为企业的领导不要装作不知道。

改善员工的精神面貌，就是改善企业的精神。

员工的精神面貌表现为每个个体的情绪：开心、不开心；努力，不努力；热情，不热情；这些是企业的责任吗？现在越来越被认可的是一群根本不开心的员工不会把企业的产品和服务做得好的，所以这些，恰恰是对企业非常直接、非常重要，是直接关系到企业生产力、生产效率、产出效益的要素。

改善企业的文化氛围，就是改善企业的精神。

文化氛围说起来重要做起来不重要的情况现在需要改变了。企业需要精神、个人需要精神，这些都需要在一个好的氛围内才能发生。而在这个环境建设上的软投入，则是企业在市场上竞争、展现力量的硬实力的源头。文化，以文明化人，企业处处讲文明、讲道理、讲规范、讲尊重、讲投入，那么这种“化”的过程之于企业才是真正的“基因”层面的改良和发展，有朝一日，所有的突破升级都是从这个文化氛围“滋养、滋生”出来的。

只有改善和把握好企业家精神，才能改善和铸造企业的精神。

前面说的很重要，但是它们根植于企业家精神，根植于企业的领导改善和把握企业家精神的基础之上。

企业家精神的核心就是创新精神和冒险精神。这两点，在企业的不同发展阶段要求略有不同。比如，企业在成长初期，基本上天天在冒险、在创新。当企业发展壮大之后，这种企业家精神的成色可能会降低，表面上也看不出来问题。但是，企业家精神的成色一直都不能降低，时刻都要“打起精神来”。企业在这种状态下如何从对自身的否定、对未来的紧迫感、对发展的挑战应对角度，时刻保持如年轻人一般的进取心，一贯的坚持创新和冒险，就是好和坏的企业家精神的差别，并且直接导致企业生长的好坏、强弱。

秩序为纲

万物因为秩序而存在并相互依存。

企业内部看不见的最重要的部分是秩序，可以简单地理解为“规范制度”和“规范制度的执行”，过去这统统归类为企业的运营管理。

我们想特别强调和说明的是，管理不是目的、规范制度不是目的，维持企业内部的秩序才是目的和根本。有了秩序，企业作为一个生态组织，自身自然而然地会运转顺畅。

秩序有几个层级。

我们这里把企业（也适用于社会、世界）的秩序分成三个维度：一曰约束，二曰境界，三曰行为，并得出如下初步的肤浅的认识和理解。

约　束

分为：真理（道）、规律、规则、规范与规矩、价值观（德）。

融合东西方哲学思想，这里把真理（道）作为最顶层的约束，也即世界产生和生存的顶级法则。

关于规律、规则、规范与规矩三组约束，需要稍微说明一下的是：规范可以侧重理解为约束“组织”、规矩可以侧重理解为约束“个人”，这样比较容易找到一个划清的界限。

最后一个约束为“价值观（德）”，所以，这也许说明了“道”与“德”的相关与不同。按照万物负阴而抱阳的思想，我试着总结为：“在天为道（生），在地曰德（畜）。”

借用《素书》里面的一句话：“所谓德者，万物各得其所欲也。”帮助大家进一步理解何为德，其与仁、义有相似之处。万物有道，遵道为德。

境　界

境界分为：圣人境、能人境、凡人境、角色境、思想境。

与约束的范畴和对约束的把握相对应起来，大体上是这么认为的：悟道者、掌握真理者为圣人境，把握规律、用好规律者为能人境，制定规则、遵循规则只为凡人境了；几乎每个人都将一部分的生命耗在了“角色”里面，所以提出了角色境——扮演得好坏；最后一个是思想境，也即思想的深度和广度。

行　为

行为分为：悟、发现、制定、遵守、认知。

这六个动作与境界、与约束也是呼应起来的。其中，我们难在了“悟”，所以后续的行为部分都会不断地出现不适应、混乱的情况。也许有“明人”悟道并传道了，但是由于个体的“无明”，无法吸收和消化的原因，造成“悟道”不可“传道”。因此，圣人不常见，能人不恒久罢了。还有一个难点在“认知”，可以这么说每个人不是通过眼睛认识世界的，而是通过“心境”映射世界的，这就造成千人千相，互相大不同。认知不同，沟通不畅，所谓无法心心相印。

在企业的组织、运营、管理、生长、发展的一切过程中，总离不开“约束、境界、行为”三个秩序维度。我们常常说的“规范、制度”“遵守”等等，都在这个秩序体系里面得到了体现。

企业建立起自己的秩序，又会随时打破自己建立的秩序，这样反反复复、周而复始，就是企业发展的基本规律。

资源为续

企业的生长不是从绝对的“无”开始的，而是从所谓资源不断输入的情况下持续发展的，企业的进化也更是如此。

对于企业的可持续发展的资源应该从广义的范畴来定义，来分辨和拓展。

第一个重要资源就是创新资源。创新是一个行为，创新资源是一组条件。支撑企业开展创新的资源本身又是十分广泛的，包括：文化层面、制度层面、技术层面、资金层面、验证层面，这每一个层面都有资源的属性。简单而论，普通的创新资源包括实验室、科研人才、科研仪器设备设施、技术成果专利、研发条件保障等等。

第二个资源是市场资源。市场是公开开放竞争的，市场资源是指一个企业参与市场竞争的“助力”“阶梯”“接入”等资源，诸如：渠道资源、人脉资源、客户资源等等，这样就使得企业在市场竞争中处于相对较大的优势。

第三个资源是环境资源。有的企业是环境依赖型的，比如矿产、地产类企业；有的企业是政策依赖型的，比如环保、水务、健康、养老类企业；有的企业是科技依赖型的，他们需要周边配套资源、人才密度、技术密度等等，这样才能以较小的半径和成本形成协作配套关系。

第四个资源则是传统的人力资源。也就是将员工当成重要的资源，而不是劳动力那么简单。作为资源，有挖掘、开发、持有、提升等价值和责任。

所有的资源都有有效期。

以上，简单罗列了四类促使企业可持续发展的资源。这些资源统统都有有效期，也就是在一定的时间内才是有效的资源，过了一个时间点，这些资源都会失效过期。

资源的独特性里面，重点提一个：挖掘。

表面上的资源价值和挖掘后的资源价值差别是非常大的。经常会出现“灯下黑”的情况，对于企业使用利用资源而言，也经常看轻自身拥有资源的实质价值，挖掘得不够。比如，企业的所有的员工被称为人力资源，在这个维度上——人尽其用、人尽其才了吗？每个人的独特性，使得每个人创造价值的能力和潜力非常巨大，不能够用普通概念的岗位约束死，而大大限制住员工作为“人力资源”的创造性。其他资源也有类似隐藏在深处的价值，需要企业深度挖掘。

可以将资源作一个类比，如果把企业比作一棵树，资源就是这棵树生长发育的土壤和环境，离开这个土壤和环境，如同把植物从土壤里面拔出来一样，其结果不言而喻。

企业如树，根系深深地扎根在企业拥有的资源层内，从而持续不断地为企业生长提供营养。

反馈为明

在企业的组织定义中，所谓反馈，意思是应该有一个部门、机制、岗位，专门负责处理各种内外部反馈信息。

传统的客户服务部是面向外部的，并且也是重点落在“售后”的，这个部门的职责不足以担负企业“反馈”的使命和职责。

任何有机的系统，在协调性和发展性方面，必然需要反馈机制，这样的例子不列举了。企业有反馈机制和反馈部门的比较少，我们尝试着给予一些定义和建设性意见。

从个人成长的角度，日三省乎己，则知明而行无过矣。企业是一个组织，如何做到这一点呢？

在不增加企业太多负担的情况下，**可设置“企业健康委员会”，隶属于最高决策机构之下，由有关部门的主要负责人参加**，定期召开会议，把脉、会诊企业的问题，提出解决问题的办法。这不同于“向前看”的战略规划、战略咨询部门职能，更重要的是“向后看”“检视和反思”企业的发展情况。

设置企业健康委员会，将核心关键词落脚在“健康”的定位上，出发点是考虑这个词容易统一各方的思想和行动，回避谈问题造成的割裂和对立，聚焦在“企业是否出现了健康”问题，而不是“哪个部门、哪个人有问题”，从而实现从全局发展的角度出发，寻找企业存在的影响其健康生长发展壮大的各类问题。

现实和历史已经向我们展示，企业都有很多的委员会，类似的参谋和决策机制机构非常多，有些时候太多了，工作的开展也就流于形式。对于企业健康委员会，我们认为不要走到留于形式的老路上去。

企业健康委员会的工作开展是非传统的，是从传统的企业治理、管理升华概念上提出的新的见解和方法论。其前提是，企业是有生命的生物生态组织，这个没有争议。在此基础上，真正地把握和聚焦企业的“生”“病”“长”的策略和方案非常的少。这说明“认识到了”和“如何去做”还是两张皮的情形。

基于我对于企业生长发育、生老病死的很长时间的理解，若说能够在企业内部提纲挈领地引领全局发展，有两个参谋机构非常重要：①企业战略规划委员会，解决好“向前看”的方向和路线图；②企业健康委员会，解决好“向后看”的反思、检视和修正路线图。这一正一反、一阳一阴，恰恰体现了事物的辩证发展、哲学的思路、相生相克的道理，这个逻辑也显示了企业治理的完备性——不能一味只顾着“向前看”，结合以上的分析和建议，这种只“向前看”的治理逻辑和方法论是有缺陷的。

企业的健康还涉及很多未知的实践和理论指导，假使目前着手开展企业健康检查也没有经验可以借鉴，如同人的健康问题一样，也是一项没有止境的课题。

从“抓大放小”“区分主次矛盾”的基本原则和逻辑出发，企业健康委员会的工作可以聚焦于以下几个层面：

① **宏观层面**：趋势、市场、产业、环境、政策，对于企业这棵大树而言相当于“阳光雨露”，是否还存在优势和匹配。

② **中观层面**：企业自身的能力、潜力、财力物力是否还处在良性的循环和发展状态中。

③ **微观层面**：企业的核心技术、关键岗位人才、现金流、客户等是否处在良性发展的状态中。

关于企业是否健康，有三个宏观指标：①顺势乘势才可为；②根深叶才茂；③打铁需要自身硬。这也是大体上与以上的考虑相适应的。

听别人提意见，往往刺耳、扎心、难以接受，这个屏障要破除掉，企业健康委员会才能真正发挥作用。要破除这个屏障，就是要回到企业全局利益、企业基业长青的目标上来，为了实现这些宏伟的目标，听听难听的话语、被大家挑挑刺，正是“反馈则明”的基本内涵和组织建设发展要求。

人才为力

企业所具有的创造力、竞争力、生命力、能力、潜力、执行力，诸如万般，都是由“人才”一个要素来决定的。

除了人才之外的其他任何要素与之相比都是非核心、关键的要素。

所以，**企业的一切是人才、人才是企业的一切**。

在组织组装起来、运转起来之后，人才无形于各个岗位，更多的考察点是“岗位职责”和“岗位绩效”，人的创造性和能动性被大大地抵消、忽视、屏蔽了。这主要有可能源于泰勒发明的流水线作业的副作用吧。

在企业内部，人才说起来重要，用起来则不然。每个人都是有“岗位”的，一切的要求都是要匹配岗位的责任和要求，那么人才就大大受制于岗位了。而且，古语有云：“不在其位，不谋其政”，不同的岗位、同一个岗位不同的人，这些分隔分离造成“人才”几乎是不存在的，所以企业里面都叫“员工”，而不叫“人才”。

要改变企业的组织逻辑、组织哲学、组织机制，必须从根本上释放“人”的“才能”。这样的组织才是真正有“灵魂”和“精神”的组织。

改变的方法也不是一副药就立竿见影解决问题的，这种情况也在发生着改变，但需要很长的时间周期才能一步一步走向更符合人性的发展本质规律上去。

从中观方法论的角度，在这个组织层级上，也试着提出一个建议，那就是把人事部、人事劳资部的所谓称呼改变一下，比如可以改称作“**人才人事服务部**”。传统的业务工作还要延续着做，革新和发展的部分包括注入“人才培养培育”“才能评价”“岗位设计”“匹配度考核”“创造力释放”等探索和实践，从而把“人的能力”进一步充分释放出来。一旦有一点释放，企业都将能够得到巨大的发展助力。

制度为绳

人多力量大，这个不假，但是这有两个前提：①心齐；②力合。所有的人得齐心合力才能体现“人多力量大”，要实现这个目标就是依靠“制度的准绳”。

制度是把规范强制约定下来的“企业法律”。

没有制度就没有组织，更没有秩序。

制度这个准绳如何制定得好，是有很大挑战的。必须从哲学角度、从客观规律出发，既要保证制度的“刚性”，也要保证制度的“柔性”。

制度的刚性要求必须是服从，违反了就要处理；

制度的柔性要求尊重人的特殊性，激发人的创造性，包容失败和犯错，只有这样才能够保护和激发企业员工的积极进取、敢闯敢试。

所以，制度必须是在给予足够工作空间的边界上进行约束，而不是在工作的“纹理”“程序”上给予密不透风的约定。

这里难免要谈一下“规范”。

规范作为名词，在企业内部指明了如何做是更容易不出错的；规范作为形容词，指明了企业的运行运转是秩序良好的。

任何事物都具有两面性，不是所有的事物都是规范的就一定好。特别是对于在市场中激烈拼杀的企业而言，规范性的东西相当于“指针”和“指南”比较多，而“制度”“规定”性的东西不宜太多，从而让员工有足够的开展工作的弹性空间。

制度很多时候的副作用是比较多、比较大的，制度的“好”大都是以“效率”“创新”的损失为代价的，要找到最佳平衡点，才能确保制度更多时候体现为“好”。

一个企业作为独立的生态系统，最高决策机构是有可能创造性的、不人云亦云地提出自身更为科学有效的良好的制度的。

价值观(Sense of Worth)(头脑)

企业的价值观指引和约束着企业的进化方向。

用户所需

办企业是面向用户需求的(当下的、潜在的、未来的等)。唯有用户所需才能使得企业生存生长发展壮大,企业满足用户所需是其根本的使命和宗旨。

企业作为一个系统和一个创造价值的生态机构,企业“输出”的必要性必须是满足特定人群(用户)之“所需”(如刚需、急需、柔需等),从而才能被认可、被需要和有回报。

用户的需求也是复杂多变的、滞后的。在市场的供需竞争中,用户的需求也是摇摆不定的。反观企业的生产不可能摇摆不定,这种不对称关系是企业最为头疼的事情。

与用户需求的不对称还包括其他要素,比如:时间、价格、性能等等。

所以,企业满足用户所需,市场中表面的现象却经常给企业产生误导,深层次的原因就是“不对称”在作怪。

起始,企业瞄准了用户需求,开始研制和投产,当一定周期过后,用户的需求还在吗?还是起初瞄准的样子吗?很现实也很显然,用户的需求或多或少会发生变化。

企业在一段时间内得到了用户的认可、市场也发展得不错,随着时间的推移、竞争的加剧,用户的需求还是老样子吗?很显然,用户的需求也会发生变化。

满足用户所需的维度有三重境界:其一,企业是“追着”用户需求的;其二,好的企业可能是“等着”用户的需求的;其三,更为厉害的企业是“创造”用户需求的。在最后一种情形下,企业就处于相对垄断地位,就能够获得高于平均行业利润率很多的市场利润回报。还有一个视角:企业内部是有可能同时布局和面向这三重境界的:满足一部分,等着一部分,创造一部分,这也符合进化规律、变化规律、顺势规律。

追着需求走,等着需求来,创造需求干,这三个“用户所需”的境界大体上可以作为指引企业如何满足用户需求价值观的切入点。

责任所在

责任感之于一个人有多重要,那么其之于企业也就有多重要。

企业的责任感也是重于泰山,企业要对其应负有的责任充满责任感,这些责任经过梳理有以下的几个方面:

第一,企业对产品质量负有核心的责任。随着市场经济的不断发展完善,不良质量的产品生存的空间越来越小,乃至不存在生存空间。

第二,企业对用户的需求负有直接的责任。当用户对企业的服务、企业的产品提出意见建议的时候,企业没有任何的理由可以推卸责任。只有负责任的企业,用户选择用脚投票的时候，才会不离不弃。

第三，企业对自己的员工负有关怀和培养的责任。企业的发展是由全体员工创造的，是每一个具体的形形色色的员工为企业的发展做出了贡献，而企业应该对自己的员工给予足够的关怀，对他们的发展给予足够的培养培育。

第四，企业对社会负有一定的责任。企业为了赚钱，常常不考虑社会的责任，比如：环境的污染、产品的副作用，等，如此就会慢慢地被淘汰。

第五，企业对自身所处的产业和行业负有引领的责任。只有当企业意识到和发挥出引领作用的时候，这样的企业才能够称之为领军企业。

这么多的责任，会不会造成企业不堪重负呢？回答这个问题，可以反过来看：如果这么多的责任都履行到位了，是不是就能够基业长青、可持续发展呢？所以，强调企业的责任和责任感，不是空话虚言，而是企业发展应练就的"实功"。

环境所依

万物生存发展均依赖所处的环境。

《道德经》第五十章说："道生之，德畜之，物形之，势成之。"这讲的是一个总规律。从中可以看到，这个规律讲的核心是"生、畜、形、成"四个状态。这适用于描述企业生长的四个状态。

这里面有没有指出环境的作用呢？有的，其中对于"物"的内涵，我认同的解释就是指"环境"。万物都是由环境的作用而"成形"。

那么，企业与环境如何界定和厘清呢？"一个企业的位置在决定企业利用外部经济的程度上，几乎经常起着重大的作用"——阿尔弗雷德·马歇尔，《经济学原理》(P340)。

前面我们说了，企业是一个生态系统，自然要放在合适的环境中才能生长；也有把企业比作一棵大树，更说明企业离不开环境的养育和对环境的依赖。

有一句古话："橘生南为橘，生于北则为枳。"这句话说明了环境对生物的各种影响。在自然界中，影响生物生存的各种因素统称为环境因素，分为非生物因素和生物因素。非生物因素包括光、温度、水、空气、土壤等。温度影响生物的分布、生长和发育。橘喜欢生长在温度较高的南方如淮南，而在温度较低的北方种植的橘的品质不好，主要是因为北方温度较低。

企业对其所处环境的依赖和受到的影响与上面说的情形非常类似。

每个企业均是不同环境孕育下的产物，并且就环境对企业发生的影响作用而言，每个企业都是其所处环境下特定的产物——客观的决定性，不是人力所能及的。

我们显然知道不可能在沙漠里面种水稻，那么也应该研究分析透什么样的环境可以养育什么样的企业；换言之，没有相应的环境支撑就不会有相适应的企业能够生存发展。

当然，我们也应该看到，企业所处的环境，比如：市场环境、营商环境、人才结构等等这些也是变化中的，不是固定的，这就对企业的生长发育带来了新的课题。并且这种变化很多时候是迅速和广泛的，与此相对，企业该迁移就要迁移，这是符合**择物而居**的原则的。

市场所成

企业成不成由市场来决定和推动。

成，指的是成功、成就、成绩、成效、成果等等。所有这些都必须是经过市场检验，站得住脚的。

市场看起来纷繁复杂，怎么简化一下呢？

一个即是所谓的商业模式，连接着所有与企业产品**价值链**相关联的各个利益相关方。互相之间如同“接力赛”一样，一棒一棒地最终将产品交付给用户。

另一个是所谓的盈利模式，定义了接力赛的每个接力区内所有甲方与乙方的利益交换模式，包含了向谁收钱、收多少钱、怎么收钱三个基本内涵。

所以我们从企业的“视角”简化一个模型就是：从企业的初始端到终端的用户，一个节点连接一个节点的串联关系。每个中间节点是一个又一个的“企业”。这样就构成了所谓的企业的市场。

也可以看到，“企业的市场”是非常有序、非常结构化的，是很容易清晰描述的。任何一个企业都有自己的“市场”，任何企业自己的市场又都是在一个更大范围内的市场中存在的，这样互相不同、相同的企业就形成了网络化的交织结构，复杂程度随着交织而不断提升。

为了简化复杂的市场，增强企业的市场竞争力，就需要从各种交织关系中找出一条主要的串联脉络——企业自己的市场。

企业依赖企业自己的市场而不是别人的市场而存在。

文化所强

企业与文化的关系现在谈论和研究得越来越多。它们的结合点不仅仅是企业文化的这个狭义范畴。

企业强，强在其文化。

创新需要一个创新文化；

齐心需要一个人文氛围文化；

奉献需要一个激励文化；

……

把企业的强大归于企业的文化，这种简单归属是有道理的，也是非常有建设性意义的。因为，企业的技术、团队、资源随着时间的变化都会变质——或好、或坏，而制约或推动这种变化的方向的力量则是企业文化的力量。

对于一个人，我们如果描述为有文化，则很容易接受这个人是比较优秀的结论的。对于一个企业，如果我们说这个企业很有文化，那是对企业很高的认可和评价。

企业的文化有哪些脉络呢？

首先是精神层面。包含了企业家精神(创新精神、冒险精神)、员工的精神面貌;精神饱满,干劲足,这样的企业体现出来的精神面貌是全部文化的核心和引领。

其次是制度层面。企业会制定各种制度,前面谈到了"制度为绳"。制度的好坏有多重要?比如:劣币驱逐良币、奖罚不明,这些是不是常见的?都是由制度的问题引起的。制度既好,又规范,那么体现为企业管理的艺术和管理的文化。绝不是把人当成一个一个简单的劳动力,仅仅考察投入产出那么简单。如果真这么搞,这个企业肯定是没有文化的企业。

最后是人文层面。企业归根结底是一群人组织在一起的。人在企业里面又人为地因为岗位的原因分成了三六九等,这就是问题的根源——岗位高低影响了人的高低贵贱,这是最要不得的。在企业,每个人都是不可或缺的、都是唯一合适的,要树立这种观点。企业如何重视关怀一个人,反过来,人就如何重视和关怀这个企业,这种对等的相互作用是企业创造良好人文关怀文化的本质要求和目标。

什么是文化?

其实,就是体现在行动中的规范性。在集体行动中体现良好的规范化,在个人行为中体现良好的规矩遵从。规范和规矩会不断地发展,在这个过程中,每个人都能够自觉地提升和遵守,这就是好的企业文化。此外是具有否定自己的"创新性",从不断改变和打破自己的层面寻求新的发展机遇,这种创新的文化越来越受到重视。

趋势所领

趋势对于企业而言是"天",在农业领域有所谓看天吃饭的说法,这个描述也适应于企业与趋势之间的关系。趋势是不可改变的,当其发生改变的时候,唯有顺势而为、乘势而上。这也符合和印证了"势成之"的圣人之言。

在物理学中,势是一种能量,叫势能。

在企业进行市场竞争的过程中需要很多的能量,我们为了简化概念,也准备引入企业的势能。

企业的势能也包括定位的高度、广度、深度,等等。并且,向下看,也可与企业的潜力有必然的联系。

所以,企业的势能包含了向上的"能力"和向下的"潜力"。把握市场也是从趋势和潜力的角度来把握,一方面是市场的趋势和潜力,另一方面是企业自身的顺势、乘势和自身的潜力,这就形成了互相匹配映射的关系,也自然符合相生相克的哲理性。

市场永远不是静态的,所以市场成就企业,其反应过程也是多变复杂的。在这种多变复杂的过程中,所把握的核心规律和要素就是"趋势"。

趋势是决定企业能够走多远的"天",潜力是决定企业能够走多远的"地"。**顺应趋势,道生之;打造潜力,德畜之。**

第三章　浅析变和化

首先，在这里引用一段《鬼谷子·损兑》中的一句话："事有适然，物有成败，机危之动，不可不查"。大意就是说："事件有偶然巧合，万物都有成有败。隐微的变化征兆，不可不仔细观察。"所以，对变和化的把握是管理企业的大学问、大核心。

变(Changing)

什么是变

变是事物总规律的常态。有句俗话"世界上唯一不变的是变化本身"(《谁动了我的奶酪》)。所以，变是非常值得研究的重大课题，之于企业是如此，之于其他的学问、现象也是如此。

大自然的万物都是相互作用的，其作用的结果有两个方向：相生或者相克，都会产生量变或者质变。

变化来临时，是琢磨不定的，是无情的。

所以一切的结果都是由变化带来的。

变，从丝从言从攴。丝本义是乐器，攴是手。变字本义：弹琴时手指在不同琴弦间移动。大家知道，一个善于弹奏出美妙曲子的人，一定是善于变化的，不会一直单调地拨动同一根琴弦。这个字的引申义非常丰富，因为丝本身又可以引申为关系，言也可以引申为口头承诺。人与人之间的关系是很容易改变的，口头承诺没有兑现的也可以说是变了。变只是一个客观描述，可以变好，也可以变

坏，两人之间的关系可以从没关系变成铁关系，也可以从铁关系变成敌对关系。

其基本释义是：性质状态或情形和以前不同，更改：变调、变动、变法、变为、变革、变更、变通（把原定的办法略加改动以适应事实的需要）。

变，更也。——东汉.许慎《说文》

变，易也。——《小尔雅》

变者，非常也。——《白虎通》

病变而药不变。——《吕氏春秋·察今》

（以上文字引自百度百科）

为什么会变

初看，为什么会变是不需要回答的，大概是因为世界上没有不变的事物。但仔细琢磨，也不尽然。若没有不变的事物，那么也就没有变的概念了。所以，肯定是存在“不变”的状态的。

从时间轴上看，时间的距离越长，“变”越是永恒的主题；时间的距离越短，越容易看到事物的“不变”。

假定，在一个固定的时间轴内，我们便可以容易地区分出来哪些是发生的改变，哪些是没有发生的改变。

所以，回答为什么会变，就有一定的范畴概念和实际的意义了。我们把发生渐变的原因进行一下归类可以发现，它可能包括：

① 自然的渐变。一切事物在其生命周期内的全部过程中会不断地发生渐变，这毋庸置疑，至少要经历生老病死的阶段。

② 人为的渐变。不管是生物、还是本文的企业，都会有人为干预下的渐变。

③ 应激的改变。当外部条件、环境发生变化时，生物要做出反应以便适应，因此生存下来的物种都是成功完成这种应激改变的物种。

④ 偶然的改变。没有任何的可察觉原因而发生的改变。

物竞天择，有选择就会发生改变。

朝哪个方向变

毋庸置疑，所有的生物改变的方向都是朝着对自身利益最大化的方向改变。

并且这种改变会经过反复的验证和遗传，最终形成新的物种的属性、习性。

如果发生了不可抗力，即便是有利于自身利益最大化的改变也会导致物种的灭绝，这是自然选择的结果。

有选择就有方向，所以在结论未形成之前，哪个选择是最好的不能够事先证明，只有通过长时间的检验才能够成功地完成改变。

选择方向或者朝着一个方向去了，这是最重要的环节。

不论如何做出选择，机会成本、潜藏风险都是必然存在的。与此对应的，不做任何的选择，也是最大的风险。

所以，以“规避风险”为理由或者目标来确定方向是不可取、不符合规律的思路，任何的选择（不选择），都不会规避风险，只不过会遇到不同的风险而已。

第一个方向，就是跟随大多数的方向，可以叫随波逐流，也可以叫跟随战略。这种情形，归类为保守型的方向选择。

第二个方向，就是独辟蹊径、走不寻常的路，这个叫创新，也可以叫引领战略。这种情形归类为激进型的方向选择。

第三个方向是没有方向，改变发生但不是围绕固定的方向而展开的，这种情形可以叫群狼战术，也可以叫筛选战略，可以归类为探索型的方向选择。

最后一个方向就是固守不变，坚持已有的路线不动摇，这个叫守成，也可以叫优势战略。这种情形归类为守成型的方向选择。

大体上，变、化的方向都可以归类为这四种。

同时，还有一个维度，是主动型、被动型还是不知不觉型的方向选择。

在上述情况的组合下，变、化的方向就有很多的选项了。

怎么变

渐　变

任何事物不加任何的干扰，都会发生渐变，至少会经历生老病死的几个关键阶段。从自然选择的进化论角度，通过很长时间的选择，物种都在发生着缓慢的变化。

突　变

由于环境、刺激等的变化，或者其他人为的、其他生物的干扰影响，在较短的时间内物种会发生突变，没有发生突变以适应这种干扰和影响的物种则会灭亡。

变的抵触

发生的任何变都会有一种阻碍其发生的力量，这种抵触随着物种高级程度的增加会越来越大，也就是变的过程还有不变的对抗。

化（Becoming，成为）

什么是化

在中国浩繁的汉字里面，唯有“化”字最值得去感悟、参悟，最值得在实际工作中作为做好工作的原则、指引、方法以及技巧。

推古知今，以致不惑。

所以，我们先看看古代关于这个字的诸多解释和应用，然后看看当今关于此字的组合及应用，最后做一个简单的评论和总结。

根据网上的搜索，可以查到一组古代关于“化”的描述和解释：

《易·系辞传》中，虞注：“在阳称变，在阴称化，四时变化。”荀注：“春夏为变，秋冬为化，坤化为物。”

因时而化。——《吕氏春秋·察今》。

以礼乐合天地之化。——《周礼·大宗伯》。

正月实来化我也。——《公羊传·桓公六年》。

神则能化矣。——《荀子·不苟篇》。

变则化。——《礼记·中庸》。

渐也，顺也，靡也，久也，服也，羽也，谓之化。——《荀子·七法篇》。

《素问·六微旨大论》中有“夫物之生从于化，物之极由乎变”，即新事物产生的过程，也就是“化”的过程；而旧事物由小到大发展到盛极的过程，也就是“变”的过程。

朱子曰：“变者，化之渐；化者，变之成。”李中梓引用朱熹的话，阐述变与化的关系——可见变是渐变、量变的意思；化是渐变已经完成了，即质变 。

据此，我们看到关于“变”和“化”，说得已是十分清楚了。而现今，我们对于“变化”不加以区分了，并且通常连在一起使用，实在是丢失了太多古代创立“化”字的十分深刻的内涵。并且，我们可以看到，“化”字是万物所生的基本规律之一。

循着古代的说法，我们看看当今遵循了“化”的内涵的一些使用场景和重要词汇：

信息化——实现信息技术的创新应用。

产业化——实现新技术到新产品的应用。

企业孵化——产生新的企业。

技术成果转化——把技术成果应用到实际。

文化——实际是以“文”来”化“人，教化之意。

证券化——将实物、资产等设计成可以交易的证券。

资本化——将实物、资产等变现。

现代化——将落后的升级为先进的过程。

化解——将矛盾消除掉，变成没有矛盾。

融化——冰雪变成水，并以此做其他比喻使用。

自动化——将人工完成的工作交给机器设备来做的过程。

智能化——以信息技术为主实现可计算、感知预测等。

同化——变得相同、一致。

消化——把食物变成营养吸收，也用作相似的比喻。

综上，我们可以看到，古今在“化”字的使用上，本意的变化不大，但是关于“化”的内涵，在研究和使用的过程中缺乏了重视。我们需要好好研究和领悟单单一个“化”字。

领悟透了“化”字，特别是万物由“化”而生，“变”则生“化”，可见掌握了这个含义，对于我们的日常工作、提升发展有多么重要的作用。

“化”是一个创造的过程，也是一个由量变引起质变的过程。所以，要么从创新创造入手，追求“化”；要么从渐变发展入手追求“化”。只有“化”了，才有结果。

为什么会化

“化乃变之成”，化是因为事物发生了改变，并且通过改变的发生成了一个新的“事物”，所以“化”是改变的成果、成就、结论。

由此，我们可以推论，没有成功完成改变，则就不会有“化”。比如，单位信息化建设若没有成功，则该单位就不是信息化的单位。

化是不可控的，这缘于“变”的不可控。

所以，化的理由很难精准地描述，很多原因是说不清楚的，能够把化的现象说清楚已经是不易了。

怎么化

物种的演化在《物种起源》中做了很多的案例说明和解释分析，其中很多地方，达尔文反复强调还是存在不明确的原因的。

站在企业进化的角度，如果发生本质的变化成为一个崭新的企业，应该做哪些工作，这是本书重点论述分析的核心，将在后面积极展开。

不能因为“化”的不确定，就否定“化”的进程和意义，不论会遇到什么阻碍和风险，变化的历程永远不会停下来。

化的抵触

对于企业而言，化尤其困难。这缘于企业进化的过程，实质上归根结底是人的进化的过程。由此可知，大多数时候不是具体某个人的进化，而是作为企业组成的人才团队的整体性进化决定了企业的发展。而这显而易见，旧的离开新的来、旧的改变新的增长，这个过程涉及了企业员工的核心利益，其过程中发生的抵触是非常大的。有时，最大的抵触则是企业的所有者、企业的负责人，这种情况也是普遍发生的。

变　化

关于“变”“化”二字在《辞源》“变化”词条中出现：“疏：变，谓后来改前，以渐移改，谓之变也。化，谓一有一无，忽然而改，谓之为化。”即事物渐渐地发展过程，叫作变；事物从有到无，突然发生，叫作化。化为变之成，变为化之因。对于变，有内在的改变，也有外在的改变引发的内在的改变。

改　革

改革是从问题出发，感知到问题、聚焦了问题之后，对现状中不适合的地方进行改变。基本上遵循继往开来的思路，在体制机制方式模式上进行改变，通常意义上来讲人还是那些人，事还是那些事，但通过改革，效率、产出、效益等会发生变化。

从企业的本质属性而言并不导致企业革命性变化的发生。

改革首先要确定哪些是不变的、哪些是不能变的原则性问题，然后余下的则都是可以改变的。

改革的核心是改变“机制”，机制本身又涉及了组织、模式、制度、运行等等，这样依次展开，企业的发展得以提升和改造。简化对机制的理解，可以列一个等式，即：

机制 ＝ 制度 ＋ 运行

机制改革是频繁且容易的，而体制改革（企业内部也有类似性质的改革），则不是频繁的，但影响是更深远的。简化对体制改革的理解，也可列一个等式，即：

体制 ＝ 机制 ＋ 政策

创　新

我曾经说过创新的核心性质，并且也是借鉴乃至直接引用了《道德经》的哲学思想精髓，那就是“无中生有”。创新的方法论观点我也提出过一句话，便是：“走一步试一步，走一步是一步。”

企业必须做创新的事情。

企业家精神里面就有两个：一个是冒险精神，另一个则是创新精神。

任何事物的发展都有正反两个方面，任何事物借用中国传统哲学思想里面的阴阳概念，都有阴阳两个维度侧面。

对于企业而言，创新与守成是一对矛盾。创新也是企业生长过程中的保健品、营养液。没有它，企业就会丧失生长发展的能力。

唯有好好领会和把握住“无中生有”的内涵，才能产生真正的创新。反之，可能还是局部的改革、渐进式的变化，当然如果外部条件允许，这种稳妥的方式也是不错的。

如果外部条件不允许、在激烈的竞争中、在飞速的技术发展中，很多时候，除了创新是没有其他出路的。

试　错

我们不用前后顺序的逻辑，我们用反向观察的逻辑，这样来看看“试错”的重要性，便可以容易理解一些了。

在“成功”得以实现的上一个环节必然是“失败”，所以才有“失败是成功之母”的格言玉律。遵从逻辑，成功由失败而生，每一次失败都可称为“试错”，其结果可能是“失败”，但“试错”本身是“正确”和“成功”——成功地又发现一次失败。

不自己“试错”，往往希望别人试错，降低自己试错的成本和风险，这种情况普遍有之，可美其名曰“跟随战略”，听起来很好。但所谓机会，多是转瞬即逝、一开即合的。往往，看到别人的“成功”，便想去模仿，而不知其失败的深层是积累的教训，这样的模仿能够成功吗？

曾经，发生了很多这种模仿，也被称为“逆向工程”。但是，这也总是依葫芦画瓢的模仿，核心本质的部分根本不可能掌握。

任何现在看起来无比正确的结论，都是经过千百次试错得出的。现在很多看起来正确的结论，也有可能正走在不断被颠覆的道路上。

试错是正事，不是不务正业的歪事。

要想在一个企业里面形成“试错”的环节、条件、机制，并非易事。这不仅仅需要理想和愿景，更需要真金白银的大力投入，也需要长期持之以恒的宽容失败的氛围保障，还需要有激励试错的好机制，让人愿意面对失败而不气馁。

不自己主动试错，背后还有一个经济学现象：其损失的是机会成本和机遇窗口期。有可能节省了成本浪费了机遇，也未可知。

企业作为组织的好处在于，大家共乘一艘船。可以进行不同的分工，设计合理的分配，担当不同的职责，从而形成健康的可进化的生态发展环境，这个目标是必要的和十分可能达到的。反之，人人只顾眼前、人人都做正确的事，没人去冒险试错，这个生态体系才是真正有问题的。

随波逐流

就状态的完备性而言，还有一种状态就是随波逐流，自身内生的改变的力量和声音非常的弱小，所有的决策决定全部取决于外部环节的刺激和变化。这如同生物界的刺激-反应模式，如果脱离了刺激，就不做出反应。

随波逐流更为常见。

更多的企业如同复杂生态环境中的低等级生物，对自身的生存发展的把控能力非常弱，所有的发展前景全部寄托在环境的友好和机遇的到来。而对于选择和创造，缺乏有效的条件、能力。

若更为深入地探讨一下，其实，在更多大型企业内部，其组成中的部门中，恰恰会广泛地出现“随波逐流”的情形。这些部门，长此以往地重复，构建了完善的组织程序和运行机制，看似没有什么挑战和改进的必要了。在这种情况下，自然是选择随波逐流的情况多一些。这些组织走向了企业发展的对立面，这样的组织不应该如此。

要将企业里面随波逐流、不思进取的组织像割掉肿瘤一样，切除掉才好。新的生机，才能再次出现。

变　质

所有的物质，最终走向的都是变质以及灭亡。企业也不例外，那些灭亡了的企业都经历过变质的过程。如果在企业变质的初期、在可以改变的前期，能够积极应对，则企业就如同生一场大病而痊愈，也不是不可以的。

通常“不变”最容易导致“变质”，就如同上述的“随波逐流”。在这种情况下，不对外界的环境变化做出适应性反应，企业的生存将随时面临灭顶之灾。

进化的本质是向好的方向发展，变质的内涵是向进化的反方向发展，如我们说食物变质了，则意味着不能吃了。

任一物种之生物，即使是经过了进化，对于某一个个体而言，随着时间的延续，仍逃不过变质和衰老，最终走向灭亡。然后，我们看到的是，好的基因通过代际相传，一代一代地传下去，从而形成该物种的蓬勃发展。

对于企业而言，所谓变质则是指企业自身好的“基因”代际相传终止、企业的“生长发育”停止（而不是停滞），进入变质是不可逆转的了。

事物无法抵抗不变质，企业也无法抵抗不变质。所能够做到的是及时发现，诊治，通过采取合适的措施回到正常的状态上来。这是反反复复的，而不是一劳永逸的。

进化（Evolution）

如果一个事物掉了队，那么它将终止存在（《中华科学文明史》（P124，李约瑟））。这句话也就证明了，一切事物都是进化得以发展的、退化造成消失的。

进化是遗传学术语，涵盖的内容十分广泛。我择取一部分概念用于对企业的描述和研究，一方面是便于读者理解，另一方面企业也的确存在进化的逻辑。

从网络上，可得到一部分进化的遗传学术语，包括：分子进化、微观进化、宏观进化、渐进式进化、协同进化、平行进化、化学进化、趋同进化、趋异进化、退化、进化速率、进化节奏、进化趋势、系统发生、中性突变、自然选择、前进性选择、单向性选择、定向选择、稳定性选择、负选择、背景选择、平衡选择，等等。

进化是描述生物长时期发展过程中状态发生变化的一种现象，并且是最重要的现象之一。遵从这个理解，我们用这种概念及现象描述企业（一种外延的生物体概念）是合适的，也是非常重要的探索。

① 主动。从自然选择的角度，普通生物界的主动进化也是非常普遍的。为了达到自身利益的最大化，各种生物会因为环境等的影响和变化而发生变化。

② 被动。被动的进化也是很多生物物种进化的选择，随着外围条件环境的变化，生物自身为了适应，逐步地被改变并形成了进化。

③ 突变。突变是实现进化的关键点，随着缓慢的量变引起的质变，总有一天发生突变。当这种突变发生的时候，生物的生长发育状态就进入一个崭新的过程。

④ 归零。归零其实可以理解为死亡，尤其对于个体而言。对于物种的宏观群体而言，归零也意味着种群的灭亡。而对于企业而言，尤其特殊的含义是，企业的归零不一定意味着死亡，还有很大可能意味着转型升级。

进化的方向

大者为王

每个企业、企业的每个部门、每个人的权利，都希望向“大”的方向发展。在逻辑层面，就意味着有其他企业、其他部门、其他的人的权利被“缩小”，这是自然选择的主观和客观像一致的逻辑。

“大”意味着生存空间大，所可以获取的资源多；也意味着生存能力强，为了维持自身发展的竞争力强。

强者为王

大而不强并不会好。所以，“强”也是企业的进化方的主要方向，甚至是更为重要的进化方向。在我们通常的认知里面，“大”就是“强”，“大”而后才能“强”，实际上“强大”两个字分别有不同的内涵。“强”意味着没有敌手，“大”意味着规模超过很多。显然，强者不一定大，大者不一定强，同时兼备者则为领袖和领导企业。

对于企业内的部门、小组、技术等实体，强者为王的内涵也意味着没有敌手，这个进化的方向也是成立的。

智者为王

在这里我们再提一个进化的方向，所谓“智”。这不同于前面的进化方向，既现实，又容易理解。

智者为王的内涵是在智慧层面没有敌手。

很显然，企业不论大小、不论强弱，在其未来的生存发展的潜力上，是否有智慧、是否能够谋定长远，才是更为致命的。

我们所谓“短视”，其实也很像是“弱智”，否则何来短视呢？

第四章　进化的法则(道生之)

道生之

是什么力量导致企业进化(演化),导致企业生老病死呢? 对于自然界的生物,这种力量就是自然的力量,体现为自然规律。对于企业而言,这种力量是什么呢,是不是也存在一种企业生长生存发育成熟衰亡的生长之道呢? 这个当然是存在的,但是说清楚存在的这个道,则是非常难的事情。可以参考笔者的《守城与创新——根植于中国传统文化的企业生长之道》(北京航空航天大学出版社,2019.1)一书。

我们总体上是以中国传统哲学思想来分析和考虑这个命题的。关于中国传统哲学思想的地位和价值,特别是与现代科学之间的影响,有一段话摘抄下来略作说明:"尤其是当我们发现莱布尼茨在写给他的同时代人的一封信中提到,在植物的生长过程中,它现在的状况一定与将来及过去的状况有关。因此有必要认识到莱布尼茨确实研究过12世纪朱熹的新儒家学派的翻译作品中的中国思想。事实上,这种引进的中国思想很可能对莱布尼茨制定他的哲学计划有现实的帮助。既然生物体的现代西方哲学观以莱布尼茨为主要奠基人,那么也应该承认中国科学思想所作的贡献。"

我们将直接和间接地应用哪些中国传统思想呢?

① "道生一、一生二、二生三、三生万物。"(《道德经》)

② "道生之、德畜之、物形之、势成之。"(《道德经》)

③ "万物负阴而抱阳,冲气以为和。"(《道德经》)

④ "一阴一阳谓之道。"(《易经》)

⑤ "天地和而万物生,阴阳接而变化起。"(《荀子・礼记》)

⑥“阴阳者，天地之道，万物之纲纪，变化之父母，生杀之本始，神明之府也。”（《素问·阴阳应象大论》）

⑦“夫物之生从于化，物之极由乎变。”（《素问·六微旨大论》）

⑧“变者，化之渐；化者，变之成。”（《内经知要》）

⑨“物生谓之化，物极谓之变。”（《素问·天元纪大论》）

这里尝试给出企业进化的定义：所谓企业进化是指企业因为内外部生存条件的变化而发生对自己生存有利的变异，这个过程称之为企业的进化。反之，则可以称为企业的退化。

我们也顺序给出进一步的关于企业的进化法则。当然，我们对于企业进化的法则的研究还只停留在分析、推理、判断的层面，一方面是这样的研究很少，另一方面是这样的具有进化逻辑线索的企业案例太少。我们所以这样去分析和推理，主要是希望能够从《物种起源》中得到一些借鉴，从企业生长的逻辑中得到一些启发，并最终用逻辑推理的方法给出可能的企业进化的有关法则。

企业的物种

企业与物种本不可能是一类概念，也不是一个维度。为了能够简便易行地借鉴生物进化论的世界观、认识论和思考逻辑，我们便这样做词语的组合吧。

企业不是生物学概念上的生物组织或系统，但是不论是借鉴还是类比，企业有生有死、有兴有衰，这些又非常类似于生物的主要特征——生长性、生命性，这便引出了进化论的探讨的可能性，从而就需要组合一个企业物种的词汇，便于讨论或者引发讨论。

企业的生长发育、生老病死、转型升级（变异）等等，这些背后的逻辑值得深深思考，并可将思绪引申到企业的进化的维度和角度。

涉及进化，就有一代一代、纲属、继承遗传的概念等等，这首先需要进行的定义描述便是企业的物种——如何形成种群、群落、代际。

我们试图将“企业”作为物种进行进化理论的研究和探讨，那么企业是一个什么样的物种，有没有相应的门、纲、目、科、属种、群等概念呢？这种直接的映射和借鉴是可取的吗？现在还不能下这样的结论。

显然有相似性，也显然不会是可以直接借鉴生物物种的全部概念的。为此，对于企业物种的描述刻画便是第一个难关。

进化论的核心是物种的起源和物种进化，而企业进化论则包含产业的进化和企业的起源与进化。

从长周期来看，有些产业（行当、行业）会经历非常长的时间，当然也有会灭绝的产业（行当、行业）；从单体企业而言，其不具有生物所谓的繁殖性，所以唯有自身的迭代进化，而没有代际的遗传进化。

为此,我们一旦要讨论企业进化论,就必须设想或者设计一个进化的逻辑系统及概念结构才行。所以,做了尝试,将企业进化形成的物种、种群关系做了如图 4.1 所示的定义。

① 产业:通常分为第一产业、第二产业、第三产业;后来,随着技术的发展,有战略性新兴产业、未来产业等新增内容。未来,第三产业是发展重点,也因为这个产业还属于未成熟产业,一直在快速进化过程中。

② 行业:行业也是一个非常大的概念,比如机械制造行业、自动化行业、汽车行业、教育行业等等。在这个层面,有些时候行业与产业混用。行业有大、有小;有新、有旧;有的永远不会消失、有的则如过眼烟云会消失。

③ 企业:企业的概念本身就有很多种定义和内涵,但终究是为客户提供服务以获取商业利益,所以获得利益是企业的目标和使命。

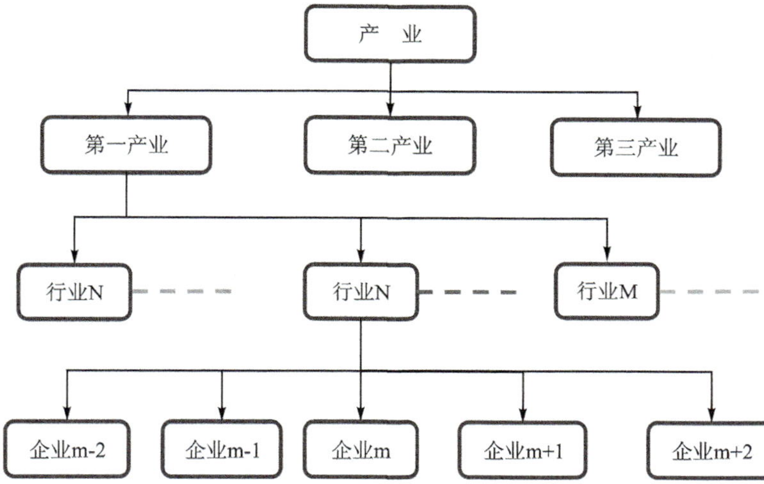

图 4.1　企业进化形成的物种、种群关系图

图 4.1 进行了非常简单的抽象和描述:一个产业、若干行业、无数的企业,这样就是企业所在的生态环境。在这个环境里面,每个企业都是独特的“物种”,这些企业之间也绝对不会有完全相同的。这是因为组织企业的核心部分中“团队”是关键,而作为人才组成的团队没有完全相同的存在,所以也就不会有完全相同的企业。

所有的企业既相似,又千奇百怪。所以,能够做到独特的企业,或者获得独特市场的企业,便是新物种企业。

图 4.2 进一步简单描述了企业的“继承与发展”。在这里,描述企业的时候完全照搬生物界的继承与发展是行不通的,企业没有所谓的“生”的概念。现实中,企业是“举办”起来的。因为有举办和被举办的关系,当举办一个企业的举办人是法人单位的时候,两个企业之间通常也称为:子公司、母公司。在这里,也是借用了“母生子”的关系。在这种关系存续期间,母公司和子公司之间就具备“遗传”“进化”等实质和实体概念了。

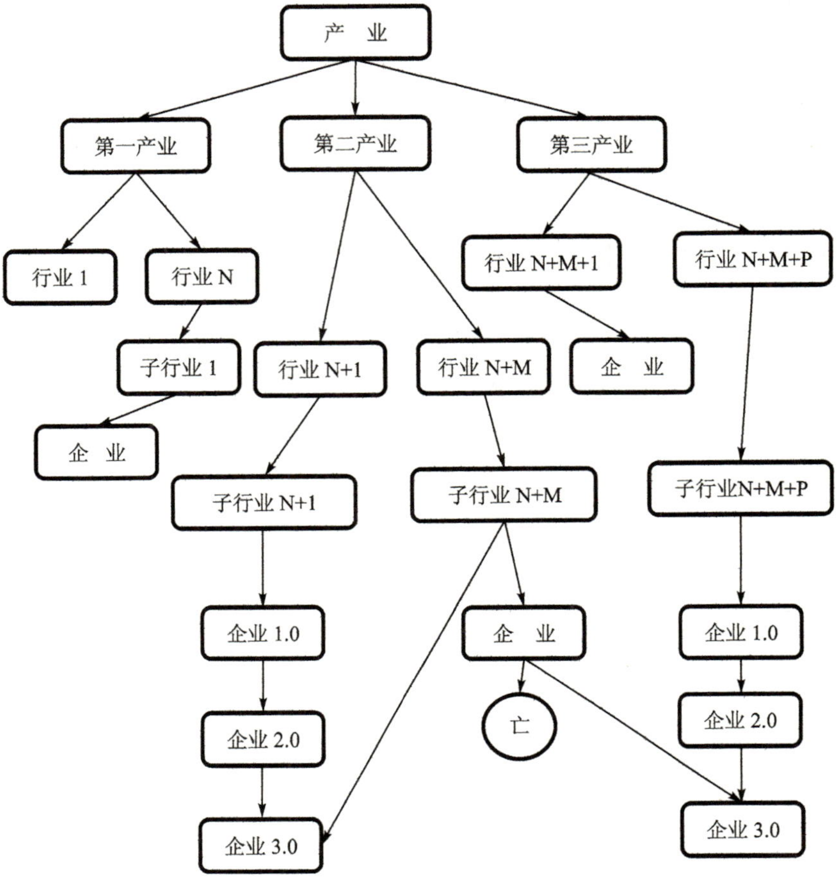

图 4.2　企业的继承与发展

- 任何一个企业都必然隶属一个行业;
- 任何一个企业都必然隶属一个产业;
- 任何一个行业都必然隶属一个产业;
- 任何一个企业都有自己的代际发展继承;
- 任何一个产业都涉及很多的行业;
- 有些行业有自己的子行业;
- 有很多的企业是跨行业存在的;
- 产业的进化最慢、行业的进化快一些、子行业的进化更快一些、企业的进化最快。

企业的进化由产业、行业的进化所决定,并且个别企业的突变进化又能够导致整个产业、行业的进化。

企业的渐变

无论如何企业都在改变,发生着变化,并且以渐变居多。

企业的渐变时时刻刻都在发生。

这种渐变发生在企业的每一个角落,有很多事可以忽略不计。

随着渐变的叠加,自然会发生从量变到质变,也自然会呈现“好”或“坏”这种显而易见的结论。

这种渐变很难被及时发现,因此,当由这种渐变引发的质变出现的时候,再来调整这种变化的方向则非常困难。

所谓防微杜渐,为了把企业经营好,从细微处感知企业的变化,不仅是重要,而且是十分重要。现在的难题是,针对这样的感知,缺少足够的研究、模型和方法,以至于不被作为战略来看待。

通常所谓的战略一定是宏观的、长远的,但是“防微杜渐”本身也是战略。如何制定和执行这样的战略,是未来企业面临的挑战和机遇。

任何变化的发生都是有迹可循的,所以,把“防微杜渐”作为战略,不是仅仅聚焦于如何处置细枝末节的问题,而是从细枝末节着手,放眼关乎企业长期发展的大问题。

企业在自己的生命周期发生进化、演化,多数都是由渐变引起的。一个企业遇到重大战略转折点的机会自然不多,所以设定和实施“防微杜渐”的战略更有实际的意义。当然,企业发展的战略方向、战略选择的大局观自然也是非常重要的。

如果,要把“防微杜渐”的战略做一下归纳,主要还是在“机能”“组织”“价值观”三个结构性问题层面。如若机能发生衰退、组织发生病变、价值观发生动摇,这些情况的累积对企业生命健康的质量是致命的。

抵制和防范企业在渐变过程中的病变的措施,是在另外一个维度可以考虑实施的,那就是企业的文化、精神。有了文化、有了精神,细小的病变萌芽就会被自动免疫掉。问题稍微大一点,也会得以被及时地提出、开诚布公地讨论、有效得体地处置。

每天都盯着渐变也是不现实的,从广谱免疫的角度,企业就是要做好自身的组织文化、企业精神的构建,用积极向上的正能量感染每一个员工,从而汇聚成正向的发展合力、抵消不适产生的负面影响。

企业的渐变类似于“苹果树一天一天地长大”。

企业的转变

所谓转,即是改变方向的运动。永远沿着一条路向前走,这种模式和逻辑,本身也是不存在的。所以,企业的转变是必然要发生的。

企业的转变是指改变企业原来的发展方向，包括宏观上的和微观上的；越往上层的转变，动静越大；越往下层的转变，动静越小。

从长时间轴来看，大部分企业，尤其是长寿的企业，几乎都会经历很多次自身的转变。一方面是市场的原因，产业、行业、产品的兴衰，企业必须跟着变；另一方面是，企业的管理团队也会周期性地发生变化，从而导致企业也会发生转变。

从根本属性上来看，企业的市场、产品、组织、文化、客户发生方向上的改变，我们称之为企业发生了转变。

企业的转变是显性并且是可见范围内都能感知的。有两种可能性，一种是企业主动寻求转变；另一种是企业被动寻求转变。

当企业主动寻求转变的时候，通常会是战略选择、长周期实施。一般会包括定位、定向、预研、预判、实验、试制、验证、改进、中试、小规模、量产等核心环节。从这里可以看到，为什么企业下决心转变是不容易的，因为转变意味着“从零开始”，失败概率大于成功概率。这不仅包括技术、产品、服务，而且包括企业的管理、文化、核心制度、机制等等。

企业的被动转变发生的时候会更狼狈。主动转变尚且九死一生，被动转变更是难上加难。往往这个时候就是企业生死存亡的分水岭——过了，活；没过，亡。

无论如何，企业应对和实施转变，不是形式上的要求，而是实实在在的生存发展上的要求，更是与全社会发展、进化、演化相匹配和跟进的要求。

企业转变类似于“涅槃重生”。

企业的变异

变异，一是变，二是化，且异于化之前。有变得更好，或者变得更坏两个方向、两种结论。如果是变得更坏，我们称之为“企业变质”了。

企业的变异便是指企业由过去的样子变成了一个新的完全不同的企业。这种情况非常少发生。举一个不太形象的例子：我们经常可以看到，在资本市场上一个上市公司 A，假定是做纺织的，经过产业结构调整，不能再继续从事这个行业了；通常的一个做法是，A 公司可以通过资产置换，比如置入人工智能、电子信息、新能源诸如此类的未来及新兴产业，假定选择了该领域的一个 B 公司，通过把 B 公司的资产置入到 A 公司，实现该企业的主营业务发生根本性的转变，结果就是此 A 公司非彼 A 公司了。通常，这是 A 公司在二级市场上的最大利好。

我所发现的企业变异的案例，在初创期的企业身上也多见，比如年龄在 0～3 岁之间的企业，由于业务模式不确定、市场发展不确定、技术路线不确定等问题，做着做着，企业有可能变成与初始时完全不同的业务方向的另一个“企业”了。正是这种变异才使得创业企业显得比较悲怆、失败率比较高——因为，没有任何成功是一开始可以规划、描绘出来的。所有的成功都是经过反复的失败而实现的，成以败为母，这的的确确是现实,不是口号,不是理念。

所谓“穷则思变”“穷则变、变则通、通则达”,这里的变也包含“变异”的情形。当处在“穷”的时候,才考虑变,其实是属于被动“转变”“不得不变”。

企业“变异”不是设计出来的、不是正常逻辑走出来的,是属于特殊、偶然、偶发的情况。通常,这个过程中的不可控因素更多。所以,没有一个企业家在企业好好发展的过程中会推动和实施企业的“变异”。

还有一种理论上的可能性,企业因为未知未觉而走入了“盲而病、病而衰、衰而亡”的周期历程,而没有办法扭转。这个结果就是企业的“变质”——向极坏的方向发生的变异。

企业的变异类似于“改头换面”。

需求选择

达尔文说,适者生存,不适者淘汰的过程就是自然选择。这法则适用于企业,企业也是遵循自然选择法则的。

而企业有不同于动植物对自然选择的必须依从的规律,企业是人类活动的集合,最大的特点是创造性。而通过这种创造性,便有可能更好地利用自然、改造自然、适应自然。企业的这种创造性,再向更深一个层次上探究,也是自然的选择——满足了人类未知的且应该存在的需求。

所以,对于企业而言的自然选择,我们也可以描述为“**需求选择**”。满足需求,企业生存;不满足需求,企业淘汰,即所谓需求选择。

我们将企业作为一个类别,将需求也作为一个类别,其中有满足与否的两种核心本质指标;也包含已知需求和未知需求两个市场;还包括发现需求和发明需求两个手段。

满足:企业有客户、客户有满意的产品和服务可以选择,市场处于买卖双方自由交易的平衡状态。

不满足:在市场中,免不了激烈的竞争和淘汰。所有的企业整体上满足一类需求,不代表某一个具体企业做得足够好,当一个企业处于平均水平之下时,它就不能够满足当前的这类需求了。

已知:有很多很多的需求都是已知的,甚至亘古不变的,比如衣食住行类的需求;这类需求永远不会消失,永远与人口的规模成正比,这类企业永远是数量最多的企业。

未知:未知的需求有很多种,这种情形下,一类需求是潜在的,但是没人知道;另一类是某些需求是由其他需求满足后催生出来的,只有满足了前一个需求才会出现下一个需求。

发现:发现客观存在的需求、发现旧的需求的满足会导致新的需求出现,这些都是企业发展过程中常常遇到的情况，也常常是发展良机。

发明：没有这个需求的存在，凭空发明出来。这种情况随着技术进步的爆炸式发展，越来越常见。所谓，科技创造需求，这个过程中不仅仅发明了技术，有的时候也发明了需求。

以“人”为市场中的最终买单者为角度，所有的需求都必须是符合“人性”的、满足“人性”的，比如：力量增加的追求、速度增加的追求、享受增加的追求、效益增加的追求，诸如此类。大家可以尝试着想想，是不是当前时代最好的公司都是最能够探知和把握“人性”的公司呢？能够让“人自身”变得“**更好、更快、更高、更强**”，是所有企业应该遵循的统一的哲学层面的理念和宗旨。

企业的成功不是企业家打造出来的，是其因满足了众多客户之后获得的应有的应得的回报而已，这个过程就是“需求选择”，这是企业进化论的关键意义之一。所以，伟大的企业都是时代背景下的企业。

为了适应“需求选择”，从满足人性需求的角度衡量，企业自身的不懈追求也应该是考虑如何让自己变得“更好、更快、更高、更强”，自然而然地就会实现企业的“更大”。这里想暗示的是，企业规模的“更大”不是本质的追求，而只是客观上发展的结果。

用进废退

用进废退之于生物而言道理大家都清楚，借用过来用在企业身上，还需经过很多的分析、探讨和实践的检验。

用进废退核心的原理是：一项能力，用得越多就越会发生进步、进化；反之，就会发生退步、退化，甚至消失。

企业的用进废退，也是希望遵循这个原理，对于企业而言，我们定义了它的若干“机能”：①创新；②生产；③研发；④服务；⑤营销；⑥免疫；⑦革新；⑧管理；⑨保健。

假定这九大“机能”站得住脚，那么如果企业长期重视和投入“创新”，那么这个企业的创新能力就会越来越强；如果企业创业阶段重视创新，而成熟阶段不重视创新，那么可以说这个企业的“创新能力废退”了。

企业自然是要“生产”的，这里指广义的生产的内涵，那么如果长期重视和投入，产品质量不断提升，那么这个企业的生产能力就会越来越强。

提出用进废退，对应企业机能，表达进化或者退化，其实也就是企业进化论的核心研究使命和目标。

一种能力需要一种保障和一种组织机构的支撑，所以我们以“机能”为核心，并不以“组织”和“价值观”为核心来描述和定义企业的用进废退。

传导变异

牵一发而动全身,这个道理是普遍成立的。

前面提到了企业的九大“机能”,当其中一个发生改变时,必然引起与其他机能之间的“不适应”、与其他保障组织的“不适应”。产生的结果就是互相影响,也就会出现一种所谓“传导变异”情形的发生。

比如,一个有人工厂经过成功的数字化改造变成无人工厂,那么对于这个工厂而言,所有满足“工人”需求的部分都会消失。这就是由一个改变引发的另一个改变。这种情形的例子非常多。

比如,企业管理制度改变了,表面上所有的规范程序也随之改变,深层次是诱发了企业的文化的改变,有好的可能,也有坏的可能。

再比如,企业技术路线改变了,胜任原来技术的优秀员工变得不再可能优秀,需要调整和分流、引进新的员工,这也会诱发其他的发生在企业内部的变异——旧的力量下台都不是容易的事情。

需求驯化

需求驯化就是向市场低头。

需求驯化是从达尔文进化论里面的“环境驯化”借鉴而来的,促成企业发生变化的核心力量是来自于市场的需求,而不是其他。包括企业领导者的个人喜好等,这些都不是企业被驯化的核心要素。

需求驯化与需求选择的原理一致,其所表述的原则性在于必须向市场低头、必须对市场怀有足够的敬畏。人可以发挥主观能动性、创造性,但是人不可以改变市场的规律,不可以超越市场的范畴实施企业的行为。

一个企业做得越来越好,就是因为需求选择,进而遵循和践行了需求驯化,从客观上而不是主观上变得越来越好。

为了需求驯化,如同人的训练一样,一个企业要成功地实现这个过程,需要不断地调整实际训练最后成型成器,这也是非常不容易的事情。并且,这里主要是指企业自身的机能、组织和价值观被驯化的过程,也是指在自身得以驯化的基础上,遵循了需求选择的法则的过程。

重复导致变质

有一类情况就是“反反复复”,从制度到规范,从技术到产品,而中间缺少迭代。在这种情况下,企业演化的方向则更趋向于“变质”,也就是变得更不好、更坏。

这是因为，企业时刻处在已知和未知的竞争中，当长时间处于“重复”运转的时候，溃败的几率就会越来越大。从这个角度反向可以证明，为什么企业家精神的核心是“冒险精神”和“创新精神”，那就是避免在老路上走得时间太长、反复地重复将孕育企业衰败的种子。

创新就是一种免疫，一种抵制企业“生病”的营养品。在这一节里面，重点突出地展示了创新这一功能和使命对于企业的至关重要性。

简要概括，也可以说“对于企业而言，守成是最大的风险，比创新的风险更高”。

发展导致变质

不是所有的“发展”都指向“进步”，这个结论毋庸置疑。俗话说，干着干着就跑偏了。这是非常普遍的事情，按照进化论的逻辑，就是目的是发展，结果是变异。

有一些所谓的发展会导致企业的变质。比如，贸然的改革、贸然的人事变动、贸然的技术路线调整，其初衷都是向好的方向发展，但是事后往往会得出更坏的结果。

以发展为目标，避免产生变异，其关键还在于对于发展的论证、发展的判断、发展的调整等等。换句话说，没有永恒的对的路径，企业要善于抓住发展的机会，更要有善于根据自身情况灵活调整发展路径的能力。

发展导致变异的情形在企业内部不容易得到控制，原因很多，其中无法避免的是“失败是成功之母”的法则约束。这句话的内涵是，没有足够的失败就不会有显著的成功，所以这说明了创办企业的难度是非常大的。

所有成功发展的企业，其所经历的失败和挑战也是超越其他企业的，在这些失败和挑战发生后，能够从中总结出有效的经验教训，从“变质”的风险中寻求到“进化”的源泉和元素。怕是，这个过程和逻辑是不可避免的。

简要概括，所谓发展就是创造问题，所谓发展起来了就是在发展中解决了问题，控制了企业向进化而不是变异的方向持续前进。

文化变异

统领企业的不可见的强韧纽带是企业的文化。企业的文化发生的变化，产生的变异对企业的影响总是致命的。

企业文化的变异容易发生，这包括制度改变、领导人风格改变等等，这些情况的发生，我们需要特别注意，因为它会在垂直层面上一直影响到企业的文化。

不论一个企业当前的文化好不好，当前在企业内部的所有人的共同的习惯、习性构成了当前该企业所拥有的文化——所谓人以群分。如果这个文化发生了变异、变化，那么其实就会影响到这个企业里面的大多数人。

不要轻易试图剧烈、快速地改变一个企业的文化。即便问题很严重，需要的也是缓慢"治疗",至少要能够保证该企业的现状得以维持不会变得更坏。这里面对于一个企业而言,在文化的改变层面上没有"突然死亡法"的概念,只能是一步一步地改良、改善和感染大家,并形成所有人集体的习惯、习性展现出来的企业文化的进步。

简要概括,一个企业所有人的习惯、习性必然形成了该企业的文化,破坏了,人就散了;变好了,人就越聚越多,企业也就越有生命力。

不完美

企业进化、变异、改变的每一个可见的过程,其实都是不完美的。就价值观、认识论而言,可以持完美主义;但就企业现实、激烈的市场竞争、日常的运营管理而言,接受不完美是必须的、必然的。

不要对不完美的事情进行苛求,所有的事情之所以能够发展,本质上都是因为"不完美"。所以说,发展无止境,完美永远是下一站,而不是眼前这一站。

其实,可以容易地理解,受制于现实资源和客观条件,以及可用性、有效性等,任何事情永远都不会是完美的。

企业的进化秉承不完美法则是非常现实的诉求,而实现完美永远在路上,只能是企业的愿景、理想罢了。

把握和理解这一点十分有意义,也十分重要。

以一个企业为整体来看,接受该企业的不完美,找到核心的发展瓶颈问题,进行攻克和解决,恰恰也是企业进化的一个方法论问题。

简要概括,其实,所有的发展都是因为发现了不完美。如果,真的是完美的,哪里还需要发展呢?

企业变的条件

日复一日,不断完善,则为之变。

只要是知不足而努力改进的企业,总是会发生改变的。反之,如果吃老本、不愿改变了,那么企业就丧失了改变的条件了。

在企业不断完善的过程中,还是需要一些条件:

① 在思想上,立志于变得更好;

② 在行动上,追求变得更好;

③ 在竞争中,不满足于现状;

④ 在服务中,不断提升;

⑤ 勇于冒险,不怕失败;

⑥ 敢于创新,不怕损失;

⑦ 需求的改变;

⑧ 用户的意见；

⑨ 环境的改变。

上面这些条件不是全部，也不太可能是全部，仅仅是罗列一组可以作为启示的条件，希望让企业家理解，企业的改变——不断的变化，不是自然而然就会发生的，而需要一种力量、一种精神、破解更多挑战才行。

简要概括，没有无缘无故发生的改变，都是因为条件具备了才会发生。

企业化的条件

企业由变及化，所谓变化，是指企业生成了一种新的形态。所以“化为变之成”，这个过程中，企业发生“化”的第一个条件是“企业一直在改变、在完善”。

出现上面这个情况，企业“化”的条件多数是外部条件的变化，这与自然界突然发生变化而植物随之发生适应性变化的逻辑很相似。

一个做 A 种产品的企业，在经历很长时间的社会发展后，不被需要了，没有需求了，那么 A 种产品自然会消失。此时，企业如果早期预见到，做出了调整，企业有可能顺利地已经过渡到提供 B 产品了。这个过程是非常缓慢的，压缩时间轴来看，其实企业自身发生了变化——从一个企业变成了另一个企业。

在上述过程中，如果由于某种原因，企业没有能够从提供 A 产品的业务中调整到位，那么该企业就不会再生存下去，意味着该企业就要“变成”另外一个企业，虽然名字可能是一样的。举世皆知的 Nokia(诺基亚公司)在移动通信 2G 时代如日中天、市场表现优秀；还有包括 Motorola(摩托罗拉公司)也是一样，并且它还不仅仅是手机市场的表现良好，但是随着 3G 时代来临，上述两家公司的 A 产品(2G)没能顺利调整为 B 产品(3G)，从而失去了市场、失去了业务，最终如我们所知的，此时的 Nokia 和 Motorola 公司已经不是彼时的公司了。

如同冰雪融化，化为无形，企业是因为满足需求而存在、而发展，当社会发展、时代进步，自然而然地又有很多的需求“从有到无、从无到有”，每当这个节点来临的时候，几乎可以说所有涉及的企业都必须完成“化”，否则就是衰亡。

企业完成“化”的条件，还可以提出一条——“有勇于革新、否定自己、预判未来”几方面的能力。

首先，勇于革新，要求企业能够在自身各个方面向陈旧、腐朽、懈怠、低效开展斗争，毕竟这些都是涉及企业内曾经团队的荣耀乃至利益的。在社会发展的大潮流面前，只能选择顺势而为，没有这个革新的勇气企业就不能从此时的自己“变成”彼时的自己。

其次，否定自己，企业如同人一样，需要不断地反思、自省、否定才能够进步，这包括企业的方方面面、每一个角落，如果能够做到充分的检视、否定，就没有办不好的企业。反之，则是企业自大、自满、自傲，没有如履薄冰的忧患意识，那这样的企业也不可避免地要衰败、破产。

最后,只有预判未来,才有未来。实际上,所谓“化”,不是能够很容易设计出既定路线图的,通常都是走在路上,走着走着,遇到新场景、新业务、新发现,从而企业升级了、业务升级或者转变了,这实际上是该企业自身从一个企业“变成”另外一个企业了。

偶然性与必然性

在创办企业的法则里面去追寻、去探索,有关偶然与必然的问题必然涉及。随之,就会提出哪个是常态的思考,究竟面对的各种情况里面是“偶然”多一点,还是“必然”多一点呢?

这是个很大的问题,也是非常关键的问题,往往在迷茫的时候出现状况,无论把握得好还是不好,企业都会出现“变与化”的战略转折点。

应该说:在企业进化的全部过程中偶然性是主导的法则,必然性是次之的法则。也就是说,一系列的偶然导致了必然失败或者成功,不存在一系列的必然导致的偶然的失败或者成功。在偶然性的原则下,失败或成功体现为必然性,这是我的理解。

所以,企业进化的过程是偶然的,企业成功或者失败是在一系列的偶然里面逐步形成了必然的失败或者成功的基因(包括突变)。

偶然包含了所有的内外部条件,都是不可预知不可预测的,之所以有风险就是因为偶然性的存在,反之如果是必然性就不应该有风险。

拥抱偶然性才能找到进化的路径,或者说才能有幸碰到正确的进化的路径——企业发展过程中,哪个关键人物会出现、哪个关键资源会得到、哪个产品会有市场,这些都不是必然的。所以,一旦以“偶然”为基调、以“不确定性”为出发点,往往,就会增加企业进化也就是发展下去的“必然性”和“确定性”。

怎样抓住机遇?

机遇都会隐藏在每一次的偶然情况里面,有时是危险,有时是机会,有时又是互相的转化,这个不假。当认识到这个特质或者法则的时候,我想,反而就容易识别、抓住、利用好难得出现的机会了。

企业家应对偶然性的经验需要逐步积累,所以,创办企业、发展企业是需要经验的。当缺乏经验时,看起来几乎所有的情况都是偶然、突发、出其不意的;当经验足够丰富时,看起来很多情况都是胸有成竹的。当然,事物往往是期盼向左,结果向右的,是非常辩证、矛盾、对立、统一的。

必然性是“孕育”出来的,是每一次对偶然情况正确应对后,产生的化学反应、产生的变化,看起来是必然的,但实际上是进化出来的。如果不这么解释,或者说这么解释是错的,那就要回到企业的失败或者成功是“必然性”的命题,显然这个命题被认可的比例会更低。

这样看来，所谓孕育，就是进化的一种特殊形式和环节了——繁衍、变异、传承、发展。

资源的保障

在这里所谓资源既包含我们熟知的、常常放在口边的资源，也包括企业之出生的股东、原始输入等等，没有一个企业的设立是建立在“0”的基础上的，如果那样说则是误导观众。所有的企业在设立之初应该是“1”，然后实现的是从 1 到 2、从 2 到 3 的事情。如果没有，这个企业就不是正常的“降生”。

只有源头创新、原始创新的工作性质是实现和解决从 0 到 1 的，而办企业不在这个范畴内。

所以，回答什么是企业出生时的“1”，拥有的资源是什么，这是源头的问题，是第一个保障；而日后的发展进化，就是不断地做大这个“1”，而且永远处于“1”的定位、作用和性质——万物所生之源头。所以，对于办企业而言所谓“1”就是“源头”，反之就是无源之水、无本之木，是不成立的。

所谓资源保障，就是办企业必须遵循“水到渠成、根深叶茂、生生不息”的法则。没有资源或者资源不存在了，就如同断了源头的水、失去了根的木，自然会衰退、灭亡，这样讲，应该是比较容易理解资源的性质、重要性和如何发挥其作用的。

资源永远处于保障的地位，也就是说，资源不能确保企业能够发展得好，但是一定是决定着企业能否“生”的问题。在企业生老病死的全部周期里面，透视下来，其实只需看“资源的枯竭抑或丰沛”这个内涵，其他的都是表象。

办企业就是以“资源”为起点的长征路，只要资源不枯竭，就意味着可以一直有资格在路上，就会胜利抵达长征的节点、终点。

科技是一种特殊的可以创造资源的资源，而科技不在（不全在）企业手里，而在全社会的科技产出的大集合里面，企业需要的是利用科技实现创新。所以，创新是实现资源再生、不枯竭的核心行动，这也就是为什么创新之于企业是如此重要——能不能活下去，靠资源；创造资源，需要创新活动。

因为可以通过创新“生资源”，所以，本质上企业就会“不死”“永生”，从进化、生命及生长的角度看，这个逻辑呈现的是对创新的独特理解和视角。创新的意义和作用有很多维度、层级，但我思考所得的结论是，创新是企业永生的、保障资源不枯竭的唯一的手段。

资源保障的法则提法也许有争议，但是没有不靠资源就能够发展起来的企业。无数看似白手起家的成功励志故事，都好像看不到资源保障，这不是规律。规律本身指导我们，会发现其中的资源保障的地位和作用的。最最容易忽略的可能有精神、知识、理念、文化等等，这些当然是先于企业“降生”而存在的，尔后又成为推动企业发展的源头动力。显然，企业作为一种我们反复提到的物种或生物，因为由人而组成，所以其自身就具备了精神、知识、理念、文化的拟人的属性,而且是至关重要、致命的属性。

价值观的引领

一念,一生。于人如此,于企业也是如此。

企业不仅可以拟人地看,而且企业本质就是“一群人”,汇集和凝聚起来的最伟大力量是一致认同的企业的“价值观”;其次才是利益,二等的凝聚力。

作为法则,价值观决定了企业的“精神”层面,有没有“精神”是决定企业生死、好坏、发展快慢的。当然,价值观是高于精神、文化层面的,它是最高层面的认知展现。

企业进化脱离不了对最大价值取向的追求,进而就会遇到“什么是企业的最大价值”的本源问题,通常,这指的是效益、利润、市场等等。但是,本质上的结论的确比这些更复杂、比这些更能决定企业的生死,这就是企业的“价值观”层面的问题。

追求谁的价值最大化、追求什么样的价值最大化,诸如此类,不能一带而过,这些问题蕴含着价值观法则——遵从与否,决定了企业的进化和生存问题。

优秀的企业千千万万、倒闭的企业千千万万、新生的企业千千万万,以这个数量级和考量集合作为视角来看,之所以会是这样的情形,其背后的规律性的东西一定在起着作用。

一个好的企业、能够长期生存下去的企业,应该有几个方面的价值:

① 该企业的存在满足特定需求——有被需要的价值;该类价值终止于“不被需要、被客户抛弃”。

② 该企业的存在创造了需求——有可能被需求,有可能被抛弃;如果发展起来了,就会成为“有被需要的价值”。

就这两条——被需要或者被抛弃,需求方做出的选择决定了企业只能是为客户的需求满足而存在的。

面对客户的需求,如何满足、如何定义、如何提供这些便是企业的基本价值观问题。挑战在于,客户的需求不是一成不变的,很可能是快速变化的;另外竞争对手面对同样的客户需求会产生出什么创新创造也是不确定的。所以,只有价值观正确,才能一直与客户的需求(变化)保持同步、相向,乃至引领客户需求的发展。

做一个让客户离不开的企业是最高的水平追求。

机能驱动

企业进化体现在外在的部分就是机能的展现和变化,这如同动植物进化的逻辑。因为需要或者被迫,企业的机能驱动是企业进化的法则之一。

为了试图做出系统的论述,我们在“企业的定义”环节提出了企业具有的九项机能，包括：创新得有、产品成器、技术固本、服务得体、营销得利、免疫除病、革新得生、管理得序、健康得寿。

这九项机能的提升、演变、改变、变化几乎涵盖了企业的全部组织和行为。企业的进化也反映在“组织＋行为”的两个维度上，一个是根、一个是本。行为以组织为基础、组织以行为为使命，互相依存、互相支撑。

机能驱动企业进化是最直接的体现，也是最直接的法则，进而也就会引发（牵连）组织的变革、进化。

环境适应

环境在万物的生长发育中一直处于绝对的支配地位，也就是说，对于环境只能适应，对于环境的变化是否跟进决定了生死。

从老子的《道德经》中找出来几句话：“道生之、德蓄之、物形之、势成之。”其中我理解，“物”在这里就是环境，它包含什么呢？

从概念逻辑层面，我借用一组描述来概括所谓环境即“天时、地利、人和”，这就是企业所谓的环境的总范畴。

天时，从企业出发，包括但不限于行业、市场、用户、竞争、政策等等，这些自然处于上游的支配地位。

地利，从企业出发，包括但不限于区域、城市、场地、技术、创新、政府等等，这些处于底层的支配地位。

人和，从企业出发，包括但不限于组织、机制、制度、团队、激励、奖惩、文化、精神、合作、矛盾、培养、淘汰等等，这些处于行为层（中间层）的支配地位。

怎么适应呢？

一个企业无论怎样进化、演化、发展，都不能够超越其所处的环境，我们能够看到，最大的潜力和变数在于“人和”，所以适应的结果就是“人的改变和提升”“组织的改变和提升”“制度的改变和提升”“文化的改变和提升”等与“人”密切相关的要素、因素、行为、组织等等。

一个企业在一个相对稳定的周期里面其所面对的“天时、地利、人和”是改变最慢的，只能慢慢适应、遵从、跟进，不论形势好坏，为了发展，需要从自身内部挖掘潜力，而不是与环境不相融。

适应（或者不适应）的结果就是企业的进化（或者退化），统称为演化。

时机与度

在“道生之、德蓄之、物形之、势成之”中，“势”可以解释为“时机和度”。这是中国传统文化的很核心的部分。

时机,强调的是择时而动、择机而行。就是看到时候到了、机会来了,就开始行动、开始前进,这即所谓“顺势而为”。

因为“时机”的稍纵即逝,所以有早有晚、有过与不及等所谓的“度”。虽然把握了时机,但是如果把握不了度,同样也是错误的。

在时机与度的维度,企业的进化也是处于被动的地位,企业只能够在“预判”上下功夫。一旦发现“时机与度”出了问题,就很难再做挽回性的动作,通常损失已经发生,乃至对于企业自身的“组织＋机能”的损伤也可能就随之而来,企业就会生一场病。病后,企业就会出现进化(或退化)的演变。

企业的进化也必须遵循“把握时机和控制度”的法则。

优生优育

初始的企业被创办,发展中的企业分裂出来新的企业,这如同新生儿一样,也应遵循优生优育的法则。新的立项的产品项目也应遵循这个原则。

优生,强调的是新企业的创办在组建、定位、资源等三个方面做全面的筛查,确保有足够的结论支持该企业可以“生”。我们之所以看到很多初创企业以快速失败而告终,其内在揭示的一个原理是不够“优生”,不够条件就“生”,匆匆忙忙地“生”,然后把这些企业的死亡原因归结为技术、团队、市场、竞争等表象问题,其实是因为新生便弱,这些新生的企业体弱易病是自然的规律。

优育,强调的是新企业的创办者、所有者要拿出百分百的精心、耐心、决心,创造一切可能的条件让其新生儿得到呵护和养育。在现实中,新企业多半不能得到这样的待遇,自然有很多主客观原因,但是没有深刻认识到“优育”也是一个原因。

第五章 自然选择(物形之)

因地制宜

这里的“地”显然不是仅指土地、地理、地势，当然也包含了这个层次的意思，还包含了区域内的其他限制约束条件。那么内涵又是什么呢？这就回到本书最初的对企业进行定义的时候提出的“系统结构”里面的描述了，我们接下来会再次展示一下这个系统结构。

关于为何要因地制宜，我们这里引用《素书·安礼》中的一段话来反证一下：“地薄者大物不产，水浅者大鱼不游，树秃者大禽不栖，林疏者大兽不居。”这段话是从反面论证环境的极端重要性，对我们的启发也是有的，那就是没有合适的环境支撑企业是不可能做大做强的。

在企业的系统结构定义中，我们提出了三层的结构。其中，第一层、底层定义为“支撑层”。支撑层(地，物以形之)：企业的创办、生长、发展、壮大，有一个支撑层的概念，如同植物的生长需要“土壤”、生生不息一样。企业每一年相比较上一年而言，终极的生命力源泉也需要来源于“支撑层(地)”。其中，研究和谈论最多的是企业的资源，还应该考虑把“股东、架构、领导”三个要素作为企业发展的支撑，这些是相对静态不常发生变化的，也起到了支撑企业发展的基石的作用。

表 5.1 给出了企业的系统结构定义：

表 5.1 企业的三层系统结构

<table>
<tr><td rowspan="4">价值层</td><td>社会</td><td>企业的社会价值</td><td rowspan="4">价值观引领企业发展方向</td><td>天</td><td rowspan="12">企业管理：贯穿上下</td></tr>
<tr><td>客户</td><td>产品的客户价值</td><td rowspan="3">势成之</td></tr>
<tr><td>市场</td><td>产品价值的变现</td></tr>
<tr><td>服务</td><td>产品价值的催化</td></tr>
<tr><td rowspan="4">创造层</td><td>输出</td><td>企业的产品或服务</td><td rowspan="4">创造出价值是企业的本质</td><td>人</td></tr>
<tr><td>执行</td><td>企业的运营与控制</td><td rowspan="3">德畜之</td></tr>
<tr><td>决策</td><td>企业运营管理的大脑</td></tr>
<tr><td>团队</td><td>企业的创造者</td></tr>
<tr><td rowspan="4">支撑层</td><td>领导</td><td>企业的领头羊</td><td rowspan="4">企业生长的土壤环境</td><td>地</td></tr>
<tr><td>架构</td><td>企业组织机构</td><td rowspan="3">物形之</td></tr>
<tr><td>股东</td><td>企业的投资人</td></tr>
<tr><td>资源</td><td>企业生生不息的根</td></tr>
</table>

领　导

这里是指企业生长发展过程中的资源要素，对于一个企业而言，有好的领导(集体)是可遇不可求的稀缺的资源。可以这样说，什么样的领导带出什么样的员工，做出什么样的企业。而且，这种资源是非常强大的力量源泉。

领导有四级能力素质要求，或者说有四个进化层级。我想到了王国维先生在《人间词话》一书中对词和诗的划分，首先提出了境界说。受这个提法的启发，我也想着如果领导力可以分成境界，该是什么结果呢？遂就有如下的结论：

第一重境界：管之境界——Hold

这是在“紧抓运行”层面发力，要求事事可控、件件有回音，诸如此类。我想，我经常听到的“执行力”，其实应该就是 Hold 这个层次吧。

最恰当对应的岗位：小组长、组长、部门负责人等。

第二重境界：领之境界——Lead

这是在“带头实干”层面发力，要求别人做到的自己先做到、要求别人没有做到的自己也尝试首先做到；我们听到的看到的经常被描述为“领头羊、头狼”等等，其实就是 Lead 这个层次吧。

最恰当对应的岗位是：部门负责人及以上的岗位。

第三重境界：理之境界——Order

这是在“维护秩序”层面发力，着眼于机制、程序、规范的建立与运转，以及对于落后的不适应的机制、程序、规范的打破重建；维持秩序、让秩序良好运行，的确是接近于道的层面的决定性条件要素了。

最恰当对应的岗位是：总经理及以上的岗位。

第四重境界：导之境界——Guide

这是在“因势利导”层面发力，核心体现在对大趋势、大形势、大态势的把握——顺势而为、乘势而上；也包括对利的把握——激励到位、公平公正。进而能够指引、指导、向导企业发展的正确方向，真正是抓方向的层面。通常来讲，方向错了是最大的错误；方向对了，错误也不是错误，所以 Guide 是顶级的境界了。

最恰当对应的岗位是：董事长及以上的决策人或者决策机构。

上面列举四个动词代表四重境界，动词可代表力量，可以跟物理上的“力”挂钩。为了更清晰地区分开来，借用了四个英文单词，希望有更多角度来看待吧。

架　构

企业的组织机构称为架构。其中，目前多数描述为“部门”。我提出了分系统、子系统的概念，也有利于支撑对“进化”的探讨。

将企业看作一个系统，这一点没人反对。而按照系统论的视角管理企业、运营企业，目前看提得比较少。依我的观察和判断，目前的企业管理有“头疼医头、脚疼医脚”的嫌疑。随着知识和技术的不断发展，企业管理的系统论值得探讨。

系统论是研究系统的一般模式、结构和规律的学问，它研究各种系统的共同特征，用数学方法定量地描述其功能，寻求并确立适用于一切系统的原理、原则和数学模型，是具有逻辑和数学性质的一门科学。系统论、信息论、控制论俗称老三论。

系统论的要害在于：系统内外的边界和交换的定义。这就是说，相互关联的系统之间互相是制约的、是互助的、也是有竞争的。强调这一点的意义在于：设计一个企业的运营管理组织、制度、结构，应该从企业系统内外边界和系统间交换的较高认识层次来规划考虑。换句话说，千篇一律的企业机构和管理模式已经过时了。

因此，我们需要把企业作为一个系统来研究和对待并特别强调和突出企业的系统性，以及全面审视和研究企业系统与外部环境的界面和交换能力等。

① 企业的决策系统（领导决策）。确定企业的基本价值观，领导构建良好的企业文化，对企业各个分系统进行综合协调和管理，通过资源调配和政策制定，确保企业内各个系统良好地协作。亨利·明茨伯格（Henry Minzberg）强调经理工作对组织的巨大作用，指出经理在工作中担任的 10 种角色，并在此基础上将经理划分成了 8 种类型，这些都是企业决策系统中的重要角色和决策流程的重要参与者。他们应依据自己工作的特点，准确定位自己的类型，发挥对组织决策的相应作用。

② 企业的执行系统（管理服务）。以企业决策系统的输出为依据，承担督查、督办、考核、反馈的职责，确保决策执行到位。考虑到，克里斯坦森指出的“良好的管理是导致这些企业衰败的原因”这一论断，在企业执行系统中，还应有综合考核和评价是否存在一个执行实施“突破性创新”的职能部门。这一结论出人意料，但却非常合理。这些企业被顾客的意志所左右，勇于投资新技术，用这些技术向其顾客提供更多他们所想要的那种更好的产品；他们认真研究市场的趋势，系统地将资本投向那些可

以保证最佳回报的创新上面。在这样的原则下,积极投资于突破性创新不是这些企业的理智的财务决策,所以绩优企业反而难以应对突破性创新。克里斯坦森提出了一套突破性创新原则,其主要内容是:创建一个围绕突破性技术的新的独立事业部门,不受主流客户的左右,而把自己融入那些需要突破性技术的产品的客户中。

③ **企业的生产系统(加工研制)**。在企业各类资源支持和保障下,以生产产品或服务为使命,体现企业的劳动生产率。1993 年,迈克尔·汉默(Michael Hammer)与詹姆斯·钱皮(James Champy)提出企业业务流程重组(Business Process Reengineering,简称 BPR),相对"劳动分工原理"和"制度化管理理论"等传统管理思想,BPR 强调企业内的充分发展与合作。生产系统完全受制于决策系统和执行系统,并被动地接受资源的配置,自身主动权是最少的。

④ **企业的营销系统(市场开拓)**。以企业的产品和服务销售为目标,以市场为载体,实现企业生产价值和货币价值的转化。汤姆·彼得斯(Tom Peters)认为:全新的销售时代已到来,传统的销售战略强调更多的是"我们的产品与竞争对手不同",而未来销售时代将是与顾客合作的时代。要合作,就要和顾客站在一起,为了顾客的利益销售,达成统一的目标,统一的战略,共同分享回报。

⑤ **企业的免疫系统(防范和自愈)**。对企业自身发展过程中出现的或潜在的问题及风险不断地做出响应,体现企业经营发展的抵抗力。将企业当作有生命的物体是贯穿全局的研究指导思路。有些方面的确很像,企业有生有死,有老有病,也有进化和完善,一个企业在其短暂或者漫长的生命周期中,能够防范风险或者对于出现的问题能够正确地解决,才能保证长寿。对于任何一个企业而言,活着是最基础的目标。企业是否处于"亚健康"状态,企业是否正在面临着疾病缠身,这种自身完善和抵御风险的能力,我们统一归结到企业免疫系统的功能和责任方面。

首先,当系统设定完成,系统组成部分部署到位后,每个系统的运转都有管理决策与执行反馈的流程要求,因此企业按照系统论的角度,企业的核心问题归根结底是确保各个系统顺畅运行并发挥作用。

其次,企业各个系统之间是相互协作的、不可分割的。作为组成企业系统的五大分系统,对于确保企业的活力和持续发展的能力,都有不可替代的重要作用,运行过程中各个系统之间的通信是必不可少的。

最后,企业通过不断完善的系统化建设和运行,体现出对资源转化的能力、对客户提供服务和产品的能力、对未来变化的应对能力,体现出企业的价值。

股　东

在通常的理解和认识中,股东是持有企业股权的人。那么,为什么特定的人会成为特定企业的股东呢?企业的设立、发起、发展、生老病死,非常不易,股东处于"第一责任人"的角色定位。所以,应该有一些必要的能力和自身能力的进化。

① **资金能力**。能够最起码按照股权、注册资本金、实缴比例出得起资金,才能够

最低层次地成为一个企业的股东。如果后续需要加大投入，还应该具有不断追加投资的能力。反之，就会逐步退出主要股东，甚至股东的角色，所谓退出。因为市场瞬息万变，不能保证每个股东都有足够的现金可以注资，所以股东经常发生变化，从而实质上这些变化推动了企业的进化（退化）。又有时，因为企业需要主动地进化，所以主动地进行股东股权的调整也是常态，从企业生命生长的角度来看是在追求一种主动的基因改变，是从最重要的支撑层开始的。

② **资本能力**。不同于资金能力，资本能力是指作为企业股东具有在资本市场上开拓的能力，包括为企业投资、融资做出贡献，提供支持。这种能力现在越来越受到重视。企业融资主要是从银行、基金、信托、个人投资者几个方面寻求支持；企业投资主要是从能力提升和产业布局两个方面开展。作为企业的股东，如果具备上述的能力，那么对于企业的生长发育就会提供非常重要的支撑。

③ **技术能力**。股东（法人股东）之于公司，如果是技术股东，有能力为公司的生存提供长期持续的技术支撑和技术革新。这样的股东所具备的技术能力通常也是设立、举办一个企业的必要性基础；这样的股东所具备的技术要能够及时革新、提升、发展，即所谓不断地向前进化，否则就会丧失其技术能力，失去对公司而言作为技术股东的能力。

④ **市场能力**。企业终究唯一的生存是要依靠市场的，以上作为股东的能力都是更为基础的支撑，而股东的市场能力是最为重要的关键基础能力。随着企业的设立、举办、发展，企业的市场能力的进化是其最大的生存本领。一开始，这些主要来源于股东的能力，而不是聘用几个员工能够解决的，随着企业的不断发展壮大，这个能力的“核心”其实还是聚焦在股东身上的。因为企业是股东的，只有股东为企业的市场发展负有终极的责任。

⑤ **创新能力**。企业所需面临的创新非技术一个维度，包括其他很多的创新维度，比如：制度、机制、组织、流程、规范、模式等；而且从企业发生创新的来源而言，也不止技术一个维度，包括突发事件、偶然的成功或失败、不协调的问题或流程等等，从这些方面入手，也都是导致企业创新发展的机遇。而创新，有重大意义的创新，都是从上至下贯彻才可以实现的。股东会是企业最高决策机构，股东自身是否具有创新能力，直接决定了是制约还是推动了员工们的创新动力和能力。一项创新事业离不开两个核心维度：“顶层设计＋基层实践”，所以股东会就要担负起顶层设计的使命和职责。

⑥ **资源能力**。股东具有何种资源、能够获得何种资源，很大程度上决定了企业发展的走向。尤其在企业举办之初更是如此。在企业的整个生命周期，任何时候，背后都是有核心关键资源在支撑（或约束）企业的发展。因为资源总是有限度的，所以，在资源获取方面总是存在激烈竞争的。如果，企业的股东有这方面的能力，则企业发展得快；如果没有，则企业发展得慢。

结构的进化

“因此只要一个物种的构造或习性发生极细微的变异，往往就会优越于其他生物。”(《物种起源》P56，查尔斯·达尔文)

所以，企业的结构进化是第一位的。我们谈企业的进化，第二位讨论的主题就是企业的结构进化的问题。我们在前面已经做过企业的一般性系统结构的定义。通常，我们更多的是看到听到所谓企业的“组织结构”，加了“组织”两个字，其实大大地限定和缩小了“结构”的范畴。所谓组织，是构成企业的一种表现形式，它与构成人体的“组织”具有相似性。但是，我们描述人体结构的时候，通常不是从组织的角度出发的。

企业的内部机构是多种多样的，具有普遍的多样性。如何作一般性系统结构的定义和描述，我们在这本书里面作了尝试。目的是在多样的组织形式背后展示企业的本质性的内涵属性和特质。

按照人体结构的三个层面：细胞、组织、系统的学术思想，我们也希望将把企业对应的“细胞、组织、系统”找出来、描述出来，作为对其进化进行探索、发现的基础依据。为此，企业的细胞就是每个“员工”，企业的组织接下来分解探讨，企业的系统由五个方面组成且前面已有提到。

从生物学角度借鉴其思路和思考方式，我们对企业的组织大类进行设想设计，其将由三类组织组成(人是四类组织)：价值组织、创造组织、支撑组织。所谓的进化(退化)，就是在这三大类组织身上发生的量变、质变、突变、衰减等。这种逻辑是显而易见的，这种结论却不然，需要做长期的研究、观察、实践。我们在这里就是提出问题、初步分析问题、希望能够推动这个方面向前发展。

所以，结构进化分为三个层面的进化：

① 员工的进化(细胞层面)；

② 组织的进化(组织层面)；

③ 系统的进化(系统层面)。

本章着重沿着这个思路对思考到的问题努力做分析和阐述。

员工的进化

对于一个企业而言，通常，某个具体员工的作用都不是决定性的，正如对于整个人体而言，某个细胞也几乎不是决定性的。但问题是，人体是由这些不可或缺的细胞组成的，企业是由这些不可或缺的员工组成的。

很有类比的意义：细胞的更新换代非常快，是人体生长发育的核心推动力、生命力和生命指标。我们在研究对待企业的时候能够借鉴到的是每个员工的作用也几乎是如此。

当我们聚焦某一个员工的时候，不好说他们对于企业是决定性的，但是我们如果认识到员工群体所谓细胞的功能性作用，我们就应该知道每个员工都是决定性的。他们会互相感染、传染、影响，从而决定了企业的生死。

一个细胞的损坏受伤，极有可能导致整个躯体的灭亡。

按照正向向前发展的逻辑、按照新旧更替的法则、按照优胜劣汰的规律，企业的员工应该展现为正常的进化历程，反之这个企业也将不复存在。一旦企业不复存在，对于这个企业而言的员工也将不复存在——与人体细胞所不同的是，多数情况下，这些员工会成为另外的企业的员工(少数失业)。

组织的进化

价值观的进化

使　命

企业都是有使命的，清晰、准确的使命定位对于企业的进化是十分关键的，是企业进化的灯塔和指针。一个企业的设立，首先是“利他”的，这样的企业才会有社会价值和经济价值。企业是在实现“利他”的过程中得到自身的发展壮大的。如何“利他”就是企业的使命，最高层次的抽象都可以归结为对社会进步的一种使命。这样描述的概括性、抽象性太强了，所以企业通常会根据自身的产品服务内容，有针对性地描述和定位自己的使命。假定创办一个环保企业，其使命则可以是：“青山绿水的保护者。”

愿　景

愿景是企业在实现使命的过程中确立的目标，一种希望未来能够达到的理想。比如一个致力于防治水污染的企业，其愿景可以是：“每一条河流都清澈洁净。”愿景是企业进化的驱动力，与使命的灯塔和指针的功效不同，有了愿景的驱动，企业就能够达成认识、思想、行动上的统一，就能形成巨大的合力，迎接不断遇到的挑战。

目　标

目标是现实的、具体的，比如年度目标、月度目标，或者三年五年发展规划，它是对于实现愿景的行动计划阶段性的安排。目标定得过高，企业发展可能趋向盲目；目标定得过低，企业发展可能趋于保守；目标定得不科学，企业发展将受到伤害。目标是企业每时每刻行动的里程碑。这个里程碑需要时时校准，越趋于科学、越准确，则企业的进化越顺利。在目标反复调整校准的过程中，企业的各个部门都会发生协同、联动，期间也会产生各种的不协调、不适应，但各种矛盾的解决是企业不断进化的内在动力。

服　务

“服务”的定义本身一直在进化，在写这些文字的当下，有句话是说“一切皆服务”。其揭示的核心是，导致企业发展好坏的“环节”从生产制造的创造层，逐步向市场交付服务的价值层迁移。这里面的原因，可能是物质丰富、供给过剩、客户竞争等等。换句话说，仅仅靠产品质量好而不注重服务，在未来的时代是不行的。服务因为处于市场端，直接对接在客户的体验和感受上，所以这个环节的进化是最频繁、最前端、最密集的。

精　神

人讲精神，讲精神头。我们把企业比作人，也讲企业的精神，这个理念已经被广泛接受。精神是企业进化过程中克服各种困难、阻碍的“引擎”，提供能量。具有某种精神特质的企业，容易实现进化——反复迭代、改变自己；如果没有一股子精神头，企业不容易实现不断地欣欣向荣、焕然一新的轮回。

文　化

文化是基因，对于企业也成立。企业进化论写到这里，可以说企业的基因就是企业的文化。而关于什么是企业的文化则是一个大概念，其涉及的范畴、内涵非常广泛。这有点类似于一个民族、一个家族不断传承而屹立不倒的文化，企业能够不断传承下去的就是文化，而不是产品、不是技术、不是财富。文化和进化一字之差，文讲的是文明、进讲的是方向。文明是什么？对于企业而言，就是规范、制度和它们的执行。文明是一组约束行为的规范，比如我们说随地吐痰不文明，再比如说大声喧哗不文明，其原则是文明行为对此有约束的内涵。用文明这种约束“化”企业的组织、企业的人、企业的行为、企业的精神，这个长期坚持的过程我们称之为“文化”，达到的程度我们称之为“文化水平”。从这里明显地可以看到，进化的背后，其核心支撑力就是文化。文化更应该理解为一个动词。我们在后文会专门对企业的文化进行展开阐述。

客　户

一个企业面向的客户是企业实现最终价值变现的终点。像马拉松，顺利抵达终点，还有一个不错的成绩一样，企业获得和满足客户的需求才算是完成一次价值创造的循环。

客户的需求一直在变化，有的行当变化缓慢，有的行当变化快速，变化快速的叫快消品，更体现了产品迭代的重要性。不论快慢，客户的变化一直在发生，这就要求企业也必须能够跟上和适应这种变化。更好的一种情形是有很多的企业在创造客户需求、引领需求，在这种情况下，我们会看到，在一个跑道上，处于不同位置的企业拥有不同的客户。

站在企业的角度,客户不是容易获取和一成不变地认可企业的。所以,挑战和竞争无处不在、随时发生。如何对待,这对于企业而言不仅仅是技术层面的问题,这涉及了企业的价值观定位的问题。虽然说每一个企业都越来越重视客户,但是从赚钱的角度出发和从满足需求的角度出发,其体现出来的企业价值观有很大的不同。

以满足客户的需求为核心价值,以让客户享受到企业创造的价值为使命,而不是仅仅以如何从客户身上赚到钱为价值观,这样的定位和出发点应该是企业做出的选择。企业唯有很好地满足了客户的需求,才能够顺便赚到钱并且在客户的支持下不断向前发展。

客户有富有贫,的确如此。如何聚焦和迎合这些客户,迎合这些客户的变化,这是战略层面的问题,也是战略层面企业价值观的问题,如何看待客户的价值间接地定义和决定了企业的价值。

企业在组织内部确立的价值观应该时刻以满足客户需求为目标,而能够引领客户需求、提升客户需求则更佳。

市　场

在市场面前,企业只能是运动员,不能够是决定市场的裁判员。

市场提供了供需交易的场所和环境,核心是为了完成交易。只有每个交易的双方都合力获得价值、获得满足,交易才能够发生。

因为交易具有不对称性,所以,通常理论上认为的公平、公正、双赢的市场并不存在。随着交易的不断发生,如同大浪淘沙一样,最终只有闪光的金子才能脱颖而出。对于企业而言,所谓闪光的金子就是能够在市场上被认可,则该企业一定就是市场上有极高竞争力的企业。

关于市场的研究非常多,市场是一个大熔炉,熔炼着每一个处于其中的企业。所以,只有真金才不怕火炼。除此之外,所谓的模式、机制等等,都是附属品,不是核心关键要素。

市场像流动的水,载着企业前行。在市场中,不进则退的规律更为鲜明。一个企业,去年生意不错,来年生意变得不好,这种情形非常常见。行驶在市场这个海洋里面的企业之舟,其实是没有明确方向感的。朝着四面八方的方向看去,都好像有机会。此时,麻烦就出来了,对于"前行"而言,方向必须是连贯的、指明的,如何判断是"向前"而不是"落后"呢?这就需要一个标准,而这个标准就是"价值":客户认可的价值、客户获得的价值、产品蕴含的价值、企业创造的价值,以及体现为整体社会性的社会价值。

沿着价值不断提升的方向导航,市场这个海洋载着企业之舟前行所以谓发展、进化;如果出现价值不提升,乃至出现价值倒退,那么同样,市场载着企业的前行其实是衰退、退化;

我们可稍稍总结三句短语,作为企业是否进化的组织层面的判断:大浪淘沙始到金,真金不怕火炼,逆水行舟不进则退。

责　任

企业是有责任的。

往最小的范畴来说,一个是对股东的责任,另一个是对员工的责任。在这个范畴内,有哪些企业比较重视“对员工的责任”?如果有,那么,这样的企业一定是会发展起来的很好的企业。因为,企业最终不是由股东发展起来的,而是企业的每一个员工把企业发展起来的。所以,对于员工这个集合集体而言,企业积极地履行社会责任,其获得的回报是什么?是企业的长期生命力、可持续发展。对于这样的投入与回报,我们有很多的企业,目前看,其实还没有真正地认识到。我们看到的更多的是,员工来去无所谓的观点。假如这种观点正确,那么作为企业的员工而言,会有多少员工尽心尽力、认真负责地对待这个企业呢?这一点是企业价值观进化方面最应该去做,也是最容易做到的。现在的情况是把“人”当“设备”用——计件、计量、计产等等,这不是对人的主观能动性、创造性的极大的浪费吗?即便是在流水线上不得不计件、计量、计产的工人,真的就不要企业负有更多的责任吗?企业真的不需要对他们负责吗?答案是需要的。

往稍微大一点的范畴来看,企业对外也有很多的责任,首先就是对产品负责,其次是对客户负责,还要对企业所在的社区负责等等。这些责任的担当,从形式上是负担,但是从价值上而言,是对企业价值内涵的提升和打造。这样的负有责任的企业,其价值的提升和发展会得到更多的外力、会得到更多的机会。企业要进化,至少其他方面都配合、支持、不阻碍其进化才行。

往更大的范畴来看,企业还负有改变社会、改变生活的责任,有的企业还改变了世界、引领了新时代的出现。可想而知,社会的进化,正是由很多这样的企业的进化推动的。

环　境

环境是决定性的。

环境一直在进化,这是企业进化的原动力和驱动力,也是企业进化必须服从的趋势和路线图。

环境长期看是“动态”,短期看是“静态”,综合起来可用趋势来形容。

从企业的属性特征而言,趋势表示的环境状态是企业生存的天。这样说的意图是希望企业家能够明白,对环境只能预判、适应、跟进,而不能落伍、超前、熟视无睹。

从价值观的角度,企业应该是环境适应的、环境友好的、环境支持的。

而环境是什么呢?

环境的内涵非常的广泛,我们简述其中的一部分内涵。

有政策环境。在市场中，政府为引导产业、调节供需，总会出台一些政策（不管政府做得对不对），企业都要面临选择、适应、做出反应，无动于衷是不行的。

有社会环境。比如，对于一个国际化、区域化的企业而言，不同的社会环境意味着人文习俗的不同，企业当然不能违背，并且要积极融入到当地的环境之中。

有营商环境。不同的区域，营商环境的差别非常之大，以至于企业为了找到更好的营商环境，不惜搬迁、重新设厂等等。

有产业环境。任何一个企业都有上下游、都有产业配合配套、都受产业集中度制约，在这种情况下，产业环境的好坏自然十分重要，并且以一个企业之力也是很难去改变的。

有人才环境。企业总要雇人，好不好雇人、雇人的成本如何、在同样成本下水平如何、流动率如何、人才聚集度如何，脱离了这些，企业不能够建立起合适的人才队伍。

有创新环境。从事知识创造、技术发明、产品开发、风险投资的密集度、活跃度以及产出量，这些都是潜在的为企业提供发展源泉的源头和接力棒。

办一个企业，选一个地方，一开始很可能是偶然的。但一旦发展起来，在生长过程中，就会逐步发现环境的重要性，就需要思考是否选择更好的环境。所以，在企业进化的过程中，如果有条件选择更好的环境，则是非常有益的。

支撑层进化

股东的进化

我们讲企业的系统结构、我们讲德畜之物形之势成之，共同的一个理念是：支撑层之于企业相当于企业生长的“土壤”，处于“地”的维度层面。同样的道理，所谓生生不息，必然是来自土壤的支撑、自下而上的升华和推动。

内视企业的进化，若不考虑外物的变化，则其原点、出发点在支撑层，是因其变化而引起、而推动、而发生。

股东自身进步、股东发生进退、股权发生变化这些都会导致一个企业的支撑层发生变动；变得好了，为进化；变得差了，为退化；

与生物界有机体类比，股东就是企业的“生父生母”。没有股东就没有企业，股东都不行了，企业自然也不行了。

谁能够推动股东自身的进化？

从人的角度，如果企业的股东是自然人，那么在能够应对好激烈市场竞争的前提下，还要求作为股东的自然人不断地学习、进步，不断地提升层次、层级。但这个维度其实是非常难的。走出来的所有企业家，我们可以看到，最终的结果都是完成了自身的凤凰涅槃。这种现象说明，企业的领头人所发挥的领头羊作用的重要性。

从矛盾的角度，通过斗争、竞争、得失来推动股东的进化。市场的竞争有很多与自然界的生存竞争是类似的——优胜劣汰、不进则退等，所以当竞争发生的时候，股东能否胜任决定了是否可以继续成为股东。对于企业而言，股东的更替不频繁，但最致命。

股东之于企业进化的使命

股东还有一个责任和使命，就是企业进化的推动者、拥护者和践行者。没有股东的这个责任的担当，任何企业都是不能进化的。这是企业进化的根子上的问题，企业的生死有很多的决定性要素，从企业内部而言则是股东。

调整股权、股东引入是很好的推动企业进化发展的手段策略，在现实中，这种情况也频繁发生。其背后的机理是：现有的股东不足以推动企业更好地发展，需要新的股东群体来提供新的资源的支撑。

把企业比作人体，股东则可比作企业的父母。企业能否成才、成器不完全由股东决定，但是一刻也脱离不了股东的支撑和支持。股东的进化是企业进化的第一重要推动力。

领　导

领导首先是指领导集体，是集体行使领导的权力，承担集体的责任。但是，现实中，企业一把手的权力、责任又要大很多。所谓火车跑得快，全靠车头带。并且，在这个模型里面，还要求火车有轨道，设备能运转有效。

企业领导的权力与行使

任何一个企业都有领导，其权力都是依法、依规获得的。所有企业领导的权力行使都必然要求合法、合规，这是基础条件。

由于企业是市场竞争的主体，所以企业领导的权力行使得好坏只能通过市场来检验。由此，企业的领导在行使权力的时候，其对立面不是其他的什么人什么制度，而是如何与市场进行协调和妥协。

不管企业的领导(各级各层)权力有多大，我们经常忽视的是，这种权力的反作用力是来自市场的碰撞——顺或者逆。而在现实中，企业内部的权力在行使中所发生的矛盾，则又体现为人与人、事与事之间的矛盾。这种矛盾的发生和处理如果脱离了市场的决定性作用，那么对于任何解决方案而言，都是失败的。

企业不是行政权力部门，所以企业领导的权力范畴仅限于企业内部的资源调配。又因为企业的使命是开拓市场，所以企业领导的责任要远远大于权力的行使。

任何权力的行使都必须是有原则、有边界、有纠错、有追责的。即便企业是自己的企业、自己就是企业的领导，即便是自己没有对自己追过责，可是别忘了，市场作为裁决者从来不会忽略对任何一个失职的企业领导的追责和惩罚。

权力：从硬实力到软实力的进化

约瑟夫·奈在其所著的《软实力》(中文版)序言中第一句话：实力是一种通过影响他人，进而得偿所愿的能力，它可以依靠强迫、收买或吸引等各种手段来实现。

在我们的语境范畴内，软实力可能就包括个人魅力、领导魄力、感染力、号召力等等，这些都不是通过强迫或者收买能够实现的。

400多年前，尼可洛·马基雅维利就曾向意大利的君主们谏言："作为君主，与其让人爱戴，不如让人畏惧。"但是，我们可以十分清晰地看到和理解，作为企业的领导最好两个方面都具有。

畏惧通常是通过硬实力来实现的，而让人爱戴则需要通过软实力来实现。在两者兼得的情况下，实际上是在向更完善的情况实现了领导权力行使的进化。

有缺陷的总不是完美的，虽然完美不可求，但是我们仍相信企业领导的权力从硬实力向软实力进化是必然的趋势，也是面向21世纪，人类文明文化不断发展必须做出的适应性改变。

过去企业领导行使权力依靠硬实力的比较多：我要求，你必须服从；而随着社会的不断发展进步，企业领导在行使权力的时候，其影响力，更多的要依靠个人的软实力来实现，否则就没有办法把企业带领好。

我们总结了企业领导的四个维度的责任(也称四重境界)：

第一重境界：管之境界——Hold

这是在"紧抓运行"层面发力，管过程、管结果、管细节。要求事事可控、件件有回音，诸如此类。我想，我经常听到的"执行力"，其实应该就是Hold这个层次吧。

最恰当对应的岗位：小组长、组长、部门负责人等。

第二重境界：领之境界——Lead

这是在"带头实干、事先士卒"的实干层面发力，要求别人做到的自己先做到、要求别人没有做到的自己也尝试首先做到；我们听到的看到的经常被描述为"领头羊、头狼"等等，其实就是Lead这个层次吧。

最恰当对应的岗位是：部门负责人及以上的岗位。

第三重境界：理之境界——Order

这是在"维护秩序"层面发力，秩序是组织运转的决定性机能，各司其职、各谋其位、相互配合、协调运转；着眼于机制、程序、规范的建立与运转，以及对于落后的不适应的机制、程序、规范的打破重建；维持秩序、创造秩序、改良秩序等，也是接近于道的层面的决定性条件要素了。

最恰当对应的岗位是：总经理及以上的岗位。

第四重境界：导之境界——Guide

这是在"因势利导"层面发力，核心体现对大趋势、大形势、大态势的把握——顺势而为、乘势而上;也包括对利的把握——激励到位、公平公正。进而能够指引、指导、向导企业发展的正确方向,真正是抓方向的层面。通常来讲,方向错了是最大的错误;方向对了,错误也不是错误,所以 Guide 是顶级的境界了。

最恰当对应的岗位是:董事长及以上的决策人或决策机构。

为了更清晰地区分开来,借用了四个英文单词,希望有更多角度来看待吧。

这四重境界可以看作是"领导进化的层级层次",也可以看作是一个领导在自己岗位上"能力进化的层级层次"。

企业进化的第二推动力——领导的进化

企业的进化,在对应到领导的进化维度上之后,可以看到从内部要素而言,领导的进化是第二重要的推动力、源泉和保障。第一重要的推动力前面说了,就是股东的进化。

资　源

确切地说,资源是一切事物发生发展成长的终极来源和保障。资源可以分为自然资源和人造资源。有一些企业对自然资源的依赖非常强,比如说从事农林水地矿油行业的企业,虽然他们也需要大量的技术知识资源。

这里重点想强调一下非自然资源暨人造资源对于企业的发生发展成长的重要性,以及这些资源本身的发生发展对于企业进化而言所表现的重要性。

在所有人造资源中核心的部分就是知识。进而,从知识中面向经济市场分类出来的部分称为科技。把科技知识应用到产品研发过程中被称为创新。

知识是人类进步的阶梯,知识就是生产力。由此可以推理和演绎:知识是企业进步的阶梯,知识是企业重要的生产力。知识具有非经济性、广泛性、通用性,一个企业能够从相关的大量知识中抽取为自己所用的科技知识,是实现人造资源获取的前提;同理,只有大量掌握了这种人造资源的企业才能够不断地形成良性的发展、成长壮大的态势。

对于企业而言,仅仅掌握了知识、获取了科技成果还不够,还必须能够把这些知识转化到企业的产品中去,才能最终形成企业的生产力和竞争力。这个过程是创新创造的过程,面临着很多的风险。消化和抵御了该过程中的风险的企业,自然而然能够得到其应得的红利——实现新产品新技术的突破。

创新是行为,知识是储备,科技成果是输入。企业最终成功地实现转化,完成创新,先人一步获得"资源"的红利,这才是真正的企业家精神——冒险和创新精神。

仅仅对于企业而言,人造资源的内涵也是非常多的。比如,人才是资源,机制是资源,设备是资源,组织是资源,等等。我们可以看到,并且会领悟到,没有这些资源的企业,是不可能发展起来的。

综上,我们可以尝试给出一个结论:资源是企业进化的**第一保障**力。这样的逻辑也回应了为什么说企业要创新、为什么社会发展需要科技成果来推动、为什么从个人到组织学习知识都是如此重要的问题。

架　构

架构是组织、组织结构及其关系的称呼。任何组织,我所理解的从细胞到复杂生命体、从社会组织到经济组织,都是以架构为支撑的,都是在架构的支撑下存在的。

在分子层面,分子结构即是分子的架构;在生命体层面,身体结构即是生命体的架构;在经济组织也包括企业组织层面,企业的组成形式则为企业的架构。

架构就相当于人体的骨骼的作用。架构好不好,也即如同人体的骨骼好不好。如果这种类比的相似性有道理,那么一个结论也容易推理出来:架构是企业进化的**第二保障力**。

笔者非常喜欢学习化学,从中理解和领悟到一个物体形状是由"分子结构"决定的,而不是由"什么分子"决定的,最简单的例证就是石墨和金刚石,它们只是分子结构不同。还容易理解的是:任何企业都是由人组织起来的,但是任何两个企业都不相同,这是由于企业的架构不同。如果两个企业的架构完全相同,那么这两个企业就是一样的。

如何构建一个企业?把人分成群、把事分成组,分门别类地对应上,从而形成企业的组织和组织之间的关系,这便是所谓企业的架构。

我所理解的关于架构对于企业极端重要性的研究是不足的。架构的选择也是不多的。这与自然界中生物多样性背后体现的架构(组织结构)多样性是不可同日而语的。

企业进化从微末端也好,从最顶层也罢,最终都会产生一系列的连锁反应(或反应提前终止),能够支撑这种反应的架构就是好的架构;反之没有对这种反应的支撑力,企业就不会发生进化。

我们能够理解反应或者进化是牵一发而动全身的,如果不能形成这样的传导,反应或进化就不能够持续地发生,那么从本质上说不是人的问题,而是在架构(组织、组织的机构及其关系)上出现了断层。

创造层进化

输　出

从系统论和生命体论出发,企业的价值在于其能够向社会"输出"某种价值,而这种价值由产品或者服务来承载和体现。当然,企业也会有"废物排出"。没有输出的系统是没有生存价值的,这个是一个极限情况,换句话说,企业的输出能力下降、价值降低,企业的生存价值也随之而降低,趋于衰退。

产品。输出产品是保持企业生存价值的必然要求,我们把企业的服务输出也概括为产品——服务产品。产品是我们看到的处于最为"显性"位置的企业进化的要素,也是企业竞争力的直接体现。企业所有的能力、潜力、执行、决策等等,最终的核心目标都聚焦于企业的输出,特别是企业产出的产品。产品的进化最接近于自然界生物的进化,在充分竞争的市场中,一个产品将由很多很多的企业提供,一个企业将提供很多很多种类的产品,这样就组成了无数的"产品生态"。产品在生态体系中,其竞争之激烈、之迅速又是不同于自然界的缓慢的进化的。用进化的概念来描述产品的革新、升级、发展,其意义在于,一个企业的某一个"产品"不是独立存在的,而是在整个生态体系中作为一个"物种"的概念存在的。再相同的产品,其实都有不同,正是这些细微的或者显著的不同,构成了产品的多样性,也构成了用户选择的多样性。如此的多样性空间,进化的概念更具有现实的指导意义。朝什么方向、什么目标、什么性能进化,这种概念植入到企业的运营管理中,会启动企业全要素的参与。

服务。我们这里的"服务"是指附着于"产品"的售后服务。是对产品竞争力提升的进一步保障,也是对产品市场拓展的进一步深化。没有服务的产品是不完整的,也是不可能被长久接受的。服务的进化更为快捷和明显,比如早年间电话回访一下用户的意见,算是一种服务;后来,有企业建立客户服务的呼叫中心、定期的电子邮件推送,这又是一种服务;再后来,建立网站提供在线的服务,联络用户更加地便捷。这种情况我有一个体会,谁的服务做得好,谁的产品就扩张得快。有时,我们明明在网站上可以得到服务,但是还是离不开线下的现场服务,这个环节目前看还有很大的提升空间。目前,由于移动互联网的发达,乃至未来我们可以清晰地看到的智能时代的到来,服务的竞争进化对于企业的生存进化而言将更为致命。

废物。我们将企业的一类有害"排出"称为废物,有可能变废为宝,那是另外一个维度的问题了。我们可以看到,没有一个企业不"排出废物"。制造类企业就不用说了,还有就是化工类企业排出的不仅仅是所谓"废物"而是"毒物"了。像笔者一样年龄的人,应该是完整地经历过了改革开放、经济发展的四十年,我们在环境保护上的欠账不少。从社会的角度来看,如果是一个"资产负债表"的话,一方面创造了价值,另一方面毁坏了环境,我想这个资产负债表很可能是资不抵债的。由于社会的确存在这样一个资产负债表,所以现在关于环保的问题越来越受到重视。有的时候,我们容易看到企业轻视废物处理的情况,但从自然界生态反噬的现象可以推理,不重视废物处理的企业是自己把自己废弃掉的。这严重的与进化理念相悖的行为,是企业主动选择了"退化""自杀"。

执　行

企业是一个系统,并由大大小小的系统组成,企业的"执行"说简单点就是"干活"。我们思考,我们人如何干活,为什么干活,怎么干好,怎么干得更好等等,这些其实与企业的执行是非常相似的,特别的,企业的执行就是一群人在"干活""干自己的活",这一点非常重要。企业的员工在执行的时候,大部分时间都在想如何"干好自己的活",而且他(她)的确应该这么想,不然就下岗了。

在干好自己的活的基础上、逻辑上、机理上，再讨论执行、执行力，我想这才是客观的，不是主观的、不是口号性的，也是极其务实的。

因为“干好自己的活”是企业执行落实的前提，那么为了将各个岗位、各个部门、各个环节连成一片形成系统的执行，企业就有了很多的岗位设计——其本质就是“守土有责”，尽好岗位职责就意味着良好的执行。当然，我们会发现这里是有问题的，这个问题不在这里讨论。

工欲善其事，必先利其器。企业执行需要“器”，包括机械、设备、生产线、工具、仪器等等，以及附着于这些“器”的技术、工艺、水平、质量等等。随着信息化的程度不断加深，还需要大量的软件处理、数据处理、检测处理等等，最基础的还包括办公自动化、管理信息化等等。这些趋势已经成形，而在几十年前，可能还只是讨论而已。所以，我们将执行概括为几个环节、几个重点，来分析探讨进化的表述和概念。

机械。从手工到机械化、到自动化、到智能化生产，这一路走来就是机械自身的进化，而且机械的进化推动了工业化和现代化。在这个过程中分离出来了一个门类行业：机械装备制造业。就该行业而言的进化，机械是产品，遵循前面分析的“产品”的进化；就其他应用机械的行业而言，就是尽最大可能利用最先进的机械，以确保走在进化的最前端。虽然，这涉及成本、费用，但是有了先进的机械才是企业进化、执行力进化的根本保障，即便暂时投入不到位，但这个目标是不应该放弃的。当前的趋势已经显现，那就是制造业信息化、自动化、智能化，这依靠数字化的机械装备、软件控制、数据管理，已经是离不开的进化趋势。机械相当于企业的手臂，越先进越有竞争力——优胜劣汰。

技术。在使用机械（附着的软件）的过程中，技术是催化剂。即便设备先进、软件好用，没有操作的技术也是肯定不行的。技术是更加日新月异的，有时好的技术还能够焕发旧设备的新生命力。技术是靠研发、传承、培训得来的。所以，企业所谓执行，必须是有“技术”含量的执行，这包括管理的“技术”。是的，现在看，很多把管理看成了统计、表格、绩效、奖惩，其实这只是表象。管理的本质是两个方面：一是确定秩序，企业的各个分系统、各个岗位、各个规程的关系和定义；二是确定没有离开秩序，这些通过制度、规范、规则、流程等等来约束和检验。离开了服务和保障企业各级“秩序”的管理，说是好，其实都是在添乱，而不是解决问题。最理想的情况下为什么是“无为之治”，就是因为理想情况下秩序自然而然地运转，根本不需要人为的干预。之所以干预，是因为出现了新的问题，出现了在过去的“秩序”规定中没有遇到的情况，所以这个时候还是通过“定义秩序”来进行根本性的解决，而不是头疼医头、脚疼医脚式的管理。这些所谓的技术，其进化需要研究、开发、实验及验证，而通过其他的方法是得不到的。

工艺。标准和遵循标准的质量。这在制造类企业表现得更为突出，工艺的进化集成性地体现在产品的质量和性能上。这包括了硬件、软件、技术，最终通过工艺的控制产出高标准的产品。工艺受制于软件、硬件、技术，工艺也决定性地制约着产品的质量性能。所以,工艺的计划是一个独立的维度,是一个更难以开发、实验的维度。从艺术性角度,工程制造具备了艺术创造力,这是非常高层级的标准。不是制造类的企业,有没有工艺的问题呢?我们可以泛化一下,只要有标准和标准的遵从问题,就有"艺"的问题——前面讲过管理是艺术,设计更是艺术,宣传也是艺术,文化构建也是艺术性的,诸如此类。其实每个企业的各个部门都可以上升为"艺术"层次——美,既有规律,又有感染力。这种理解尝试提出来作为企业工艺进化的指引。

生产。生产是一个组合反应过程,输入为诸要素、输出为产品(部件),因为是更大范畴内的组合反应,所以生产的进化更缓慢一些、更滞后一些,当所有的"短板"补齐后,生产的提升才会上一个真正的台阶,所谓积小变而大变。因为生产的进化具有宏观性,从执行的角度具有整体性,所以推动生产的进化要从局部开始、延伸到整体,处理好局部与整体的相互制约、相互促进的关系。不能因为整体的阻力扼杀局部的进化,也不能因为局部的进化干扰整体的稳定。这的确是一个哲学层面的辩证问题,也具有艺术性。

研发。前面多次提到,研发是企业自身进化的原动力,也是企业进化的推动力,更是企业生产水平不断提高的驱动力。研发是全方位的,这样才能促进企业执行力的进化,不仅包括技术研发,还包括工艺研发、流程研发、规范研发、标准研发,诸如此类。研发也有竞争性,如果制定了错误的技术路线、如果组建了低水平的研发团队、如果制定了落后的指标,那么研发就不能够产生正向的力量,而会造成浪费、阻碍。

分工。在马歇尔的《经济学原理》中,有一句话:"在低级工作中极端专门化能增加效率,但在高级工作上则不尽如此。"我们可以推理,随着社会的进步、技术的发展,所有的工作都在从低级向高级发展,那种把分工、协作、岗位责任当成法宝的执行模式,将不再能够充分发挥人的创造力,如果真有这样的低级工作,现在看使用机械代替人将成为现实,尤其是在人工智能大规模兴起的今天。这导致了企业内部执行过程中分工的进化。分工是一把双刃剑,不分工人就没有具体职责,分工了就有没人负责的工作,特别是智力程度集中的岗位工作,分工是比较困难的,有很多的挑战。可以说,分工的水平、改变、进化直接影响了企业的全面执行和进化——所有的工作都是要有合适的人、合适的岗位、合适的责权利,这一切的确是以分工为基础的。

决　策

战略。战略就是目标、使命、宗旨,以及资源、投入、风险的全方位定义。企业进化的天花板就是其战略,战略的高低决定了企业进化的天花板的高低,是的,每个企业都有自身发展的天花板。那么为什么有很多企业好像看不到天花板呢?我以为,那是因为这些企业一直能够比较好地调整升级战略,使天花板的高度随之得以提高罢了。目标定低了,影响高度;目标定高了,影响生命。这目标的重要性被足够地认可,但是定了不准确的目标的危害性则认识不足——战略目标太虚了,不如生产计划目标来得实际,久而久之战略目标就不被足够重视了。企业是有使命的,是通过一系列的“实现”来承担使命的，说到底企业是能够改变和促进社会发展的，一个有远大抱负的企业自然能够走得更远一些。好高骛远经常拿来批评目标的不切实际，但是没有一个高瞻远瞩的目标、使命定位，怎么能够成就未来发展的高层次的使命呢。制定战略早已为人所熟悉，但是制定一个好的战略、一丝不苟地执行，则还没有形成足够的共识，因为人们还是太现实了，这是我的直觉。不过没有关系，决定企业战略和未来发展的团队——董事会，应该是由一群具有高瞻远瞩能力的人组成的。资源具有稀缺性，很多时候，企业获得了什么资源直接决定了企业如何发展，获得稀缺资源、利用好自身资源、整合外部资源，这也是战略层面的决策。风险无处不在，就如同我们生活环节中的细菌一样，有些风险是好的，有些风险则是致命的，但不能期望没有风险——那就像期待我们生活的环境没有细菌一样，这是根本不可能的。任何战略的制定都会遇到这样或者那样的风险，必须认可其存在，为此制定防范措施。风险不发生最好，发生了也要有预案、有准备措施。这一点，在2018—2019年，华为公司应对美国技术及贸易制裁的反应堪称世界范围内对风险最高瞻远瞩、最大规模防范措施的案例，几乎没人能够想到他们具有如此的针对性和长期性。

规划。规划是抓住战略转折点从而使得企业跟上趋势、不断进化的指南。我们把规划比作罗盘，在迷失方向的时候指引前进的方向；我们把规划比作灯塔，在黑暗中看不清方向的时候照亮前方。一个一个的灯塔构成了前行的路径图。如果没有导航，那么任何行使都是盲目的。企业的发展、生长、壮大本身很像在茫茫大海中行使，规划的作用和力量不容忽视，应该更加重视。好的企业，规划做得好、指引得好，这种现象绝对不是偶然的。我们应该看到，社会在升级，导致竞争在升级，在这个过程中依托知识的力量来竞争最终必然是核心力的竞争，而非在低级形态的原始资源要素的竞争。规划，就是知识和判断的产出。为了编制规划，需要调研、需要分析、需要研判、需要决断，而无人能够代替，也没有其他任何企业的规划可以参考，别人的路永远不是自己的路。

信息。自古信息就是决策的核心前提，现在信息已经爆炸，不论是从产生、传输、使用、加工的角度，还是从分析的角度，信息都在爆炸。那么问题来了，这么多的信息怎么用？首先来看，不用行不行，这显然是不行的。其次，从决策层面关注的信息自然是宏观为主；再次，宏观信息准不准，通过微观信息和趋势来佐证；最后，信息化。要能够将管理、经营、生产、决策和组织等方面进行信息化。我们现在所能够看到的实体的“物”，都将信息化、虚拟化、智能化，未来一个企业的组织将只能以“信息”为主线，而不是像过去一样，信息只是辅线。看到的都不是重要的，重要的是看不见的快速流动的信息，大概是这个内涵和未来趋势。

分析。做决策先分析，个人的分析、集体的分析、数据的分析、信息的分析，等等。这些分析本身具有非常高超的艺术性。盲人摸象会出现，井底之蛙会存在，这只是在一定的范围内考量的问题。所以说，很难做到分析到位，而不是很容易做到。所以，很多时候，在分析这环节就错了，顺着下来的其他环节自然沿着错误执行下去了。分析不准很可怕,但对其重视程度不够高也很可怕。在分析这个环节花更多的时间是值得的。在企业竞争生存的逻辑中,因为一环扣一环,也有一个模型可供参考:“螳螂捕蝉,黄雀在后”,这也是为什么现在很多的行业是被其他的行业或技术来颠覆的。只看到眼前,或者只看到自己认为的远方,殊不知这条路本身就会被岔开。分析相当于企业的自我诊断,其频繁程度应该比较高,分析的针对性、要解决的问题应该比较明确,才能够抓住企业内部的各种“BUG”(原意为程序代码中的错误代码,这里指企业的各种不正确、不适应、不顺畅、不满足等等),通过解决问题来提升分析的质量。

非线性。决策的时候都认为:有因便有果,这种逻辑思维是线性的。与之相对应的则是非线性的。在非线性的思维逻辑里面,一个结果的出现是偶然的,为了这个偶然的结果,需要做多种选择的决策,在不确定性中寻找确定性。其实,非线性的决定性才是企业进化的真正逻辑。没有任何一个结果是可以通过直接的推理得出来的,这与企业在竞争中将受到诸多因素的干扰有关,也与激烈快速的竞争变化有关。考虑非线性的特点,决策的时候,过分地强调因果关系,将导致决策僵化、没有弹性,也将导致决策机械化,没有思想性。经营企业做决策几乎天天发生,有时因果成立,但往往在出现重大机遇、转折点、挑战和风险的时候,没有很多理由可以讲——出来了就是出来了,就看能不能够跳出惯性思维逻辑的框框,认识到、发现的了。

冒险。不论是从哲学的层面,还是从市场竞争的现实层面,任何决策都是要冒险的——收益与风险成正比。由此,可以说所谓没有风险反而是最大的风险。在越重大的决策面前,需要冒的风险也就越大——这需要非常清醒的认识。而不是反之,在非常重大的决策面前,忽视风险、排斥风险、不认为有风险,这种认识肯定是错误的。所谓在决策进化的道路上,一方面是正向的决策能力的提升,另一方面是反向的识别和拥抱风险的能力的提升——在“知的”情况下,接受和应对风险。所以,冒险是科学的,也是有科学性的冒险。同时,决策时企业各项事务开展有个起点,在这个起点上,包容了多大的风险,也就意味着有多大可能的进步(损失),也决定了企业的进化(淘汰)。其实,关于企业如何冒险,是非常重大的课题。企业往往走在两个极端上:一个是四平八稳,不允许有不确定性;另一个是急躁冒进,不认为风险有那么多、那么可怕。如何“经营不确定性”是冒险的另一个内涵表述。企业要进化,决策要冒险,收益才能随之而来。

团　队

团队是因为岗位和职责而组织在一起的,不体现为每个个体,也不因为每个个体对团队产生太多的影响和干扰。除非奇才、天赋异禀,否则就只能按照一个萝卜一个坑的方式来成为团队的一员。

岗位。岗位不能一成不变,这是制约企业“进化”的桎梏。因为岗位职责的显性特征,各自为政、本位主义,就会很容易丧失对企业整体利益的维护。一个企业的进化过程,在人的组织的过程中,首先发生变化的就是“岗位”。比如,在信息化大潮来临的20世纪末期，很多单位陆续出现了一个新的岗位：首席信息官（CIO），这就是随着社会进步企业在岗位上的进化——刺激反应。以此为考察的逻辑，其实企业的很多岗位都需要“检视”——设置合理不合理、效能充分不充分。只有更好的岗位设置，才能把团队组织起来、把力量合起来、把能量发挥出来。考核一个企业的团队，我们往往忽略了“岗位的促进/限制”作用，而聚焦在了“执行力”这一个单薄的维度上，可想而知，这样的团队建设离开了岗位的“基石”，能好到哪里去呢？

职责。职责经常讲有分内分外之分。这是个大问题。从本质上来讲，从市场契约精神来讲是要求确保分内职责的履行到位。但是，如果职责间有重叠、有缝隙，这就又麻烦了。职责需要不断地调整以实现进化，这一点不需要深入的论述。但是，我观察，职责必须是与岗位配合好的，强调岗位职责的配合度——越界了、缩小了，都是岗位人才的浪费或者错误使用。再深入一下讨论，便是岗位的进化带动职责的进化、职责的进化反过来促进岗位的进化。再说一下分外之事，在任何一个企业这个情形都少不了，其实分外之事的处置和应对常常发生很多的化学反应，在企业进化的过程中也往往是催化剂——突出了矛盾，矛盾的解决促进了进化。所以，在发生分外之事之后，必须解决好：①机制调整；②结构调整。一旦调整到位，就是一次有效的应对反应带来的进化。

薪酬。要求员工劳动付出最直接的调节手段就是薪酬。薪酬所谓进化就是不断地调整额度和激励手段，从而持续发挥其促进作用。让员工发挥最大的积极主动性、为企业做贡献，薪酬必须给到位。实际上，根据经济学的原理，员工总是根据薪酬调整自己的付出，当薪酬低于预期的时候，实际上员工会不自觉地减少自己的劳动付出，这对企业、对员工都是一种损害。所谓重赏之下必有勇夫，要想让员工勇往直前，就必须激励到位。如果企业不这么做，实际上效率就会被人为地限制在薪酬限定的水平上，而不会得以提高。薪酬的进化对于团队的进化最是直接，所以对于企业如何不断地完善薪酬体系和激励机制，真的是全局问题而不是简单的个人利益问题。

绩效。考核团队绩效比考核个人绩效重要得多，而且应该一直是企业绩效考核的重点。否则，如果重点落在考核个人绩效上，那么显而易见，人与人之间的配合度自然会下降。为了自己的绩效提升和不受影响，就很难做出在牺牲自己利益的情况下配合其他人绩效的提升和改善，但是没办法，这是人性使然，改变不了。所以，绩效考核最好不要考核个人，而要考核团队。只有团队才是企业可以依赖的力量，而不是一个一个的人、也不是某个所谓的重要的领导。领工资、发绩效，这个模式长期以来变化不大，一般也不频繁。但实际上，如果这个环节做得越先进、越合理，对于企业员工的促进就越大，进而实际上推动企业进化的内生力量就越强。绩效的进化应该是非常有效率才好，进化的方向就是回应人性中趋利避害的本性，越匹配越好。

文化。团队文化是企业文化的一部分，也是相当重要的一个部分。对于中国的企业而言，恐怕是更为重要的一个部分——我们的文化有非常坚韧的影响力。文化既表现为根深蒂固，又表现为随着时代潮流不断地发展演变。具体到企业团队文化，一方面是企业文化、个人文化素质的基础性限制约束,另一方面是企业团队文化的建设、发展、演变。团队文化是需要打造的,不是自然而然就能够生成的;当然,不打造,团队会生成一种自发的文化,通常这往往不是企业所需要的。文化的进化,核心是“化”字——感召、吸引、带动形成影响力,通过设计、打造、宣传、固化,从而逐步地完善提升。这又是一门学问,这里不展开论述了。需要说明的一点是,作为企业内部团队的文化的打造是非常重要的事情,往往起到关键时刻攻坚克难的主要推动力的作用。

关怀。人天生就有获取外部关怀的心理诉求。这就要求建设团队的时候,企业层面应该把握好对这个诉求的满足。而且,对这些诉求的满足是随着员工自身境况的变化而变化的,企业做得越到位,员工的努力付出就会越积极。实际上,企业的进化、团队进化的源头总是离不开每位员工个体的努力的,所以多多加以关怀,这种看似不经意的投入,会对企业的进化产生非常关键的作用的。

提升。因为有提升的机会、潜力,往往就能够留住人才。反之,留住的多是庸才。其差别在于有抱负的员工更关注未来,没有抱负的员工仅满足于现状。对于企业而言,只有赢得一个一个的未来,企业才能够在竞争中生存、在优胜劣汰中发展。提升团队、提升员工素质能力的重要性早已被普遍认可,但就笔者观察,企业考虑当下利益效益多一些,如何提升员工团队的素质能力大多做得不充分。按照非线性逻辑思维,提升了员工的素质能力,员工直接受益了,间接地企业才能够受益。但是,要留住人才,需要给予提升的机会和空间才行。

发展。个人的发展是依托团队的发展来实现的,个人有发展才会努力地做好工作。提升与发展相辅相成,发展的重心是个人能够不断向更高职级迈进,提升的重心是个人的素质能力能够不断地获得进步。发展是企业资源向员工科学分配的结果之一,企业的核心岗位、重要职务都是稀缺资源,合理科学地分配之后会造成积极上进的人愿意为获得这些资源而努力,在这个过程中不是其他的因素而只是能力素质在左右,这样就能够促进团队的建设和作用的发挥。反之,团队松散、人心涣散、不公平竞争,企业最终将受到严重损害。从这个维度来看,企业用人选人的文化和取向所造成的正向或负向影响力是非常巨大的。

机能的进化

把企业比作生物,利用生物学的基本概念逻辑进行演绎分析,我们定义和得出了企业的部分机能(九大机能),从而可以较顺畅地引入机能进化的概念和命题。针对企业的九大机能,所谓进化,就是不能够停下脚步,要不断向新的目标冲刺,周而复始才行。借用描述人的心态的一句话,就是时刻要保持“空杯”的心态。其内涵是,要能够时刻“归零”,能够时时地以从零出发的心态推动企业机能的革新、进化,而不是固守在一个能力水平上太久,或许这也就造成了企业生病、衰老了。

创　新

创新之于企业有两个基本内涵:第一个是探索;第二个是营养液。先说第二个内涵,既然企业是生物体,自身生长进化就需要营养,而这种称为营养的物质是什么呢?我想,企业的营养液就是创新,这里创新是名词,通过冒险、探索、实验获得的结果,比如这个方案是一个创新,诸如此类。第一个内涵,作为动词的探索,则是企业的一种技能,这种技能的基础性就相当于人的呼吸技能一样,如果技能停止了,企业就衰败了。创新的核心是两个部分,一个是“敢创”,一个是“革新”。目的是革新,朝哪个方向,哪个目标具有很大的不确定性,所以强调的是冒险精神、探索精神。作为企业的机能来讨论,创新是企业的第一机能、最基础的机能,这样讲,应该比较容易理解。当然,创新这个机能的运用,其频度、空间、范畴都是有很多限定的。换句话说,一方面创新无处不在,另一方面又要小心求证、步步为营。如何创新本身需要进化,实现了创新,企业自身才能进化。我们关于机能的聚焦点是前者,即创新本身需要进化,也就是解决如何组织创新、评估创新、实施创新,进而才是朝哪个方向、哪个目标去探索的问题。

成　器

在论述和定义企业机能的章节,我们提出了“产品成器”,这个内涵是“成器”。企业当然能够不断地做出产品来,用什么来概括和描述企业的这项机能呢?我们排除了其他的常规能力,比如生产,而选择使用“成器”作为能力。这个是限定在中国传统文化范畴内反而容易理解的普通词汇,有文化背景的支撑。成器,则产品优;产品优,则能力强。反之,即便造出再多的产品,不能成器,也会拖累企业的生存和生命成长。成器,是功效、功能到位的比较好的一个形容词。伴随着客户需求的变化,如何满足,成器的过程也是不断迭代的,而这个迭代的过程最相似于进化的内涵了。

固　本

在哲学层面探讨任何问题总有本末问题,借用此思想,我们将企业的技术作为固本的要素来定义了。技术为企业的根基,则是固了本的要害。创新的目的是什么?目的之一是获得“新技术”。顺便说一句:除此之外的创新是为了获得“新艺术”——管理是艺术、制度是艺术、规程是艺术,请允许我这样来描述。如果成立,合成一个词语,便是“技艺”。一个企业的进化犹如生物的进化,离不开“根基”,也就是离不开技术。所谓高新技术企业之所以重要和难得,也就是在于此了。固本培基我们耳熟能详,借用过来描述企业,也希望能够有类似的探讨空间和价值。企业向外求索,源动力自然产生于内部,恰恰就是在技术能力、技术水平、技术开发上,这样做好了,就是实现了固本培基了。

得　体

这也是中国传统文化范畴内比较容易理解的抽象概念，即我们常说的“识大体”。企业的服务都说不是小事，那么“大”在哪里了呢？大在了企业的整体、体系、体质、体统，所以服务不是小事情的内涵就跃然纸上了。很多在我们的文化语境下，高度的抽象反而比具体的描述更能让人理解意会，得体就是这样的一个词语。服务总是说重要，关乎企业的声誉、品牌、市场、信誉、影响等等，其实就是说“服务”是企业“得体”的关键环节。假定企业一个客户也没有，或者一个需要服务的需求也没有，那么企业的所谓声誉、品牌、市场、信誉、影响等等便是不存在的。而一旦有了客户，任何一点服务上的不周到，其实影响的就是企业的整体大局，用生命力来描述的话，影响的就是企业的体制，就比如：病从口入一样，企业因为服务不好，会给自身带来病症的。所以不断地进化、追求卓越的服务，这种能力不是从“客户要”的角度，而是要从“企业要”的角度来看。

得　利

这是最直白的表述了，企业能够盈利是最朴素的能力。企业的这项机能是被关注得最多的，使用系统论、借用生物学，将得利描述为一种机能的好处在于企业盈利不是孤立事项，而是整体机能协作的结果，有环节、有链条、有传导。体现在得利的机能上，就是能够赢得利润，不然企业就会如同人体失去血液一样生病乃至死亡。利为利润，也最厉害。企业所有的机能能够正常运转，都得依靠利润，所以这一项机能非常重要。如果想调节和改进这项机能，又该怎么办呢？借鉴中医理论，不做头疼医头、脚疼医脚的处置，而应该从企业肌体机能的全方位调理入手。得利的能力就此可以比作人体造血的能力，不能有一丝一毫的停滞或者丧失。得利的机能进化需要的是造血机制和造血肌体的保障和支撑。这样论述的目的也比较明了——需系统地保障和进化企业得利的能力。作为反例，我们可以看到很多盲目追求利润反而导致企业倒闭的例子，这说明了得利的机能不能够孤立地过度/不及地发展，而必须是在企业整体机能能够协调一致的情况下协调发展才行。

防　病

很多次提及企业如同人一样会生病，说起来容易理解。那么，就会引申出下一个问题，企业如同人一样也需要防病。这就是这个机能得以归纳出来的原始逻辑了。这个提法不算新颖，但给予高度的重视是一个新的视角。朴素地理解，只有健康才能长寿，对于企业依然适用，所以防病凸显了其重要性。按照传统中医理论中的“治未病”的理念，企业在防病上做一分投入，则在收益上会获得几倍的回报，这个道理也是成立的。作为机能，动植物都有防病的内在机理、机制、组织、细胞等等，借鉴过来，企业也应该如此。从细胞的角度来看，企业的每个员工可相对应上；从组织的角度来看，企业的考核、审计、审核部门相当于免疫组织；从机制上来讲，企业的很多程序、行动的检视相当于防病的机制；从机理上来讲，在企业的系统性发展过程中则不太明显，大概原因是在企业的传统管理学理论中，较少谈及企业的免疫系统机理，当然这个方向的研究也还是有的。从企业进化的全局概念上来分析未来的发展趋势，企业内部有机地形成自身的免疫系统、各系统协同保障企业的健康，应该是会出现的。企业防病，需要很多问题的解决，企业会得什么病，会出现什么病症，如何对症处置，可否时时检测企业肌体的健康，诸如此类的问题涉及面的确很广、涉及的深度也很深。在本书中，暂无法深究其理。作为企业的一项重要机能，防病的能力需要构建、提升，不应作为忽略事项和可有可无的事项。所谓企业的病，也不是没有人研究，需要做的是系统性研究、系统性处置，溯本逐源地定位病灶。在谋求企业基业长青的过程中，在十分重视企业如何“竞争”的氛围下，再补充一个“如何防病保持健康”的自保能力，不会是多余的观点。

得　生

万物因何生生不息？盖因为其不断地实现了“新旧更替”，如同旧的细胞死亡新的细胞出生一样，企业得胜的能力也只能来自自身不断地能够实现“新旧交替”，这种能力我们定义为“革新”，与创新有所不同的是，革新是向内关注企业肌体的革命。在这个范畴内，只有勇于革自己命的企业，才能够寻求生生不息的发展成长。从提出和定义“得生”的机能概念出发，我们可能会有豁然开朗的感悟，即企业的革新是如此的逻辑、如此的场景，而且把为何革新的意义和作用做了聚焦和指向。不然，我们常常说企业如何长寿、基业长青而不知其机理，就会干扰悟道企业的经营者对问题的本质思考。从企业进化的角度来看，为了实现企业自身能够不断“得生”的生存能力，在方法论和实践途径上，至少是要朝着努力实现企业自身的“革新”去努力的。所有旧的、阻碍的、不活跃的、不再有效的部分，都需要革掉重来，虽然会很痛，但只有这样才能涅槃重生。

得　序

关于秩序之含义、之重要性，这里不做深入的展开解释了。万物皆有序，实际上大到宇宙运转，小到分子内的电子运行，都固守了一个自己的秩序。一旦这个秩序破坏了，就是这个实体灭亡的时刻，这样讲是容易理解的。如果还不理解，我们可以稍微观察一下所谓交通秩序混乱后的交通状况、所谓社会秩序混乱后的社会动乱，道理也是不言自明的。按照上面的逻辑，引申或者借鉴到企业的“世界”中来，任何一个企业都有自己固守的秩序，这个站得住脚；任何一个运行的企业，都是在自身秩序得以维持的前提下存在的，也是站得住脚的；任何一个出了问题的企业，在哲学层面其实我理解，是其秩序出了问题——都不能在原位履行其岗位职责了。需要维护和维持企业良好的秩序，已经比较好理解，更为关键的提示是：企业的“生命过程”是需要秩序保障的。这个理解起来有些费解,但我认为这是非常高层次的管理哲学和实践问题,所以提出了企业管理和企业秩序的定义和命题。有命在,才有进化的可能,所有生物概莫能外。所以,企业进化,必须确保秩序存在、秩序良好,乃至秩序进化。管理和秩序一个是手段,一个是实质目标,这是我的一个新提法,希望经得起考验。管理从来都不会是目标,这个不要弄错了。管是动词,理是名词,标准的动宾结构词组。管,就是控制、调节、归位、到位。为什么要管呢?我是这么回答的,是因为被管的事务脱离了其原有应该表现出来的秩序。那么,秩序是不是等于理了呢?我想,可以这么理解,但也略有不同,因为“有理”,才有“秩序”,在这个对比关系中,理是本、秩序又变成了末。“理”是如何管、为何管的依据,“秩序”是管得好不好、管到什么程度的目标和落脚点。我非常倾向于把“管理”字面的本身含义深化一下来理解。我们有时也把“管理”看作是给企业治病,没病就不需要管理——所谓无为之治。企业的肌体、机能不能不存在一种秩序,不断改善和升级这种秩序就能够确保企业总在对的轨道上。针对上面的论述的反面的问题,可以概括为一句话:管理怕总是执旧方医新病,因为病总是先于管而出现的。

得　寿

要远行得稳与健,要长寿得健康,等等,我们非常容易理解长寿和健康之间的关系。企业长寿是生命体的一个非常直接理想目标的追求,没有企业不希望基业长青。企业自身得具备一种机能使其能够长寿,所谓“得长”,这需要健康为基石。健康是泛泛的、抽象的,长寿是具体的、可见的。需要做的是要把企业的“健康”实体化、具体化,实现可检测、可预测、可诊治、可评估疗效,等等。这个方向的每个突破,都是企业未来进化逐一会遇到的命题。泛泛地认知企业的健康的阶段已经过去了,应该是有更深入的研究和实验验证,在“企业健康”的学问上、理论上、方法上进行可能的探索。在本书成书的过程中,也只能点题到此。

秩序的进化

企业的秩序是由什么组成的?

从秩序本身的内涵延伸,我们提出企业的秩序包含几个层级和方面的内涵:

规　律

企业应遵循市场规律、价值规律、行业规律、创新规律、投入产出规律等等,这是企业自身是否受到规律的支持或者约束的条件。企业只有各方面都遵守了这些顶层的规律,并按照规律办事,才是有秩序的。在规律层面,企业的秩序进化,就会不断发现、掌握、运用各种规律,在“按规律办事”的能力方面不断提升,一旦达到了这个层次,企业的大秩序就不会遭到破坏,也能够支撑和保障企业的其他秩序稳定和完善。

规　则

企业的运营发展会遇到很多的规则，多以制度的形式体现。因为企业免不了对内对外合作协作，所以就必须明确规则，按照规则办事，这才是有秩序的。比如，法务、财务、人事、合同、预算等等，都是有规则的。一方面要遵守国家的各种上游法律法规，另一方面企业自身要制定各种实施的细则并使之行之有效、运转顺畅。显而易见，离开了规则的有效保障，企业的运行必然会出现混乱。

规　范

企业内部的运营规范、生产规范、操作规范、管理规范，都是秩序的有效保障和约定。遵守规范，都达到规范，才是有秩序的行为、行动，才会产生高质量的结果、效果。规范的制定具有企业自身业务的极强针对性和时效性，所以企业秩序进化在规范层面发生得最为频繁，需要不断地检视规范的多寡、好坏、难易，诸如此类，以便使规范成为企业内部运转良好的催化剂，而避免出现阻碍、阻力。规范上升一个层次就是标准，就具备了更为广泛的通用性和约束性，如果企业内部有很多达到标准的规范，那么这样的企业秩序肯定是良好的。有了良好的秩序，我们可以想到，企业的管理自然是高效和简洁的。

规　定

企业针对重大的经营活动的总的规范性、程序性、指令性、通知性的决定，需要发出规定。其具有明显的约束性和指导性，都按照规定做，做不到要接受处罚，这样就具备了调节秩序的能力，也能够通过完善规定不断提升调节秩序的水平。

规　矩

针对作为企业的细胞元素的每个具体人而言，要提出各方面的规矩，划出边界线和尺度值，在合理的范畴内既确保员工的积极主动性，又符合企业的价值观。比如，在一个企业内部如何互相提意见、如何给领导提意见、如何给工作提建议，诸如此类大多是偶发的、多样化的和不确定性的事情。如果企业立了一种规矩，而这种规矩是好的，那么企业在秩序得以保障的空间内，还有自身调节这种秩序不足的主观能动性。

一个企业的秩序简单而论，包含了规律、规则、规范、规定、规矩等五个方面和五个范畴，其中最后一个的主体是个人，前面四个的主体是组织。

我们也能够认识到，秩序对于企业的重要性，也能够理解所谓管理是保障秩序的观点。如果企业按规律办事、规则完善、规范清晰到位、规定充分有效、人人守规矩，那么真的是不需要管理了，而管理的重心可能就真的偏向了"服务"的方向了。

国家维护社会秩序的主要手段是立法和执法，分为法律、法规、规章等等。以此为启发,企业维持自身秩序的主要手段也是类似,也不难理解如果企业缺乏了对其自身秩序的维持则将会造成混乱并导致企业出现各种问题。

偶然的死亡

所有的生物都会偶然地遭受大量毁灭,可这很少或基本影响不了自然选择的过程。另外,大多数成长的动植物,无论是否善于适应它们的生活条件,也必定每年在偶然的条件下而遭到毁灭。尽管它们的构造和体质发生了一些对物质有利的变化,这种偶然的死亡也不会因此缓和。(《物种起源》P59,查尔斯·达尔文)

对于企业而言,偶然的死亡现象也是会有的,导致这种情况出现的原因不在常规的法则里面,而可以归类为突发事件。

企业会遇到很多的突发事件,有一些是人为的,有一些是自然的,不论哪一种,企业也不会为应对这种未知的潜在的突发事件而采取有利于自身的进化行动,在面临即将突然死亡时多半也是无能为力的。

企业偶然死亡的案例不少,如何能够从中总结出规律来也是一个学术的问题,这个方面期待会有人专门去研究。

企业的文化

文化是物质的也是精神的,最终是体现为一种对行为的更高层次的、更发自内心的约束力。

不要小看文化的力量,当然也很少有人小看这种力量。但是对于企业而言,如何建设自身文化、发挥文化的力量,则是另一个问题了。

文化的化和进化的化,以及与化学的化,都是一个意思:“质变”。所谓文化就是约定俗成的行为准则,遵守则为有文化、有道德。企业文化建设好了,大家都受到了文化的正向影响力了,这样的企业就是文明的企业,文明表现为文化的程度。如果没有文化,则表现为野蛮和不文明的。

在企业进化的范畴内,论述环境对企业进化的影响,实质上文化是企业最根本性的源动力,也是企业抵御各种阻碍发展的因素的根本性力量。

以文化推动企业,就是要求企业真正地重视文化建设,提升文明程度,从而实现企业内部良好的氛围,对企业的各项工作开展自然而然地发挥着作用,这种作用也是推动企业进化的最源头的动力。

可想而知,没有文化的企业则无法真正地进化,也可以推理,企业的进化离不开企业的文化。至于企业文化如何建设的问题,牵涉甚广,不能在这里展开说明了。简单概括成一句话:有文化,才进化。对于企业而言,这既提到了文化的重要性,也说明了文化对进化的约束性。

第六章　生存竞争(德畜之)

德者，人之所得，使万物各得其所欲。(《素书·原典》，黄石公)

所以，我经常陷入深深的思考，在现代社会，什么是“德”？其本质的含义是否发生了变化？我得出一点肤浅的认识，所谓“德”就是“有秩序的分配”，一方面强调是一种合理的秩序安排(前面已经做过介绍)，另一方面是每个人都能得到。所以，我揣测一下，“德”和“得”是有着非常深刻的内在的联系的。

什么是竞争？为什么要竞争？不竞争行不行？又假若万物各得其所欲为天地之大德，是不是就不要竞争了呢？

答案显然是：**竞争无处不在**。不论是自然界，还是人类社会。任何得到都需要条件、需要付出、需要保障，为此就自然体现出来了所谓生存竞争。

生存竞争的目标就是“得到”，而在得到的过程中守秩序、讲规则、讲文明，便是“德”。自然界的万物要守的就是自然界的规律(运行的秩序)；企业要得到顶层的是要守社会运行的规律(社会的秩序)，然后就是在满足和符合社会秩序的前提下，发挥各自的能力参与到社会的竞争中。

当我们看到岸边密布的植物和灌木时，我总认为他们的比例与种类是由偶然的机会引起的。但这是一个错误至极的观点，他们进行着激烈的斗争。(《物种起源》P51，查尔斯·达尔文)

在漫长的几个世纪中，在各自散播成千种子的某些树类之间，进行着激烈的斗争，同样昆虫彼此之间的斗争也非常的激烈——昆虫、蜗牛及其他动物和鸟、兽之间也进行着剧烈的斗争——它们都尽力繁殖，彼此相食，有的以树为生，有的以树的种子和幼苗为生，有的甚至以那些早先密布于地面且抑制树木生长的其他植物为生！(《物种起源》P51，查尔斯·达尔文)

所以,我们提出了企业"生存竞争"的命题,当然这是直接借鉴了自然进化论的概念思想。这种提法是否有争议呢?在内涵上,我想争议不大。企业的生存竞争很多时候表现得非常激烈,就像战场上的斗争一样,所以也说明了为什么《孙子兵法》颇受很多的企业家推崇吧。

从古典经济学理论得知,生产要素主要是土地、劳力、资本和组织。在企业生产需要获得土地、劳力、资本的过程中无一不需要面对激烈的市场竞争和社会竞争。

从企业的系统结构定义中,我们提出并抽取了企业的支撑层,实际上也就是资源层,企业能够获得和持续拥有多少资源,才是企业最终能否成功的保障。

经济关系说到底也是一种社会关系,在建立这种社会关系的过程中,除非是垄断性企业,否则建立关系的过程就是竞争的过程。经济关系的建立具有普遍的多方供给、多方需求的匹配过程,从而展现出来典型的"优胜劣汰"的竞争法则。

资源竞争

无资源,不发展。资源是企业生存、生长、发展的第一保障力,没有资源的企业是活不下来的。我们需要深入地理解这个实质,更需要深入地理解和定位什么是企业的资源,也会回答为什么创新是企业生命的源泉。

自然资源竞争

因为我们把企业看成生物物种,具有不同的属性、类比、科目,所以所有的企业都是在自然资源竞争的前提下存在的——在生物链上下游的不同环节。通过竞争传导,会使每个企业直接或者间接地参与到自然资源的竞争中来,成为主动或者被动竞争的一分子。

从这个逻辑来说,没有一个企业能够脱离自然资源的竞争。比如,石油资源的竞争影响着每个企业,也影响着社会上的每个人。还比如,土壤、水、空气等等,这些影响着农业、进而影响着工业,也深刻影响着每个人。

从古典经济学理论得知,生产要素主要是土地、劳力、资本和组织。在企业生产需要获得土地(自然资源)、劳力(社会资源)、资本(财富资源、知识资本、技术资源)的过程中无一不需要面对激烈的市场竞争和社会竞争。

从企业的系统结构定义中,我们提出并抽取了企业的支撑层,实际上也就是资源层(地利、生生不息),企业能够获得和持续拥有多少资源才是企业最终能否成功的保障,获得资源从而源源不断地提供企业生存生长所需的基础性要素。

经济关系说到底也是一种社会关系,在建立这种社会关系的过程中,除非是垄断性企业,否则建立关系的过程中就是竞争的过程。经济关系的建立具有普遍的多方供给、多方需求的匹配过程,从而展现出来典型的"优胜劣汰"的竞争法则。

自然资源本身是稀缺的。越是稀缺,为了获得这种资源的竞争越是激烈,以至于最终的竞争会进入白热化的状态，甚至于出现战争。

区域发展的不平衡也造成了不同企业在竞争自然资源过程中的优劣势，也同样因为区域的差异不同地区会集中出现差异明显的产业聚集。一个企业即使不是从事农林水地矿油这种典型的资源开发的行业，也应该意识到自身对自然资源的依赖，最典型就是不同区域土地价值的差异、交通条件的差异、城市环境的差异等等，这些都是企业发展的便利/阻碍。

人才的竞争

企业越来越重视人力资源的建设，也越来越多地感受到人力资源竞争的日益激烈。这源于人口红利的消失，源于向高新技术发展的人才稀缺，更源于为了创新创造所需要的人才的创造力。

我们的很多企业，我观察，对于人才的认识还处于比较狭隘的阶段。对于企业每一个员工是否都是人才没有形成共识。如果按照“人尽其才、物尽其用”的原则，每个人其实都是人才。

这种竞争的一个表现是：一个企业是如何地不重视自己的员工，从而造成这些员工离职，从而使得本企业失去了竞争力，隐形地造成了对方竞争力的提高。这种情形实际上可以描述为企业的“不作为导致的竞争力消退”。

这种竞争的另一个表现是：一个企业只重视高技术人才，不重视低技术员工，从而造成大量低技术员工的离职，同样地造成了企业人才梯队、人才资源的建设混乱，也是一种“不作为导致的竞争力消退”。

这种竞争最好的一种表现是：一个企业重视自己的每个员工，把员工都当成人才来培养、使用、关怀，助其发展（人才必须是有梯队的），并且能够积极地关注到竞争对手的人才成长情况，制定针对性的人才培养和引进计划。

所有的竞争核心是人才的竞争。

技术资源竞争

无资源，不发展，在技术领域显得尤为突出。所谓生生不息，本质上来源于企业自身内在的生命力，这个生命力集中体现为企业的技术创新（不能排斥和忽略其他维度的创新）。技术来源于知识，知识来源于基础研究、技术革新、产品和需求，大体上技术处于创新链条的这个位置上。

企业的生命力在表现形式上是在市场上获得认可，其提供的产品能够很好地满足客户需求，这种满足是“价值”上的满足，需要的不是简单要素的组装，而是根植于产品内部的企业技术创造的价值。

产品中附加了很多的价值，在竞争中，能够区分不同产品好坏的核心是该产品的技术附加值。我们常常提到“性价比”，客户也常常受到价格的影响来选择产品，但是其实往往忽略了“品质”的内涵——好技术。不论价格高低，技术不能低、品质不能低,才是好产品,提供这样的产品的企业才是好企业,才可能是基业长青的企业。

为什么很多的企业生生死死得这么频繁,其中有一个核心要素,那就是在激烈的竞争中,放弃了“技术竞争”的准绳。我个人认为,不论出于什么目的——利润、占有率,都应该牢牢把握,不能放弃对技术竞争的专注和提升。

一个企业获得技术发展的途径其实有很多。首先是自身的投入和研发,首先应切身知道企业自身需要什么样的技术,应该瞄准的未来技术领域和方向;其次是技术交易,通过向其他技术持有方购买并消化先进技术来提升自身的技术水平;最后是联合研发,通过与其他技术研发单位合作攻关的方式,共同开展技术研发,分享合作的成果。

所有企业的止步停滞,都是源于资源的枯竭,特别是自身技术水平的止步停滞。导致这种情形出现的原因则有很多——资金、利润、经营、业绩、自满等等,当企业不认为自己的技术是落后的,不认为自己的技术是会被很快挑战的,缺失了这种对技术应该时刻秉承的危机感的时候,企业的内生能力的提升就会停止下来,经过一定的时间周期,自然而然地会传导到企业的市场竞争表现上来。

竞争氛围

一个深刻理解了生存竞争的企业,一个具有强大竞争力的企业,首先应该具备的就是自身的良好的竞争氛围。

从企业视角向外看,处处竞争激烈;那么向内看,企业的内部是否处处也是竞争激烈的呢? 如何把握和调整企业内部的这种竞争氛围呢?

首先,应该建立和鼓励竞争的文化。文化的影响力是巨大的,这个我们反复提及过,在企业开展生存竞争的过程中,企业内部首先也应该是体现生存竞争的。竞争产生压力,压力产生动力。这种竞争氛围能够保持企业的战斗力,这毋庸置疑。

其次,应该建立和支持竞争的机制。竞争的机制我很少听到,这与激励机制不一样,不能划等号。通常,企业更多地关注到了激励机制和绩效考核,这多有偏颇。甚至激励机制和绩效考核有很多的毒副作用。竞争的机制首先应该是鼓励个体的进步,让每个员工意识到自身能力的进步比让员工意识到自己绩效如何更为重要。竞争的机制不是为了考核,而是为了发展,为了汇集力量成为企业的生存竞争力,所以应该以是否提升了企业的竞争力为唯一的考核指标。激励是为了回报员工的努力,绩效是为了量化如何回报员工的努力,但这与员工自身能力是否提升、是否提升了企业的生存竞争能力之间有很大的不同。比如,一个完全能够胜任当下岗位的员工,做出了很好的绩效,是不是他的能力就可以不提高或者无需深入考察该员工的能力了呢? 又或者,这个员工是否能够为企业竞争能力的提升做得更多呢,如何让他这样自觉自发地去做呢? 竞争机制的核心,我分析,应该落脚在“让每个员工都要不断地超越自己变得更好”,然后给予这样的员工以更为重要的岗位和职责。所谓竞争上岗,是一种机制也是一种文化，如果落实得好，确实也会有不错的效果——排除各种其他的干扰。

最后，做好竞争与合作的协调。如果竞争的定位和操作走偏了，就会使企业内部的合作不容易开展和协调。如果竞争直接表现为你好我就不好、你有我就没有、你上我就下的模式，那这种竞争就是有害的。所有企业的员工都是企业的细胞，汇集在一起生成了企业的竞争力，所以企业内部员工之间的竞争不是简单地互相排序和比较，而必须是互相合作的。发展是目的，竞争是手段，企业生存发展是大道理。

相互竞争

这里指的是同类同质企业间发生的竞争，而且不仅仅是表面上看到的“市场层面”的竞争，要远比这个点上的竞争复杂得多。

假定 A 和 B 是属于同类同质的企业，且规模相似。他们的相互竞争可以在技术水平、产品质量、服务质量、管理质量、营销水平、人才队伍、领导水平、企业愿景、社会声誉等方面展开。A 企业可以通过挖 B 企业的核心技术人员来增强自己的竞争力，A 企业也可以通过提升自己的管理能力来提升竞争力从而超越 B 企业。这种有针对性“相互竞争”的模式有便于操作的好处，就像长距离奔跑一样，只要咬住前面的选手超过一个是一个，超过一个就是非常重大的进步。对于企业之间的相互竞争而言也是如此，把 A 企业和 B 企业换成 A 产品和 B 产品，上面的相互竞争概念也成立。

所以，企业有必要设定一个非常具体的“相互竞争”的目标，同时树立忧患意识，对于提升企业的生存能力是有很现实的意义的。

假定 A 企业在行业内遥遥领先，其他 B、C、D 等等企业落在后面较多。这时，A 企业的相互竞争对手设定可能瞧不起、看不到 B、C、D 等企业的优势和优点（也许真的没有），B、C、D 等企业也可能觉得 A 企业遥不可及，没有信心设其为“相互竞争”的目标。那么，在 B、C、D 企业之间的相互竞争将异常激烈，A 企业受到的影响则较小；如果 A 企业对于 B、C、D 的激烈竞争给予关注，将有可能渔翁得利；如果 B、C、D 等企业互相之间激烈竞争，谁得到了 A 企业的支持，谁将有机会迅速胜出。

所以，在企业“相互竞争”的市场环境中，合纵连横的情形是普遍的，实现这种情形谁有主动性，谁将有机会优先胜出。

还有一种看不见的“相互竞争”对手的存在，这样的案例也不少，也无法将其设定为“相互竞争”的目标对象。比如实体服装店和网上服装店就是相互竞争的，但无法成为各自瞄准的“相互竞争”对手；比如移动支付与银行之间的竞争不在一个频道上，也是相互竞争但无法互相针对。这种情形下的竞争，各自只能不断打造自身的核心竞争力，各自顺应社会发展需求，及时提供和革新产品服务。

一个国家的 A 企业和另一个国家的 B 企业在国际化大环境中也是相互竞争，这种竞争会发生在不同的国际区域，竞争的要素至少多了本地化、不同文明文化之间的竞争。还受到国际政治、经济、市场的各种影响,其间的相互竞争更为复杂,更为不可预测,唯有“自我强大”、成为别人不可打败的对手才是目标。

相互竞争的模型非常普遍,抽取出来针对对手开展竞争是有很大意义的。

市场竞争

对于企业而言,对于本书的读者而言,市场竞争是再熟悉不过的词汇了。我们希望从新的视角讨论一下,目的是破解、分析企业生存竞争、实现进化的逻辑过程中,企业应该跟“谁”竞争,竞争的内容是“什么”的问题。

从表面上看,市场竞争是主体企业之间的竞争,竞争的内容主要是产品的占有率。这是我们最朴素的关于市场竞争的理解。

这样就能够评价一个企业在市场竞争中是否胜过对方了吗?

在亚当·斯密古典经济学理论中,他提出了充分的市场竞争理论。那么到底有没有充分的市场竞争呢?答案是:很难。每个国家都会有自己的政策支持自己的企业(反向对外面的企业产生阻碍),所以在国际市场竞争中,很难说有充分的市场竞争;有很多时候,还有技术限制,以确保该国能够保持自身的技术优势。这样的例子很多。

企业究竟在跟“谁”竞争?抛开现象看本质,实际上看竞争是企业“自己跟自己”争,所争的是企业能够做到今天的自己总比昨天的自己要更好一点。这说起来有点绕,简单说就是“企业最大的敌人就是他自己”。如果企业能够不断地战胜自己、克服自己的不足、改进自己的缺点、发挥自己的优势,并能够周而复始,那么这本质上就是企业能够持续地实现进化。一旦能够做到不断地进化,在企业的眼里就没有了其他的对手了,唯有内视自己的进化能力和进化程度了。企业如何实现自己的进化,需要从市场竞争的层面获取“刺激要素”,一种所谓“刺激反应”模式,通过应对和反应市场的刺激,企业能够实现自己的进化,这是一个方式和途径。

接下来就是企业如何评价自己变得更好了?企业自己跟自己比如何变得更好,如果从可量化的产量、财务、利润角度很容易衡量,也恰恰是太容易衡量、太聚焦这些目标了,反而总是出问题。可能这就反映了对企业如何“好”的指标不全面,或者是很不全面,所以造成只追逐这些目标实现的企业并不能够变得更好。我们之所以说企业是一个生命体,就是发现不能简单地用量化指标来衡量企业。为了给出一种可能的衡量方法或者说衡量思路,在本书的后面我们试图提出并构建了“企业生长状态”,犹如人的生长发育状态的内涵,看看这样的逻辑和定位能否有助于企业检视自己是否变得“更好/更坏”。这个路径还很曲折,还很漫长,一旦有一套更好的方法能够解决企业生长的检视问题,那可能就会促使企业管理上一个新的台阶。

企业还要跟市场发展趋势以及趋势的变化“争”,这种争,主要体现为争先机、争时机、争机遇、争资源,所谓凡事预则立,不预则废。这是影响企业生存生长进化最具战略性最深远层次上的竞争。所谓趋势是企业最忠诚的盟友，即是指在激烈的竞争中把握住了趋势是最靠谱的，其他的都是不靠谱的。在我们的研究思考中，反复多次强调趋势的极端重要性。还有一句话可以用作例证，即《孟子》中的一句话："虽有智慧，不如趁势。"企业面临激烈的生存竞争，并且这种竞争集中发生在市场竞争中，如果整体的市场趋势发生了很大的变化，那么原有的竞争格局就不复存在了，再沿着背离趋势的竞争格局做斗争就必然失败。现在的技术进步、人口、教育、文化等等都发生了非常大的变化，而且有些变化又非常迅速，比如，技术进步造成了很多市场趋势也跟随着发生快速的变化，企业必须抓得住这种趋势的变化，所以简单地看市场竞争是不行的，要重视企业参与市场竞争的过程中与市场趋势发生发展过程中的各种努力问题。

最后一个讨论的内容是，政府在市场竞争中处于什么地位和起什么作用？《易经》中有一句话："方以类聚，物以群分"，说的是不同的方位区域会形成一类的聚集，不同的物种会分成不同的群落。对应于企业，不同的方位区域有两个大的差异，一个是区域差异，另一个就是政府差异。所以，企业参与市场竞争会受到区域和政府的约束/支持。由于长期的积累形成了不同的市场、不同的企业，我们很容易看到不同区域的企业的聚集都有自身的特色和一定的聚集度，这充分证明了在市场竞争中还有其他要素影响着竞争格局的形成、市场的形成。为了生存，企业如何选择方位区域、企业如何与政府的政策配合，这本身也是企业参与市场竞争的大问题。企业在市场竞争中处于不同的地位，不能简单地归结为企业自身的竞争能力，这里面包含着该企业所在区域和政府的积极/消极作用。

创新竞争

创新竞争的核心是保有企业家精神。"企业家精神"是由英文 Entrepreneurship 一词翻译而来的。就像其他英文词汇的翻译，"企业家精神"一词的意义显得有点模糊不清，甚至可以说有点扭曲失义。国内的许多译法将其译成"创业精神"，但实际上，企业家精神的内涵远远大于创业精神。

在现代市场经济条件下，企业家的创新精神至少包括如下几个方面：

一是不断追求产品创新的精神。这种创新精神的要点在于，不仅能够创造一个好的品牌，而且能够通过不断追求产品质量的改进与提高来维护、发展和完善这个品牌，并通过这种创新来获取最大限度的长期收益。

二是不断追求技术创新的精神。技术是企业生存与发展的主动脉。作为一个企业家，必须具有不断追求技术创新的精神。这里说的新技术创新，既包括高新技术的创新，也包括小的革新与发明。善于发现新的技术和发明，勇于引入新的技术和工艺，不断创造新的生产方式和方法，以此来推动企业技术的不断升级和生产方式的不断发展，这是企业家的一个重要使命。

三是不断开拓和创新市场的精神。这种创新精神的要点是，能够根据市场经济发展的实际对市场结构、市场分布进行分析与比较，并通过分析与比较来发现和开拓新的市场，占领市场发展的制高点，提高企业的生产经营效率与收益。

四是敢于和善于进行组织和制度创新的精神。不仅要善于学习和模仿别人的成功经验与做法，而且要敢于和善于突破与超越别人的成功经验与做法，同时还要敢于和善于在总结和综合别人经验的基础上进行组织与机制的再创新，实现企业组织和制度的新突破，以提高企业的发展力和竞争力。（引自网络：百度百科）

创新有几个特征需要把握好。

一是创新游走在犯规和颠覆的边缘。“当一项改革受肯定的时候叫作勇于创新，当被否定的时候就可以说是犯规违法——既然新规则还没出来，突破老规则自然就是违法、就可能受惩罚。”这句话是从我一本书中节选的，当我读到这段话的时候非常受触动，有共鸣——很多“新的”事物，需要突破“旧的”事物才能发展起来。创新必然是突破性的、颠覆性的，必然是要受到旧的、已有的规矩约束的。规范的条条框框不是创新可能发生的合适土壤。所以，为了社会创新、进步、发展，有很多规矩就到了改改的时候了。比如，小岗村 18 位农民签订了分田到户的秘密协议，大家摁了手印。在规矩与法律面前，摁手印其实是没有意义的，只不过他们的方式恰恰代表了当时的先进生产方式，故受到了肯定。

二是创新有一种内在的阻碍逻辑，即不作为易，敢担当难。经过改革开放四十多年的发展，中国社会经济取得了举世瞩目的成绩。邓小平同志在改革开放初期提出了“摸着石头过河”的战略指导思想，浅显易懂，解放了国人思想，促进了改革开放的成功。深圳作为中国改革开放的前沿阵地和经济特区，取得了骄人成绩，形成了“敢想、敢闯、敢拼、敢干”的深圳精神。然而，随着社会阶层的逐步形成和稳定，随着社会生活的逐渐富足和安逸，随着社会发展机会的竞争和减少，“敢”字当头的创新精神也越来越稀缺。很多时候，我们能够看到明哲保身的思想渐渐成为主流。1937 年 9 月 7 日，毛泽东同志发表的《反对自由主义》中列举了 11 条自由主义的表现，其中：“事不关己，高高挂起；明知不对，少说为佳；明哲保身，但求无过。这是第三种。”“办事不认真，无一定计划，无一定方向，敷衍了事，得过且过，做一天和尚撞一天钟。这是第九种。”

三是创造价值才有价值是创新的核心。企业的核心就是创造价值，而创新才能够实现价值的创造，这需要企业的每个员工都有可能成为创新的主体才行。找到自身合适的岗位是很重要的。干一行、爱一行，是纪律；爱一行、干一行，是追求。一个人需要不断选择自己更适合的岗位。同时，不同行业间相同相似的岗位，价值和价格认可却有巨大的不同，这说明了行业的兴衰对个人价值及价格的影响很大。由此，尽可能在优势行业中寻找合适岗位就尤为重要。每个员工必须具备创造价值的能力，创造价值的过程中，自身作用越大、越不可或缺，就会在总价值中获得越大的份额（通常创造价值的过程都是多人完成的），自身价格就会溢价而定。企业内部的每个员工的"价值"增加了,则必然导致企业的价值、企业创造的价值增加,反之亦然。或者我们一起想想,离开了企业员工的创造价值的能力和该员工的价值提升,企业能够不断地实现自身的价值创造吗?

四是创新环境的好坏是关键。从哲学上说,创新是人的实践行为,是人类对发现的再创造,是对物质世界中的矛盾的再创造。人类通过物质世界的再创造来制造新的矛盾关系,形成新的物质形态。事实上,任何一个好的创新,或者一个要突破现实的创新,都一定是有阻力的。首先,创新的风险是巨大的,在改革创新的道路上更多的是先烈先驱,没有前赴后继的长期过程,改革创新很难成功。创新者承担这些风险,压力是巨大的。其次,创新意味着对旧事物的否定,意味着在现实存在看似合理的事物中寻找不合理的、不正确的以及不存在的可能,这个过程是孤独的和无助的,也是不断制造矛盾和解决矛盾的过程。最后,创新的变革意味着原有格局的变化,特别是利益格局的变化,这种变化引发的矛盾不论是在宏观层面还是在微观层面都是非常尖锐的,创新者要突破这种格局,其创新实践才能持续下去。从组织文化层面,管理制度的不合理往往会压抑员工的创新精神。要创新,就必须打破旧制度,建立新制度。从创新的失败概率看,一次成功的创新通常都是以多次失败为代价的,没有什么比害怕失败会导致惩罚更能够抑制创造力和创新意愿。如果组织管理得"精益求精",容忍失败的创新空间会非常狭小,往往不会给予"多次失败的机会",那么很多本来可以成功的创新也会扼杀在一次又一次的失败中。

创新有一些机遇和来源。德鲁克先生认为有目的及有系统的创新从分析各种机会开始。他进一步把机会细分为"七种创新机会的来源"。

① **意外的成功及失败。**意外的成功是最好的创新。要开发它只需分析这种现象,因为意外的成功是一个征兆。举例说,有一条产品线的表现远远胜过其他产品,出乎管理层的意料,又或者竞争者在某个市场里面得到意外的成功。在这种情况下,管理层一定要找出它们成功的理由,然后考虑如果要开发这个机会会对企业带来什么影响。

② **不协调现象。**不协调是一种差距,一种不一致现象。这种差距如果存在于现实跟人们假设应发生的情况之中,那么,无论是好的或是坏的差距,都是一种变动征兆。它意味着改变已经发生,或可以主动造就改变的发生。

③ **基于流程需要的创新。**这种创新源于寻找一个现存流程内较弱或缺少的一环。如果消费者认为有需要或觉得有"较好的方法",这种创新将被用户乐意接受。例如,1909 年左右,贝尔电话系统公司的一名统计人员画了"一条未来 15 年人口增长曲线和一条电话中心接线员人数增长的曲线",发现一个问题:到 1925 年以后,美国每一位 17～60 岁的妇女都必须从事电话接线工作才能满足需要。在这个问题的驱使下,1911 年,贝尔公司研制了自动交换机。

④ **产业或市场结构的改变。**这种改变一般来自顾客偏好、口味的改变或新的价值观。另外,个别产业的迅速增长也是产业结构改变的可靠指针。日本汽车制造业

依靠小型及低耗油量汽车打入美国市场,从而把握住当时燃油价格大幅度上涨的机会,从消费者喜好的改变趋势中提升汽车销量。

⑤ **人口的改变。** 德鲁克先生认为人口的改变(年龄、教育、可支配收入、地域上的转变等)是预测未来最可靠的指针之一,也为创新带来机会。举例说,中国的人口老龄化、大量只有一个孩子的家庭以及上升的可支配收入可为创新带来一些什么机会呢?

⑥ **理解及意义的改变。** 前文提到的意外成功及失败的背后藏匿着人们在理解及意义上的改变。福特汽车公司雷鸟型汽车的成功及 Edsel 汽车的失败都归结于“人们理解上”的改变。当时,汽车市场一般以顾客收入进行划分,但顾客在选购汽车时,却以“生活方式”来决定自己选购哪款汽车。在这种情况下,汽车生产商寻找创新机会就须把握时机并做出准确判断。例如,创新者需要判断类似这样的问题:人们的理解是否真正发生变化了,还是只是一种短期的潮流?中国的消费者是否正经历理解及意义方面的改变?(答案:是的。)

⑦ **新知识(科学及非科学的)。** 新知识虽可成为创新的来源,却需要最长的时间。新的知识要转变成科技需要很长的时间,然后还需要一段时间才能发展成产品,推向市场。知识型创新的另一个特点是它们差不多永远不会基于一个单一的因素而产生,很多时候它们的出现是集中了几种不同的知识而成。

社会竞争

企业是社会的一员,也是社会的一个分子。社会是由政府、企业、家庭等各层级组织和其成员组成的。

社会的竞争必然会传导到企业的竞争中去,企业的生存离不开其在社会竞争中所取得的优势。所以,企业才越来越关注到自身的社会责任。

社会竞争的内涵就是让社会更美好,让优秀的更优秀,让落后的变得先进一些。处于这样的社会环境中的企业自然能够从该社会的供给中得到自身发展所需要的更好的资源,比如环境资源、人力资源、科技资源,等等。

企业的价值观越与社会的价值观相一致、相匹配,企业在社会竞争中得到的助力就会越多,反之企业就会被社会竞争所淘汰。

企业的生存竞争又形成了社会竞争的主要部分,企业通过创造就业、创造价值、创造产品来服务于社会的发展,也就是参与到社会竞争中来,企业竞争是社会竞争的一个集中体现。

一个区域的社会竞争力直接影响和制约着本地区企业的竞争力,也就是制约着本地区企业的生存。所以,不约而同地,各地区政府都把服务于企业发展当成经济建设的头等大事。而这种社会竞争力的总和是由政府、企业和个人的竞争力共同组成的,从而也是互相制约、互相影响的。

社会竞争力的内涵要素有很多，比如，一个区域社会人才的竞争力很高，那么就意味着这个区域社会的企业在劳动力资源获取方面具有优势。再比如，一个区域社会的行政效率水平较高，那么本区域社会的企业在所享受的管理服务方面将具有优势。与此遥相呼应，具有社会竞争力的区域社会就会自然而然产生很大的具有生命力、影响力、发展潜力的企业和产业聚集，而通过企业的培养培训、创新创造又会使更多的人变得优秀。这样相互加强的影响会一方面提升社会竞争力，另一方面也同步提升企业的生存竞争能力。

一个没有竞争力的区域社会能够为本地区企业的生存发展所提供的帮助不会太大，那么企业自身就要更努力、更跨区域、更国际化等等，才能在全社会范畴内获得自身发展竞争力所需的其他要素资源。

社会竞争力与企业生存竞争之间存在必然的关系，两者之间的关系也是相辅相成的，谁也离不开谁的。打造社会竞争力便有助于企业竞争力，帮助提升企业竞争力便有助于提升本地区社会竞争力了。

文化竞争

企业文化竞争涉及的内涵最为丰富，我们尝试就有关问题进行分析，看看能否对企业管理以及促进企业生长有所帮助。

企业文化是企业的软实力的核心部分，是企业的影响力、吸引力、凝聚力、号召力、创造力等的关键基石。

不同的企业都会形成自己的文化(最极端的，没文化也是一种文化)，这就造成了不同的企业和员工和客户在吸引力、凝聚力、号召力、影响力、创造力等等方面的大不同。

如果概括，企业的文化主要由几个方面组成：

企业氛围

企业的环境氛围、人际关系、竞争氛围是死气沉沉还是活泼积极，企业的环境氛围是指企业通过直观的(这里似乎又是看得见、摸得着的)外显的环境所反映出来的风格和情调。企业内的人际关系即同事关系，同事之间的友谊若以工作和事业为基础，以共同的事业理想为目标，在共同劳动中产生的那种情感将会最长久。在企业内部形成良好的竞争氛围，通过竞争可以极大地激励员工士气，很好地调动员工的积极性。一个企业如果在内部形成了竞争的氛围，那么，生产效率想不高都不可能。

企业精神

企业精神(Enterprise Spirit/Spirit of Enterprise)指企业员工所具有的共同的内心态度、思想境界和理想追求。它反映企业的精神风貌和企业风气。企业精神是企业文化的一项重要而复杂的内容。**所谓企业精神，主要是指企业经营管理的指导思想。**精神因素是企业文化的重要内容，是指企业从企业家到普通员工所表现出来的整体精神风貌、理想追求、价值取向，包括员工对待日常工作的基本态度、员工之间进行交流的方式、企业对员工的满意度、员工对企业的忠诚度等。

企业的价值观

企业的价值观就是企业决策者对企业性质、目标、经营方式的取向所做出的选择，是为员工接受的共同观念。对于任何一个企业而言，只有当企业内绝大部分员工的个人价值观趋同时，整个企业的价值观才可能形成。与个人价值观主导人的行为一样，企业所信奉与推崇的价值观是企业的日常经营与管理行为的内在依据。不同的人很可能做出完全不同的判断。如一个把创新作为本位价值的企业，当利润、效率与创新发生矛盾时，它会自然地选择后者，使利润、效率让位。当然，另一些企业可能认为企业的价值在于致富，企业的价值在于利润，企业的价值在于服务，企业的价值在于育人。

企业的习惯

企业习惯的养成，从企业文化建设的角度讲，就是要使企业价值观在企业经营发展过程中得到真正的渗透，并内化于广大员工的心灵深处，外化为员工的具体行为、习惯和性格，固化为规划、制度和机制。企业价值观明确告诉企业员工什么是该做的、什么是不该做的、该怎样做。它对广大员工起着一种非正式的控制系统的作用，而统一的集体行为是实现企业目标的基石，是各项工作围绕企业目标有效运作的重要保证。

企业的制度

企业的制度是企业文化强制性的集中体现，它是指企业各项政策、规章制度及贯彻执行方式，虽然体现了一定的强制性，但在企业文化的管理过程中，其强制程度随着员工价值理念的逐步强化而减弱。

企业投入文化建设很重要，对企业的发展也非常重要，用进化论的逻辑来描述，企业**“有文化，才能够进化”**。文化是具有决定性的。

所以，作为企业“领头羊”的企业领导者，不应把眼光仅仅盯在报表上的利润的增减上，而应经常深入基层开展调查研究，了解基层疾苦，关心员工生产生活，帮助基层解决实际困难。同时，团队成员之间要坦诚相待，相互支持、相互配合。唯有这样，才能营造出良好的团队管理氛围，激活员工的思维，发挥员工的聪明才智，塑造出广大员工共同认可的企业习惯。这包括遵章守纪、尽心尽力、凡事求果。

第七章　进化则成(势成之)

用非常简单的一句话来描述进化，那就是：各种生物自觉地向着能够更好活下来的方向不断转化。

任何一个物种，没有随着竞争者的变化而发生相应程度的改变或变异，结果就会灭绝。(《物种起源》P69，查尔斯·达尔文)

如果一个事物掉了队，那么他将终止存在。(《中华科学文明史》P124，李约瑟)这句话也就证明了，一切事物都是进化得以发展、退化造成消失的。也就是本节的主题——不进化则亡。

我们把企业系统化、结构化，以考虑和协调各个部分之间的作用和影响，从而判断企业作为生态系统的进化路径，以及掉队之后的退化路径。这便是本书的中心思想。

没有任何的词汇比“进化”更能描述企业的生长发育、生老病死，而且这已在各种生态系统中得以充分的证明。

企业如何进化，前面做了非常多的论述和论断，与这些相反的，则是造成企业退化、不进步、衰亡的因素和情形。

虽然进化有这样或者那样的问题，但从头至尾，核心思想表达就是企业唯有在主动追逐进化的道路上勇敢前进，才可以生长发育得更好。放弃了这个努力的企业是不可能处处都逢有利的机缘、每次都以偶然的进化闯过难关的。

何为势——时机

所谓势，我们理解是指趋势、时机。趋势是指事物发展的动向，表示一种方向尚不明确的或只具有模糊指向的遥远目标和可能持续发展的总的运动。

我们古人常常说“择时而动，择机而行”，所以没有人或企业可以逆趋势而动。顺应趋势发展才是正确的选择。这样的例子很多。

伟大的企业都是时代背景下的企业，都是能够在每一次发生革命性变化的时候敏锐感知并及时跟上趋势发展的企业；反之，很多不能够及时感知、把握和跟上趋势发展的企业则会最终落败。比如我们熟知的 Nokia，在移动互联网、智能手机的发展趋势下，它没有跟上，导致其手机产业失败。假如，仅仅是假如，倒推十年，Nokia 公司能够感知现在的趋势，制定发展战略，其手机产业一定不会倒下。这样的失败或者成功案例很多。

说到趋势致胜，中国颇有几家优秀的企业，比如腾讯、百度、阿里巴巴等。雷军曾说：“站在风口上，猪也能飞上天。”这里的“风口”是一个形象的比喻，不能仅仅理解为“起风了”，而应该更深层次去理解，其实就是对“趋势”的把握。因为趋势难以把握，所以找到风口并不容易，还得看趋势持续的时间，这些都需要企业家及时应变。比如，在电子消费品领域，做 DVD 的企业曾经很多，但后来我们发现 DVD 这种趋势只是暂时的，当年很多红极一时的企业，如今也早已销声匿迹了。

当前社会发展的趋势是什么？那就是科技与金融。科技与金融恐怕会涵盖未来相当长一段时间内社会发展的主旋律、世界发展的主旋律。

第一，科学技术是第一生产力，创新驱动发展是未来的主旋律。这个内涵其实是非常丰富的。鉴于我们这里重点讨论的趋势问题，所以简要分析一下。

一个视角：我国改革开放 40 多年来，通过创新驱动发展，已经到了不得不为之的阶段。换言之，过去办企业，由于市场需求、产品需求、国际生产转移等诸多要素，只需拥有资金和资源，就能够获得盈利。这也可以理解为，过去办企业赚钱，对创新的依赖性不是那么强烈。而现在不行了，只有创新才是提高经济效率、提高劳动生产率进而创造出利润的充分条件了。低成本、资源消耗型发展阶段已经结束了。

另一个视角：随着从基本需求的满足到更高需求的出现，普通性能和质量的产品越来越没有市场。这就决定了，同时企业也应该注意到，制造出更好的产品才是正确的选择。我们甚至可以断言，在全球经济一体化、国际化的趋势下，只要企业的产品质量优良、性能优越，就一定可以有更好的销路；反过来看，如果企业的产品质量粗劣、性能低端，随着人们生活水平和消费需求的不断提升，必然销售堪忧——这些产品最终卖给谁呢？

所以，只有将创新，包括科技创新，转化成企业发展的生产力，转化成企业的优质产品，才是未来发展的相当明确的趋势。这个时候，有的企业如果理解还不够深刻的话，发展起来的机会就越来越渺茫了。

第二，金融资本是第一推动力。马克思在论述社会资本再生产时指出：货币资本“表现为发动整个过程的第一推动力”。

科技创新离开金融驱动是不可能实现的。

当前，金融资本市场的发展与每个人、每家企业都密切相关，这方面的内涵与深度如此之广博，绝不是简简单单几句话就能够论述清楚的。

在讨论趋势的范畴内，我们只想指出的是，无论个人还是企业，都必须具备明确的、可行的金融资本运作能力，否则必然跟不上社会发展趋势。

于个人而言，我们可以看到，在过去20年左右的时间里，是否拥有房产几乎就是决定是否是中产阶层了。这是因为，住房具有鲜明的资本属性，并且在经济发展过程中，体现了强大的增值能力。如果没有紧跟这个趋势，那么对于很多人而言，工资收入完全无法赶上房产的增值。现在大家回头看，都认同这个趋势了。但问题是，这个趋势还会延续吗？

可以说，未来的20年或者更长时间，呈现出股权时代的发展趋势。即：在未来，是否拥有企业股权以及拥有多少，是划分财富层级的重要指标。金融资本市场最终将支撑这一趋势的形成和发展，并给予普通人更多的创造财富、积累财富的机会，就如同过去在房地产市场一样。

获得股权和股权变现是两个重要维度。获得股权可以通过投资和创业来实现，股权变现则需要通过金融资本市场来实现。而现在，我们可以看到，随着多层次资本市场的建立以及个人创业趋势的发展，不论是获得股权还是股权变现，都变得比以往机会更多，也更容易实现了。

所以，不懂得金融资本运作，不去主动掌握和了解金融资本运作，不积极地参与到这一轮重大发展趋势中来，对于个人或者企业而言，都是漠视趋势力量的无知乃至愚昧的表现。比如，假定你什么都不做，可以吗？答案是不可以。因为，人民币国际化、人民币汇率市场化，你手里的钱将随着这些变化而变化，不去适应是不行的。“逆水行舟，不进则退”，说的就是这个道理。在趋势已经形成、方向已然明确的条件下，还不能够积极跟上和适应，那么就会不断倒退，没有办法发展，甚至连生存也会变得严峻起来。

趋势是战略层面的。对于个人或者企业而言，生存永远是第一位的，而发展是第二位的。在生存的基础上，在有能力谋发展的前提下，应尽量走在适应时代趋势的发展方向上；如果不能做到这一点，那么就是通常所说的需要转型升级了。

虽有智慧，不如乘势

“虽有智慧，不如乘势。”（孟子）

“贵贱无常，时使物然。”（宋·王楙《野客丛书·鹖冠子》）

“人法地，地法天，天法道，道法自然。”（《道德经·第二十五章》）

“天时、地利、人和。”（《荀子·王霸篇》）

“贤人君子，明于盛衰之道，通乎成败之数；审乎治乱之势，达乎去就之理。故潜居抱道，以待其时。若时至而行，则能极人臣之位；得机而动，则能成绝世之功；如其

不遇,没身而已。"(《素书·原始章第一》

我们现在来看,上面的这些文字质朴无华、言简意赅,很容易理解,应了大道至简的道理。

同样,在我们的生活、工作等方面,我们是不是感觉到运用这些道理的机会不多呢?这么简单的道理,又容易懂,应该怎么运用、又用到哪里去呢?

其实,这样的道理,在生活、工作中,应该说每时每刻都可以用到,因为"势"有大、有小,"时"有变、有化(前文已作论述),所以是时时刻刻应该用来指导我们的生活、工作的思考和行动的。

在这里,笔者也特别想从个人创业、企业创新、企业价值提升的综合角度来重点谈谈"做势"与"做事"的关系。这里的"做势",包含着:顺势、乘势、造势、借势、趋势、气势等细分部分,统一表述为"做势"了。就此,我就想把"做势"和"做事"这两个部分整合在一起,谈谈观点,谈谈做法。

我们总结为:做势与做事相结合,以提升"企业价值"大局为目标、为格局、为使命,来考虑问题,是很有意义的。

关于做势与做事,我们给出一个计算表达式:

$$\frac{\text{做势}}{\text{做事}}=\text{事半功倍}$$

上面的表达式在本书的前面出现过了一次,这里再次引用这个公式进一步说明"做事"与"做势"之间的关系。它更像一个类比、一个描述。其表达的内涵是,对于初创企业、中小微企业而言,通常无暇顾及"做势"的问题,而这一点成熟的大企业通常做得比较好,或者说通常都非常重视(其实,有很多做得也不精微,就是大概其而已)。

如果,初创企业、中小微企业不注重"做势",而只埋头"做事",是不足以把企业办好的。就"事半功倍"而言,每个企业家都希望能够做到这一点。从上面的表达式中可以看到,如果没有了分子上面的"做势",全部的注意力都在处于分母的"做事"上,是不能够得到事半功倍的效果的。而且,分母越大,能够实现的效率或撬动的杠杆作用就会越弱小。

同样的,还有一个乘法公式,作为具体方法论的指引,也分享一下:

$$\text{做事}\times\text{做势} = \text{快速发展}$$

当脚踏实地地、认认真真地把事情做好,实现了"打铁自身硬"的"硬度",那么此时,插上"做势"的翅膀,企业的发展真的就有可能一日千里——各方英才汇聚、各路资源靠拢、兴盛繁荣了。

综合上文,总结成一句话:"趋势是企业家最忠诚的盟友",任何时候,都不能不明趋势、不顺趋势,否则没有发展的一丝机会的。

"势"是客观存在的,有说是"定数",有说是"变易""不易",但是很多时候,趋势显现出来的时候,战略机遇期逐渐形成,必须及时跟上;趋势隐藏的时候,战略机遇期同样潜伏而行,必须及时储备潜力和应对措施。这些,考验的就是"做事"的人的判断力、应变力、决断力了。

上面就是“乘势”与“做事”如何相结合的思考认识层面的一些结论和观点。

与趋势相匹配

顺势好发展

企业就像汪洋大海中的一叶扁舟，时有风浪、时有迷茫，海有水流、风有方向，如果能够顺着水流、顺着风向，则更容易前行。这是一种最好的情形。

企业应该顺应的第一个趋势是社会发展的趋势。这包括很多，有需求变化的趋势、人口变化的趋势、政策变化的趋势等等。没有一个企业不受社会发展趋势的左右。

企业应该顺应的第二个趋势是行业发展的趋势。这包括了行业的兴衰、产品变化、技术迭代、市场变化等等。也有这样的概括：传统行业、新兴行业。当传统行业处于夕阳的时候，无一例外地行业内的企业都将受到影响；但不是说所有的传统行业都是夕阳行业，比如关乎人们生活的所有行业都是传统行业，但永远不会消失，只是趋势发展变化非常快速、行业竞争异常激烈。

企业应该顺应的第三个趋势是技术发展趋势。实际上自工业革命以来，推动社会发生巨大进步的主要要素是技术进步，而且现在的技术进步太快了。就眼前而言，信息技术快速发展迭代改变了社会、改变了每个人，这种影响如此之深远以至于产生了第三次技术革命。这就意味着，没有一个企业不会受到影响。我们预言，第四次技术革命也即将到来，这次技术革命的核心是“智能化”，我们已经感受到了智能社会的到来。在这个趋势下，每一个企业都将受到智能化的影响。

企业应该把握的第四个趋势是企业员工的变化。每个时代都有自己的特点，年轻人引领着这个时代的发展，而他们也是企业的主力军。企业应该顺应年轻人发展的时代潮流，不论是考虑如何调动他们工作的积极性、创造力，还是满足他们日益变化的各种需求。

企业应该把握的第五个趋势是本行业领导者企业的动向。在向前探索的过程中，有些企业能够有幸走在前面，他们成功的经验与失败的教训对于后来者就是灯塔，这种指引具有更为现实的意义。

造势树品牌

企业造势，秉承的理念：影响力就是生产力，也是企业软实力的核心之一。

我们举一个例子：

某一天，在您所住的小区附近新开张了一家小餐馆。餐馆装修考究；卫生保持得也很好；这里的服务员笑脸相迎、笑脸相送，应该是进行了认真的培训；餐馆提供的菜品也很精致。这样的环境、服务和产品内容，很多人都喜欢，慢慢地在周边小区形成了影响力。

从这个案例我们可以看到,这家餐馆很重视自己品牌形象的建设投入,并且依赖这种投入和有效经营,不断获得影响力乃至逐渐形成品牌。

在经营的过程中,突然有一天,餐馆发生了顾客食物中毒的情况,餐馆的品牌形象受到巨大打击。接下来会发生什么呢?

出现这种情况,如果是餐馆刚刚营业不久,即品牌影响还不稳定、经营收入还未覆盖成本,那么这个餐馆可能就要倒闭了。

餐馆老板对品牌形象建设做的投入刚刚开始有获得回报的迹象,这一突发事件即造成所有投资失败。老板在反思的过程中,很可能会认为进行品牌形象的投入是最没有必要的,因为回报周期太长,风险太大。

如果餐馆已经非常好地经营几年了,在小区周边形成了非常稳定的客户群体,此时出现食物中毒事件,大家会对餐馆卫生条件产生怀疑。在这种情况下,品牌形象虽然受到了很大的影响,然而恰恰是在此刻,需要发挥品牌的作用了。老板可以做的就是,充分耐心地解释事件发生的原因、公布调查的结论,更好地服务忠实的顾客。因为多年形成了品牌,顾客愿意倾听、了解所发生的情况,也愿意相信老板的解释和改进。此时,真正对餐馆能够继续经营下去发挥主要作用的就是其长期以来积累形成的品牌影响力。

上面的例子说明一个问题:品牌建设的投入回报周期较长,也就意味着风险较大。在出现不可控事件的时候,品牌形象受到影响会首当其冲面临损失的风险。

上面的例子还可能发生一种情况。比如:当餐馆以高标准完成了软硬件建设(包括品牌建设投入)之后开始经营,可是一段时间后客流量仍然不理想,餐馆总是处于亏损中。产生这种情况的原因有很多,但是因为餐馆在品牌建设上的投入属于非直接生产性投入,在所有导致亏损的投入中,这一部分投入显得最没有意义了,因为建设了品牌也没有顾客可以去影响。

将上面的例子换成其他行业,进行规模放大,情况也是类似的。

然而,在企业实际经营过程中,为什么直接的感受是品牌建立起来很难呢?这涉及几个问题:

以上面的小餐馆为例,它所需要关注的就是周边小区的住户,并以此为理想目标,希望它的品牌影响覆盖周边直径几公里即可,这是我们在上面例子中看到的容易实现的原因之一。我们还假定,餐馆经营很成功,并做出经营决策,计划未来在城市内复制50家甚至更多的餐馆,那么其品牌影响力覆盖的范围则成指数增长。能否按照第一个店的经验(包括品牌建设的投入)进行复制?风险会增大很多,面对的竞争对手情况也变得更复杂,不一定能够复制成功。所以,产品希望影响和覆盖的人群越大,越难以有效形成品牌影响力。

品牌影响希望覆盖的范围越大,需要建设投入的成本也越大。在一定成本投入下进行内容分配时,品牌形象所占的投入越大,对生产经营性的投入就会越少,这直接会影响到关于如何投入的决策。并且，每个企业都希望尽快赚到钱，由此也对应着尽快投入生产经营，而品牌形象建设这种长期性的任务往往说起来重要，做起来就放在一旁了。随着积累，就会展现出这方面的投入越来越大，影响力的建设看起来总是很滞后。从结果看，就会出现很多企业自身品牌影响力的建设很困难。

很多企业为什么没有品牌？这有历史的原因。在过去经济发展的一段时期内，一方面需求大于供给，产品和生意好做，自然忽视品牌的建设；另一方面，很多外贸型企业承载的核心内容就是生产制造的转移，产品或服务的品牌建设责任不在企业本级。还有一些，体现的是短视和投机，先赚到钱，捞一把，不行再干别的，这种思想也是存在的。

品牌影响力被辛辛苦苦地建设起来却并不能简单地转化为生产力，转化为企业的效益利润。并且，受其所累，企业反而会在维护品牌影响方面增加更多的成本投入，造成企业现金流更加紧张，这也是常有的事。

接下来，我们来看看如何实现从影响力到生产力的有效转化，创造出利润价值。

首先，品牌定位要准。这是有一定难度的，很多企业会觉得自己品牌建设很重要，但投入产出效果并不明显。这在理念上应该没有错，可是在品牌定位这第一个环节就出现了问题。因为，品牌定位是不容易的事情，市场竞争如此激烈，如何脱颖而出需要在这个环节真正下足功夫。

其次，品牌背后的价值观与产品产生脱节，变成两张皮——说得非常好、宣传得非常好，真正到消费者那儿，还是不买账。原因是产品的功能、特性、作用与所宣传的品牌及其价值观脱节。这里是说基本品牌定位精准，但产品定位不精准或者严重来说质量有问题，那么品牌影响自然不会形成。

再次，品牌与企业文化脱节，品牌是企业文化的集中展现窗口。一个企业没有企业文化，没有企业精神，品牌影响力也是不能够真正建立起来的。在这个脱节的现象中，不是品牌难以建立，而是其背后的企业文化、企业精神难以建立。

最后，品牌希望覆盖更大范围，就需要更长的时间周期来建立。如果一个企业只希望在 10 名顾客间形成良好的品牌影响力，那是非常容易做到的。如果一个企业希望在 1 亿名客户间形成良好的品牌影响力，除了资本投入之外，其他需要做到的还有很多，这是非常不容易的。是发展客户规模为先，还是打造品牌影响力为先？是规模影响了品牌，还是品牌影响了规模？这基本上类似与鸡生蛋、蛋生鸡的问题了。所以，要树立长期持续投入建设品牌的经营理念，需打持久战才行。

势头势中势尾

凡事有兴起就有衰落，趋势也是一样。如果看错了时机，则一样会对企业的生存发展产生巨大的影响，也会对企业的进化造成很大的障碍。

《素书·原始章》："贤人君子，明于盛衰之道，通乎成败之数；审乎治乱之势，达乎去就之理。故潜居抱道，以待其时。"也有简单的总结："得机而动，择时而行。"机会不总有，势头不总在，需要的是能够辨别进而抓住时机的能力。

在势头之时,只有少数企业能够发现、分辨,并投入行动。而也有很多的案例表明跑得太快的企业反而失败得更快,这也说明机会出来了可以动,但是在前行中趋势一直在酝酿而没有真正形成,那么企业就受其拖累、受其阻碍了。

在势中之时,趋势如日中天了,绝大多数企业都发现和行动了,这时候采取行动则突出体现为快和坚决,再慢一步、晚一步,就会都损失掉。道理是这样的,如何判断势中也不难,难度就在于如何更快地发展。

在势尾之时,趋势好似如日中天,但已经有落败的迹象了。但仍有大量的企业还在想着趁这个趋势涌入,实际上将很快受到趋势衰落的打击;也有大量的企业开始远离,就看谁跑得早、跑得快,早早地实现转型或者升级发展。

"富在迎来,贫在弃时"(《素书·安礼》),说的也是与趋势时机相匹配的重要性。要做到这些其实是很难的,即使企业家及企业的管理团队都是极有感知力的人,依然会在这个维度上犯下错误。这是由于在变和化的过程中,都有惯性,都有错觉,这是由人的本性的一部分来决定的。只有更为冷静、更为理智,克服了人的本性的贪婪、恐惧,才可能更好地选择势头、势中、势尾。

感知趋势

企业进化依赖于趋势,这种依赖是非常严重的。对于动植物而言,在自然界的变化趋势面前,它们是无能为力的,虽然它们天生能够第一时间感知到这种变化,比如变暖、变寒、变旱,等等。而企业不同,企业不能够像动植物一样天然感受到趋势的变化,这是因为企业从这个角度来说自身是没有感知的。

企业需要建立对趋势变化发生的感知能力。如果这一点做到了,做得好了,那么企业就更加接近于动植物的进化了。

企业自身有生命、无感知,需要建立起对趋势变化拥有感知能力的组织或者细胞。通常,我们可以理解,很多企业的战略发展规划部就有代替企业感知未来趋势发生变化的责任,但履行的侧重点可能更偏重于企业发展而不是趋势变化。企业有时也聘用一些外部专家、独立董事,他们也具有一定的感知传导能力,但是这种感知的传导很难与企业的决策运行组织有效地对接,也是说了不算、算了不说的情形。

感知趋势这种能力非常的重要,常常是战略转折点如何做出选择的第一能力。在都知道趋势重要的前提下,企业的生存竞争就应该提前一个环节布局,这个环节就是"感知趋势",这是建立在趋势是可以感知的前提下。所谓"春江水暖鸭先知",企业是置身于市场竞争的汪洋大海中的,"水"暖不暖,企业应该是自知的,就具体而言是谁先知道、谁应该先知道,这便一下子抓住解决问题的突破口了。

感知趋势,宏观上看国家政策。虽然强调充分的市场竞争,但是这种情况只是理想的情况,为了区域社会的经济协调发展,任何一个国家和地区都会有相关的政策发布,这些政策对于企业的战略研判是十分重要的。宏观上还要看国际政治形势的变化，所谓牵一发而动全身，如果对于国际政治形势的变化能够敏锐感知并结合自身企业的发展做出战略研判，也是可能先一步布局的。

感知趋势，中观上看产业、行业发展。任何一个产业、行业的发展脉络及趋势变化都是比较缓慢、易感知的，大大小小的行业、几大支柱产业，这些门类的变化非常缓慢，当感知到变化发生的时候，就要及时地做准备采取措施了。比如在21世纪初到现在，由简单制造、来料加工向高端制造、智能制造的趋势转变，就已经经历了近20年的时间了，很多的制造企业还在寻找自己转型升级的机会，可以说这种缓慢变化的趋势不会改变，留给企业调整适应的窗口期时间还是比较长的。

感知趋势，微观上看技术变化、知识创造。任何一个企业都脱离不开"技术"，不论是怎么得来的这个技术，企业一定是吃"技术饭"的，尤其目前智能化社会逐步形成的初期，这种趋势依然十分鲜明。与这种趋势相对应的前40年，很多企业是吃"资源饭""关系饭"的。有没有技术不重要的时代已经一去不复返了，技术变化是如此之频繁，对于其感知所获得的信息量也越来越大，难度出现在判断上、抓取上，以及是否会被快速的技术替代所打击。越是微观，变化越快，更加地眼花缭乱，这考验的是敏锐的分析和判断能力，然而往往这种感知和分析集中在了企业的技术部门、中层部门，不好说就一定能够作用到企业的决策部门。

企业关于感知到的趋势是什么，有对也有错，需要研讨、总结、分析并形成企业认可的正确的结论，并以此为依据，制定企业的发展战略、调整企业的发展规划，制定深谋远虑的发展目标和蓝图，形成这样的路线图，应该就是能够走得更远的企业了。

不重视趋势的企业不多，不能够主动去感知趋势变化的企业则很多，这里面的原因有很多，但最重要的原因就是两条：冒险精神和创新精神是不是足够。

进化是永恒的未来

进化是永恒的未来，这不是为了给出什么具体的目标，而是给出了一个法则。这么说，也意味着进化是没有止境的，未来也是没有止境的，它们同时都是不确定的。

企业在发展过程中无时无刻不对未来有一种清晰的憧憬，这种未来所包含的内涵，如果能够实现，实际上也就是企业成功地实现了进化。

引入和设计出进化的概念，与过往的企业蓝图规划有所不同：企业不是规划就能规划出来的，企业是在各种机缘巧合、机遇面前生长发育出来的。规划是企业发展的手段，进化是企业发展的目标和源泉。做规划很重要，但是规划不等于实现、规划不等于实际、规划不等于不调整，真正的调整不是"已经看清楚了什么"，而是"还看不清什么"。

未来是看不清的，具有不确定性和未知性，这一定是未来的特质。为此，如何变成在未来的时候企业也是生意盎然的呢？那就是，企业只能也一定是通过一步一步进化走到的未来，在激烈的竞争中、在优胜劣汰中走过来，才是真正的路径和成长。

进化也是相对的概念，今天比昨天好一点、今年比去年好一点，往复迭代没有终期，如此的认识有助于打消企业偶然会存在的沾沾自喜、高枕无忧的错误心态。

永恒的未来就是变化，适应和抓住了变化，顺应了变化及其趋势，得到发展便是进化。

不进化则亡

走老路到不了新地方

企业的进化很大程度上是靠人的意志来推动的，这不同于自然界的其他生物，其进化更多的是为了对自然的适应和反应——适者生存。

人的意志推动企业的进化当然离不开外部的环节和条件，这些外部的环境和条件的变化汇成了一个连续发展变化的“趋势流”。在每个变化的节点上，也都像前进道路上的十字路口，企业需要作出自己的选择。

走老路到不了新地方是一种比喻，是一种启发思考的观点，并不是绝对的准则层面的要求。但其通俗易懂的字里行间揭示了一个道路，变则通、通则达。如果，从来没有想过进行道路的选择、改变和探索，企业一定是没有出路的。

企业进化的方向总体上是未知的，正因为未知，才出现了不同环境和条件下不同企业做出的不同选择，形成了多样化，也展示了多种可能。在选择面前，依着惯性的，我们称之为“老路”；改弦更张地进行探索和尝试的，我们称之为“新路”。

走的人多了，便形成了路。但是，当路上很拥挤的时候，就需要考虑开辟新的道路，当然这只是手段不是目标，企业的目标终归是不变的——进化、生存、发展、盈利。没有手段，不能成就其目标，选择新的路径、路线、路途则是手段上的创新。

根据企业对自己发展脉搏把脉的情况不同，从自身的迫切需要出发，分为探索、尝试、改变三个层次。其一，探索指的是还不急于改变、自身脉象健康，但是未雨绸缪地做未来新大陆发现的安排和投入，相当于预研、试验；其二，尝试指的是在近期就需要选择这个方向进行突破了，有一定的紧迫感了，企业的脉象变得不那么健康了，不做出新的选择怕是不行了，投入和安排在规模上、强度上都有加大。关键是，这一般应该是建立在其自身有长期探索积累的经验的基础上，不然就好像是赌博了。其三，改变指的是立即开启的系统性革新（范畴边界确定），已经到了不变不行的地步，在具体面相上，企业的问题已经非常突出、展现病症。改变必然是与不变相对立，实施改变也自然是做出新的面相的选择，其挑战的难度作为反作用也相应地提高了很多。凡事预则立，不预则废，在不得不面对改变之时，我们很容易地想到，为今日之变曾经做过多么充分的准备，则是成败的关键了。

最终，进化的实现都是通过改变得来的。有了这个法则为基础，企业终将不断地面临自身的改变——走新路，所以从探索、尝试的前置作用出发，不能够忽视或者舍弃探索和尝试，这恰恰是很多企业不太愿意做的——在考核周期内，通常与利润和报酬无关。至于企业的未来如何，从职业经理人的角度，乃至一部分企业所有者的角度，都不如眼前的效益、收益及利润等来得直接。但是，人无远虑，必有近忧，不是吗？

我们提示一个见解：探索三步，尝试两步，改变一步到位。

停止发育

所有生命体都有一个出生、生长、成熟、衰老的过程，这个过程简单来讲就是发育过程，同样也可以称为衰老过程。

企业通常都不是自然衰老而终的，因为企业毕竟不是严格意义上的生命体，只是其发育规律的表现与生命体的发育规律非常类似而已。我们从中借鉴的就是，希望能够有更多的视角和理论来研究和透视企业的生命和生长。

企业是可以长寿的，据传最长寿的企业有上千年，百年老店更是很多。也有人从基因的角度进行挖掘，给出了长寿企业的一些特点。从进化论的角度来看，所有能够长寿的企业都是能够不断进化的企业，都是在不断生长、克服了困难、战胜了挫折的企业。

如同任何事物一样，不进则退的道理在企业身上也一样适用。企业如何算是停止了发育、不再生长了呢？有三个大的指标，这里再重复一下：第一个是，脱离了趋势，包括社会发展趋势、行业发展趋势、创新发展趋势等等，自然这一类企业是被社会淘汰的；第二个是，失去了创造力，过于守成，岂不知对于企业而言没有风险是最大的风险，不敢于挑战新的风险、新的困难，对自身所取得的成绩沾沾自喜、不求进取，这类企业是自己打败了自己；第三个是，忽视了企业发展的源头在于资源的生生不息，这其中的核心包括创新、知识、资本等资源要素的缺失，这一类企业是“饿死”的，是没有了营养而衰退的。

企业的发育如同人的发育、动植物的发育，应该是有一组指标可以来衡量的，我们现在可以归结起来的指标无外乎经营指标、生产指标、规模指标、财务指标这几类。但是，我们反复说了，企业是一个生命体，考察其是否在良性发育，还应该有企业的健康指标、营养指标、体质指标、成长指标等等，诸如此类，弥补前面指标的不足。一旦，如果做到了对企业发育得如何的全面衡量，企业的生长、生存便有可能被更好地调控、延续，那么企业所谓的进化也就能够不断向前发展。本书只是启动对相关问题的讨论，试图给出一些考虑这些问题的思路和视角，实在是还无法从科学的和逻辑的角度实现对这些问题的准确回答。

当一个企业不行了，也即我们所谓的企业生病了，此时也可以容易地推出企业的健康遇到了挑战，企业的生命出现了病症，企业的发展遇到了阻碍，如果哪怕在这个环节上，在企业治病求健康的过程中能够有所突破，也能够帮助那些还有生存机会的企业获得再次健康发展的机会，这也是一个崭新的命题。

人处于幼儿时常常会到医院做发育方面的体检和判断，人处于老年时常常会到医院做机能方面的体检和判断，人处于中年时则常常不认为自己身体此时会有问题。如果企业简单地做类比思考，同样具有上述的特点。也即，处于不同生长发育阶段的企业,在对待生长发育、生命机能方面也持有不同的认识和对待。

夭折的情况最为普遍,这不能简简单单地归为创业难,而是,从本质上而言,新生事物的夭折率必然高,如果想降低这种夭折的概率,就要增加对新生事物的呵护,就如同对待新生儿一样给予最尽心的呵护和喂养。如果,对待新生的企业也如此,比如:从优生的角度、优育的角度来借鉴,降低企业的夭折率,也许会有启发,也是全社会共同的责任义务。企业的优生优育和呵护喂养也是一个新的命题,待有机会去破解。

停止创新

创新说得多了,造成大家都认为非常理解其内涵。其实,还真不一定如此。

对于企业而言,把一个产品的尺寸调整一下也许就是大的创新;把一个小组调整一下也许也是大的创新;这些创新当然远比不上大刀阔斧的改革、研发来得猛烈和具有指向性。其实,处处有创新、人人是创新之人,非聚沙无以成塔。

企业的创新需要的是分层次的、分类别的,需要的是企业肌体的每个细胞、每个机能、每个组织的全局性的创新和协调。所谓牵一发而动全身,所以创新常常不易成功和不易发生,是因为互相牵扯的太多。

因为创新看起来不易发生、不易成功,创新失败的责任、压力不易界定,从而造成了企业的整体性发展所需要的创新经常错失机会。这并不是说企业家不懂创新的意义、价值和作用,而是有更多的理由忽视、放弃和规避了创新的选项。

企业一旦停止了创新,或者说创新处于非常不活跃的状态,那么这样的企业很容易就生病了,因为唯有创新这副药才能保证企业不衰老。

没人敢提出来停止创新这种工作理念,人人都知道创新的重要性。但是,现实中,不加倍重视和投入创新则是普遍出现的情况。一旦反应慢了,按照相对速度而言,一些企业体现出来的就是停止了创新,如果相对速度差得够大,甚至一些企业体现出来的很可能是创新的倒退,比如,开展一个已经淘汰的技术的研发,这明显是倒退。

如同森林中不时地产生新物种一样,企业的创新需要一个创新的温床,而恰恰是因为企业追求利益的特征,使得创新所需要的温床一般都不存在,新的事物想要产生出来倍加地困难。企业鼓励创新,就如同自然界的生物多样性一样,如何能够为新物种的创造提供温床则是更为关键的。

企业作为生命体,需要营养。这些营养要么来自于环境,要么来自于内生。如果来自于环境,就会出现同质同类的企业之间的激烈竞争,只有具备竞争力的企业才能获得更多的营养;如果来自于内生,我的分析判断和定位是,创新就是企业的营养。这里的营养是指企业为生长所需要的高价值的要素,显然技术就是。没有了营养,失去了营养,生长就会减慢、体质就会变差、健康就会遇到挑战,这反映了创新的意义和价值。同样的,我们也可以看到不创新的危害。不想创新、不能创新不是主要的问题,不敢创新才是主要的问题,所以企业的冒险精神排在其特质的第一位,然后才是创新精神。

第八章 应激与免疫

这一章是一个崭新的讨论，这样的讨论，在目前来看并不多见。

对于进入企业的“外物”皆是“异物”，不论好坏，企业是否像其他生物一样会对“异物”进行“免疫”抵抗，并产生一系列的连锁反应呢？如果这种反应存在，那么企业的所谓“免疫”的概念就成立，反之就不成立。

我们假定企业“免疫”的概念和能力是存在的，如何应对自身免疫能力产生得好或者不好的影响，也就是值得讨论的问题了。

如同传统生物学理论关于“免疫”的研究，企业对于进入企业的“外物”在其自身的“免疫系统”（当然，目前企业的这种免疫系统不是自然存在的）看来也有好的与坏的之分，并由此产生免疫反应。

企业免疫的基本逻辑与人体免疫是可以类比的，所不同的是“免疫”具体发生的行为具有完全不同的机制、模式、反应等特质。

概括成一句话：**企业的免疫是其组织、机能、肌体进化的障碍**。

新领导免疫

领导之于企业，当然对于其他的组织也是一样，是如此的重要，我们在前面反复多次深入地论述了这一点。

那么问题来了，当一个企业的领导发生更迭时，领导的级别越高有可能对企业产生的影响（正/负）就越大。

因“异物”刺激而产生的反应有积极或者消极的两面。当新的领导上任后，企业的各种牵引力、推动力犹如换了火车头的火车一样，自然都应该汇聚在新的领导身上，这是自然规律，也是自然法则。

随着这种变化的发生，如果新的领导能够很快地进入角色，并且的确是完全胜任之人，也是德才兼备之人，那么其对企业将产生积极的影响，企业的组织、肌体、机能将以正向的反应来应对这种变化——都会朝变得更好的方向发展。

随着这种变化的发生，如果新的领导不能够很快地进入角色又不自知，或根本不是能够胜任之人，在德才配位上也有欠缺，那么企业的组织、肌体、机能将以负向的反应应对这种变化——不愿朝着更坏的方向发展，这也是自然规律、自然法则。此时的问题就变成了两面性：如何判定是新的领导不行，还是企业内部抵制新的领导。

在通常不是最理想也不是最坏的情况下，新的领导能力尚可，具有积极的一面，同时也具有阻碍的一面，这种情况是常见的。所谓人无完人，带着一定的缺点的新领导到岗，自然会导致企业产生自发的“免疫”。针对这种情况，作为企业的最高决策机构、企业的所有者团队，在事先、事中、事后对问题进行分析的时候，应该多一个逻辑：新领导免疫会发生，这种问题的解决需要更为系统、深刻的认识——不是简单的对错，而是具有生物系统特性的企业自然而然的刺激反应，所采取的措施也大体是从相互适应、降低刺激、加快磨合、化解矛盾的角度出发。

对于一个具有生物系统特征的企业而言，领导换了，免疫多多少少一定会是存在的。所以从这个角度看有所谓“无为之治”，不是不治，而是让事物按照既定的秩序继续保持运转运行即可。

新技术免疫

旧技术是对新技术应用最大的阻碍，有惯性的自然规律，也有利益的冲突斗争。

历史的车轮一路向前，新旧更替从未停止，每一次新旧更替都是不容易的。在技术更迭的领域，新旧技术的替代，意味着被淘汰的旧技术背后无数的人受到影响。从工业化革命以来，新旧技术的迭代一浪高过一浪。

对企业而言，新的技术取代旧的技术是必然发生的事情。企业被取代的旧技术曾几何时也是新技术，如此往复地运动，但并不简单。

在更迭初期，旧的技术占据企业的主导，不论是从决策层、管理层和创造层面，均是如此。不论出于什么样的目的，当一项潜在的新技术可能替代旧技术的时候，阻力和障碍随之就会出现。

比如，旧的厂房投入巨大，为新产品、新技术需要进行改造，需要增加投入；会增加经营风险、降低短期利润指标，管理层被考核的业绩就不理想，他们如何做出决策？多半，只会做出对自身绩效有利的决策，也许就是决定再维持旧的技术一个财年吧。

再比如，旧的技术淘汰了，设备、人员等等随之要淘汰吗，设备如何能够再利用？人员如何能够再上岗？这段时间企业的产能和效益如何保障？新的技术如果还不成熟造成的损失如何来弥补？等等。这样的问题摆在哪个管理者面前，都很难做出决定。

这些都是阻力和障碍,而且都是非常显现的存在。

此外,这种阻力和障碍也涉及很多的层面,也许大家心里不说,但事实上原有的管理团队拥抱新技术吗?原有的技术团队跟得上新技术的进步和学习吗?原有的技术到位后是否有一部分不能够胜任的人要下岗吗?原有的技术产品的上下游供应链同意吗?这的确是非常考验企业的复杂问题。所以说,新技术如何替代旧技术,本质上不是技术问题,而是认识和利益问题,说到底就是利益问题。

新技术自身也有问题,有时不够争气。因为技术新,毛病多、风险多、质量不稳定、前期投入大,诸如此类,使得旧势力对新技术进行指摘和否定并不难。新技术需要能够熬到成熟期,才能走向成长期。如何伴随着新技术的不断成熟抓住机遇,企业需要做的工作比我们想象的要难得多。

当然,当新技术铺天盖地形成趋势和定局的时候,此时才反应过来的企业做技术替代的决策就不难了吗?也难。因为,此时技术已然"不新",所谓新只是对后知后觉的企业而言,对于先知先行的企业,很大可能是已经又有新一代的技术在孕育了。这种更替如此之频繁,挑战如此之大,正是当前社会进化发展的最大特征之一。

新制度免疫

制度的更迭按重要性排序从高到低渐次地体现为不同程度的"刺激反应",这样的例子非常的多,大到我们历史上的诸多次的各种变法,小到企业构建一个新的制度,都是新制度意图代替旧制度的尝试,而且可以看到多数以失败而告终,这背后鲜明地指示了一种力量——我们称之为组织的"免疫"力——在发挥作用。

改革,常常说的,改的就是制度。

企业免不了要遇到改革的问题,也经常会实施各种各样的改革,按照模式和逻辑的概念,企业的这种改革在其范畴内也是会常常遇到巨大挑战的,通常有很多的改革也是难以成功的、不了了之的。

对改革已经有很多的研究了,我们这里提出了一种生物系统内在的对"变化"进行抵触的自然而然的阻碍力量,不言而喻这种情形是客观的。

也常常说改革都会动了既得利益者的奶酪,这不假,这也是本质,但更为核心的是组织机制的系统性反应,牵一发而动全身,所有涉及的人和事总是形成某种内在的联动。归结为"免疫"的逻辑和内涵,更容易使人看清楚推行新制度的系统性、结构性和挑战性,一个成熟运作的系统自身的动力是阻碍改革的本质。

也需要用系统论和控制论来设计改革、设计实施路线、评估和校准改革成效,这不是一个制度好坏的问题,也不是一个领导英明不英明的问题,而是一个系统能否适应、承受和消化新的制度的影响的问题。

至于企业的系统结构中,新的制度需要调整的关系有最小内核和最大影响面问题，每个涉及的子系统、肌体、机能及细胞都会从自身的免疫功能上产生刺激反应，忽略了哪个部分，哪个部分就会产生最大的影响。这是设计制度的问题，也是设计和改善企业系统的问题。不能说企业的一个部分需要改善，而其他的部分毫不相干或者无动于衷，影响终究会传导到企业的方方面面。

制度不仅是一种措施手段，更是一种文化，用来约定企业的行为和习惯，形成规矩和规范，这种文化的作用力对于企业而言是巨大的。想到这里，想必我们也应该明白了，改变制度的更高层次的视角是"企业文化"的改进，一旦涉及文化的部分，就影响到了企业的软实力、影响力、号召力以及凝聚力等等，如此一来，新的制度代替旧的制度，就绝不是意见形而下的事情了。若不慎，丧失了企业的软实力之后，对企业的硬实力的杀伤是非常严重和深远的。

不断弘扬好的文化是企业应重视的，这种文化很大一部分聚集在制度和约束上，在不断向前发展的过程中企业文化的改变也需要制度的不断完善，文化一旦被大家认可再打破重建绝非易事。就好像大家都好好地处于一个系统中，忽然这个系统发生了颠簸、变化，自然造成每个人的反应——有的喜欢，有的不喜欢，当然还有的无动于衷。如果让新制度的改革成功，从文化层面，确实要花大功夫做思想的沟通、认识的统一和有序的实施。

由于免疫的自发性和普遍性，当新制度的推行出现问题的时候，绝不要从过低的认识层级来考虑措施和解决办法，这时已经不是一个人、一个部门、一个制度的问题，而是企业系统作为生物特质的刺激反应发生了，或者说"过敏"了，治疗起来的综合手段和措施常常是必需的。

新文化免疫

前面提到了制度文化，除此之外，企业文化的内涵还有很多，但总的来说企业文化就是企业形成的、大家一致认同的、约定俗成的行为习惯和行为规范。

比如，在走了多年的路口突然增加了一个红绿灯，必将改变每个经过这里的人和车的通行习惯。慢慢地习惯了之后，形成了新的行为规范认知。这便是交通文化的提升，都遵循了，交通就都文明了。

再比如，企业开始不加班，后来因为业务增加要加班了，此时体现的是加班制度的调整。背后涉及企业文化的人文关怀、激励机制、奉献精神、集体主义等等，这些才是确保加班是否有更好效果的源动力；不然，出工不出力，费用增加效用不增加也是常事。

企业随着自身的生长发育实现不断发展的过程中，其文化自然而然地也发生着诸多的变化，总会发觉这种文化促进/阻碍着企业的发展。认识到这个层面，我们觉得就是一大进步，不希望说起文化很重要、做起来又把文化放在一边不理会的情况发生。

在树立和创造企业文化的过程中，耗时耗力也可能不讨好，但是想明白其对企业进化所承载的巨大使命、所发挥的巨大作用，以及我们提出的“无文化，不进化”的道理，那么着力构建企业良好的文化氛围比起建立队伍、提供技术、拓展市场而言，就一点也不显得不重要了。

当文化的力量形成后，想改变这种力量的作用力也同样需要很大，也需要慎重行事，但我们的观点是，在企业的生命周期中必然会反复出现这种螺旋上升的文化改进，需要做的就是预知和预防系统自身惯性等免疫力因素而产生的反作用力。

新市场免疫

市场有三个关键要素：有需求的人、人的购买力、人的购买欲望。市场的形成必然是有相当需求的人的规模的存在，同时兼有购买力和购买欲望。我们常常说刚需，指的是第一个要素。说到消费能力和水平那是第二个要素。至于购买欲望，只要条件具备了，人的欲望则是无穷大的。

所谓新市场，从要素的角度来说，就是满足一个新的需求。从企业自身的角度来说，企业将面临新的定位：需求、购买力、购买欲望的判定。但是，从市场的宏观角度来说，对于其他已经面向这个市场的企业而言，此企业的新市场则不是新的，而且很可能也是充分竞争的市场。作为后来者，企业要有特定的优势才可以立足。

我们将企业进行新市场的开拓简称为“打新”，自然我们都可以理解大企业打新应该有打新的做法。与其当前守成已经熟练的做法可能相同，也可能不同，但重点是改变的部分如何能够成立。

企业实施新市场的开拓即我们所说的打新绝非易事，在企业内部的阻力、障碍也不会太小，这种情形也即所谓新市场的免疫。

首先是资源之争。新势力形成初期，打新的团队争取资源有阻力，用好资源有挑战，资源的有效性需要验证，这些都是未来需要面对的挑战，新势力在竞争的过程中往往处于劣势。在发展的过程中争来的资源也不一定就是好的。所谓免疫，一个是阻力，这个也好理解了；还有一个就是能力，面对新市场能否防范风险，能否把握机遇等等，也是需要开出药方的。

其次是制度阻碍。我想，一套成熟有效的机制在企业内部形成由来已久的情况下，在启动和实施打新的时候，还照搬延用的话，最简单的就会遇到绩效与收益挂钩的挑战。在打新初期，肯定是投入多、效益低，如何对工作做出准确的考核，不仅仅是公平的问题，而且更是战略性支持发展的问题。往往，这里的问题很多，也与制度的免疫相叠加。

最后是企业如何接受和面对失败。打新，能不能一鼓作气取得成功，谁也不好说。多半，第一次或者过程中间，先遇到了挫折和失败，是追究责任，还是鼓励继续坚持；如何总结失败的教训，形成经验，迭代出正确的路径？这些从进化和免疫的角度，一旦企业自身的系统运行能够消化好失败，能够利用好失败，则多数情况下会是一次成功的进化——成以败为母。

新的市场，不一定是蓝海，很可能是别人的红海，所以新市场免疫的第一道关卡，还是在于企业对市场的判断，如果错了，则企业“全身的不自在”，吃什么解药都不行。遇到这种情况，就是企业的肌体、机能所面对的是自己不能够消化掉的困难，从免疫的角度，企业自己会把自己折腾掉。

还有一个维度，企业所有的环节都已经适应了当前的市场(挑战与竞争)，感觉上是生活在了大家共同的“舒适区”，突然向新的市场进军，就会有人脱离舒适区——从领导层到基层员工，这个时候阻碍也自然发生。

潜规则免疫

潜规则有各种各样的形式，基本都在台面上避而不谈，主要也是不能谈。这里，我们准备谈一谈，因为从进化和免疫的角度都绕不过这个话题。

潜规则是对应明规则即企业各种明文规定而言的，不论怎么理解，只要有明规则的地方就一定有潜规则，即符合所谓事物有阴阳两性的原则。

企业所谓进化终其结果就是实现改变，在这个过程中，之于潜规则有正向和负向两种作用力的存在。

从正向的角度，假定企业人心思变，私下里不认同现在的规则秩序的有效性，那么在实施改变改革的过程中，潜规则就会发挥推动力的作用。

从负向的角度，企业的任何规则的制定都会影响一部分既得利益者，在利益受损的情形下，各种潜规则都会发挥阻力的作用。

潜规则的危害在于不行于明处，却又经常存在。从本质上而言，潜规则的存在就是明规则的不完善引发的、滋养的。这种情况很难根治，但也要有办法。那就是行于明处的规则应着力追求透明、公平、公正，使得潜规则的存在空间被最大限度地压缩，从而失去发挥作用的空间。

有阳就有阴，这不是简单认知能够理解和认识到的，必须从更高的维度来把握潜规则存在的合理性和改进的必要性的问题。

所以，可以提出的一个思考和把握的角度是：我们是否应该经常反问和检视“规则的质量”，修正和完善质量不高的规则，开展这些工作的工作量并不大，核心是意识到这个问题和自觉自检可能的问题。

从规则的制定应起到的约束性而言，在一些条件和环境下，这些约束会变得不那么合理，也即随着时间和空间的发展变化，没有一个规则应该是永恒不变的。在企业进化中，这也是一条前行的暗线。

新股东免疫

股东按照我们的一些定义处于企业组织的支撑层、资源层，具有为企业生存发展进化提供生生不息源动力的使命和作用。

显而易见，基于股东的使命和作用的重大，也就意味着发生改变的作用力和反作用力都是非常巨大的，而且可以说对于一个企业而言，股东的变化绝对是属于最高层级的震动。

企业在其生存发展的过程中，更换股东的事情不是经常发生，但每一次的发生都是非常重大或者说是企业最重大的事情。

我们观察，创业者设立公司的时候组件股东、分配股权多有随意性，一方面是不懂，也没吃过苦头，也可能还没有经历过股东对企业产生巨大作用和影响力的阶段，创业企业就倒闭了。我们也观察到，一些企业的重大资产重组、并购、IPO，都是以股东的变化为主要标志和操作手段的。

按常理，一个企业正常的运行发展主要依赖董事会和经营班子，较少会受到股东的影响。但是，一旦股东发生变化，必然会影响到董事会的格局，也会影响到企业的价值观、使命，更会影响到企业的“支撑层”如何向企业提供源源不断的生命力的源头问题。所以，没有人会反对股东对于企业有决定性的影响的观点。

那么，如何将这种影响的副作用、企业内在的对“异物”的排斥化解到最小，而不是停留在现象层面、表皮层面呢？进一步地深入到肌体、机能、组织等的层面来化解，是老的问题新的视角。

根据作用力与反作用力大小相等、方向相反的基本原理，一种推动企业前进的力量，包括更换新的股东，就会无形中产生一种与之相应的反作用力。这种情况，逻辑上成立，现实也能观察到，但是如何解决并且使其具有系统性、逻辑性和有效性，则应该是一个值得深入探讨的问题。对这样的问题，比如并购失败，可能归结为企业文化的不同；比如融资扩股失败，可能归结为价值观不同等等。这样说没错，但没有说出全部和根本。实际上，任何的股东更换之于企业，都会发生自发的免疫阻碍，都会表现为利益、权利、资源等分配冲突，本质上而言这是逃不掉的。与其事前乐观视之、事中消极回避、事后大为懊恼，不如一开始就以最高的等级、最深入的研判、最全面的措施来防范来对待。

股东是企业的所有权益人，表面是为了得到企业回报的人，实际上是企业的“生身之母、生存之父”，父母都换了，对于企业的影响大不大？对企业而言，父母都换了，会不会有很大的抵触（内在的、外在的和情感的），对于这样的影响我们都是熟悉的，唯一在这里提出的不同观点和视角是：用企业免疫的生物能力来作为一个原理提供指导，希望可以走出更好的路径、走向更好的未来。

从正反两个方面，扩大/限制企业的发展都是通过股东会来做出决定的，即使是一个现代化治理完善的企业，股东会的成员更换得太多，其所做出的决策与企业自身的“真实、真相”有很好的匹配度和针对性，这也是很难的。更不要说企业自身的治理就不到位，然后股东有各种的意见、建议，做出的决策无论对错，就像给病人吃药一个样子——身体免疫力不好，吃什么药都是没有用的。

更新股东是实现企业打铁自身硬的捷径和基石，这需要企业自身肌体、机能、组织及细胞与之相适应才好。

积极地免疫

企业如人一样也会生病，也存在着复杂的健康问题，同样的，企业的免疫大部分功能是积极地确保企业不生病、治未病。

我们提出一个企业免疫系统构建的概念和对其的分析判断，在具体企业管理运行实践上还有很长的路要走。

企业免疫系统借用生物免疫系统的概念，指出企业在其生命周期中应该具备发现、抵抗、自愈的能力，如同生物免疫系统在保护其生命健康过程中发挥的作用。严格学术意义上的定义目前还不明确，有一些研究学者从企业仿生的角度给出了研究结论，而我们研究的目的是对企业健康进行实践性评估和创新，对其定义也是一种简单描述性定义。

把企业视作生命体是有意义和价值的，企业如同生物体，同样会经历生老病死。企业可持续发展、获得长寿的过程中，不可避免地会不健康、亚健康，会生病。如果能够从企业自身机制设计上，针对企业不健康的原因及症状等，及时发现、抵抗及产生免疫，那么这些机制、机构、功能所组成的系统就承担了企业免疫的职责和使命。

企业免疫系统的组成及功能：

① **威胁的发现**：能够自动、提前发现企业潜在的致病威胁是免疫系统的第一站防御功能。当企业免疫系统发现的功能发挥作用，感知到潜在威胁并触发其他系统联动时，则能够有效预防和降低企业生病的概率。关于这样的部门，在现代企业组织机构及部门设置中并未显著体现。

② **破坏的抵抗**：当潜在威胁变成现实，风险依然发生，企业自身健康出现问题的时候，企业应具有一种响应机制，以实现对破坏不断延伸的抵抗，打响防御的第一仗。俗话说，“人非圣贤，孰能无过”，企业也一样，很多时候，问题的产生、不健康状态的迁延，是不可避免的。这时候，能否抵抗住、不趴下，就体现了企业抵抗、响应、处置的能力。

③ **自愈与修复**：企业在发生疾病的时候，首先要能够保持稳定，不动荡；其次，要能够通过自身的机制和手段的介入实现疾病的痊愈；最后，通过每一次的自愈，能够不断积累知识、经验，实现免疫系统及其他系统的能力提升，实现对自身缺陷和不足的主动修复。

目前,我们还只是在这里做比较抽象的分析和判断,还无法深入到企业的机能、肌体、细胞层面做实践性的探索和验证。也相信,随着仿生理念的不断拓展,随着企业的生物属性被越来越广泛地认知,企业的免疫及免疫系统会成为一个重大领域的突破方向。

第九章　企业的生长状态

总论企业的生死

对于企业，从各个角度进行研究探讨的都有。我们也提出一种研究和探讨企业的维度即企业的生长，即从提出和赋予企业有生命一说入手。一旦提出企业的生长命题，那么自然而然地会想到企业生老病死的一系列发展的问题。

企业因何而生

"万物得一而生，一生于道"，这句话可以作为分析探讨企业因何而生的命题的指南和指引。我们循着这句话，需要回答两个问题："得一"和"道"。

所谓企业的生长之道，与万物的生长之道是一致的、遵循相同的规律的。针对这一规律，老子的几句话概括得比较抽象和富有哲理："道生一，一生二，二生三，三生万物""一阴一阳之谓道""道生之，德畜之，物形之，势成之""万物负阴而抱阳"。这些就足够了。把这些规律和思想映射到企业的世界、企业的维度、企业的实体，这便是回答了企业生长的核心基础。道可道，非常道，对企业的生长之道进行抽象和提炼，将是没有止境的任务，但我们相信企业的生长之道的的确确是客观存在的。

企业因"得一而生"。这句话说起来很抽象，但我们对于企业都不是陌生的。如何阐述、划分、分析何为"企业得一"呢？这里我们理解和认识到"企业得一"，就是企业未来为满足某种市场需求而担负的创造价值的使命。即所谓不忘初心，方得始终。

企业的"得一"，概括起来，就是企业的价值——为了价值而生，因为价值而生。不同的企业其价值是差异很大的，当然也有相同的，价值在，企业的生命就在；价值不在，企业的生命就不在。对于企业的价值认识，也要从几个维度来评判。其一，市场价值；其二，客户价值；其三，投资价值；其四，创造价值；其五，社会价值。

企业因何而长

企业的生是一回事，企业的长是另外一回事。我们可以把注册一个企业得到的营业执照看作企业的“出生证”，企业有了身份、有了生命了。

接下来便是企业如何长的问题了。万物负阴而抱阳，企业的生长基因、生长动力必然会遵循这句话，这句话是一句真理。所以企业因何而长的道理就在阴阳相生相克相冲的规律里面，如果问题仅仅停留在这个层面，还是不行的。还需要进一步完成一件事，即如何回答企业的阴、企业的阳。在完成这个定位基础上，才能进一步一层一层地分析企业生老病死的更多问题。

作为我们需要的研究出来的结论，最核心的、最重要的第一个就是“如何定义企业的阴、企业的阳”，一旦完成了这个定义，后续的问题就都有了指引、指针和方法了。针对这个问题的答案我们已经找到(发现)，并做了一个定义：**{创新}-企业的阴，{守成}-企业的阳**。在一些时候简称为：阳守成，阴创新。看到这个结论，我们现在可能马上就会意识到，为什么{创新}之于企业是如此的重要，那是因为{创新}是企业能够和可以生长下去要遵循的阴阳相生相克相冲的阴啊！

阴的作用是养、是藏，阳的作用是动、是消。很多企业没有{创新}就意味着没有营养，也意味着过于消耗，进而导致走向灭亡。对于很多生命周期很短的企业而言，就是很快消耗完了能量而不能补充营养，都还不是阴阳如何平衡的问题层次，而是干脆就没有“阴”，一味地抱守着“阳”，这样的企业不就是分分钟灰飞烟灭吗？道理就是这么简单。再做任何复杂的分析都没有用，企业要想长起来、长得好就必须通过创新补充营养。

所以企业的长就是创新与守成相生相克相冲，互相牵制、互相发展、互相依托。以这一点认识为基础，我们可以自然而然地将创新和守成放到太极图中并替换掉传统太极图中标注的阴阳，这时得到的太极图就是企业的太极图，我们给这个图也起了一个名字叫“企业价值”。你看，企业价值是太极、是企业的生命；企业的创新、守成是企业的阴阳。这样梳理和分析，就可以遵循中国传统文化的哲学思想、理念、方法，一路探寻下去，从而有可能全面准确地回到企业生长的所有问题了。

企业因何而成

企业取得成功又是为什么，又该怎么做呢？也就是企业创新、企业守成两个力量应该作用在哪些作用点上呢？我们首先知道，三生万物，那么企业是不是也存在三个一组的着力点呢？这就是我们一路分析下去的基本思维逻辑和方法论指导。

这一组阴阳互为作用的着力点，我们提出来包括三个方面：其一，能力；其二，潜力；其三，趋势。能力有守成与创新，潜力有守成与创新，趋势也有守成与创新。什么时候会发生阴阳相生、阴阳相克、阴阳相冲，就是企业在取得成功的道路上，守成与创新的对立统一的不断平衡和再平衡的发展过程。要深刻地提示，平衡总是要打破的、平衡总是为了打破的，也即所谓不破不立；还要深刻地提示，平衡都是短暂的，大部分时间内企业都处于非平衡状态，因为只有非平衡状态才能发展，而至于严重的失衡状态又是一种致命的问题了。

所以，适度混乱有利于创新；过度规范只能守成；既然万物遵循阴阳之间的对立统一约束规律，那么企业也就必然要处理好自身发展过程中在能力、潜力、趋势三个点上的平衡与非平衡问题了。取得成功的企业，原因就在于能够处理好阴阳平衡和打破阴阳平衡，反反复复、周而复始，曲直而行。

企业因何而死

谈企业的生，自然要谈企业的死。同样的道理，企业的生死也是一对客观存在的对立统一关系。我们往往看到很多企业家大谈特谈企业会如何如何地好、如何如何地赚钱、如何如何地腾达，等等；但是，我们有多少机会看到企业家大谈特谈企业如何地死呢？

对于企业的死，不是应该避讳的问题，也没有必要避讳。有生就有死，万物如是。那么企业因何而死呢？

回答这个问题，也有一个逻辑思考路径和方法。其一，企业的死亡如何判定呢？企业的命没了，企业就死了；企业的价值就是企业的命，所以企业的价值没了，企业就死了。其二，为什么企业的价值会没有了呢？一个企业对于投资人、对于市场、对于客户、对于社会、对于创造没有了价值，这样的企业不就是需要关门倒闭了吗？其三，好好的企业怎么就会没有了价值呢？这有一种情况是必然，还有一种情况是偶然。所谓必然，就是全行业的“倒闭”，随着社会的发展，会发现有些行业在社会上就不存在了，处于这样的行业的企业，随之必然要死掉；所谓偶然，行业还在，产业还好，是企业自身的问题导致了其死亡。这里的偶然是说，其他同行的企业都好好的，而这个企业自己把自己折腾灭亡了。

如果能够深刻地认识到企业是如何死的，那么对于指导指引企业如何生、如何长、如何大，那该是多么有意义的反面教材啊！

所以，这又是我们研究的一个目标。我们做出了初步的轮廓概括：即简单地说，企业**因病而衰，因不治而死**。进一步分析也容易想到——什么是企业的病因、病理、病症、医药、健康等问题了。这些问题，我们认为是客观存在的；若全面正确地回答完这些问题，可能需要很长很长的时间，十年几十年乃至更多年。

面对企业疾病的医治，短期内无法像人类医学一样科学、发达和有效，我们也想了想能做的，就是从提出和实践企业的健康体检的角度入手，从企业的创新研究入手，试图解决两个问题：①检查检测预判预警；②营养与配方。然后，在可能的情况下，积累沉淀，一步一步去探寻企业生病乃至死亡的病因、病理、医药、医治的问题，这是一个逻辑思考，也是一个方法论设计。

刻画生长状态

为了描述企业的“生长”，发现企业“生长”的规律，透彻解析从 0 到 1 到归零的周而复始的状态和变化，我们综合借鉴应用了《易经》六十四卦的哲学思想，计算机二级制数的增减规律，使用 0 和 1 描述创新和守成，从而将阳守成、阴创新的变化转化为 1 和 0 的数学加减法。原本，计算机的二进制也是借鉴了中国传统哲学的阴阳论的。这样的逻辑设计是正确的。

所以接下来，我们把“企业的生长”进行了“状态”定义，使用一组 6 位二级制数字和《易经》的六十四卦象来共同描述企业的状态，给出了状态转化的可能条件和状态，映射到企业价值评估的 4Q－5S 系统中（参见《创新创业导航》，中国经济出版社）构成了下面的一套描述企业从 0 到 1 到归零周而复始的发展变化表格。

生长发育状态图定义

为了分解和定义企业的生长发育阶段，抽象每个阶段企业的生长发育特点，我们定义了“企业生长发育状态图”，如图 9.1 所示。

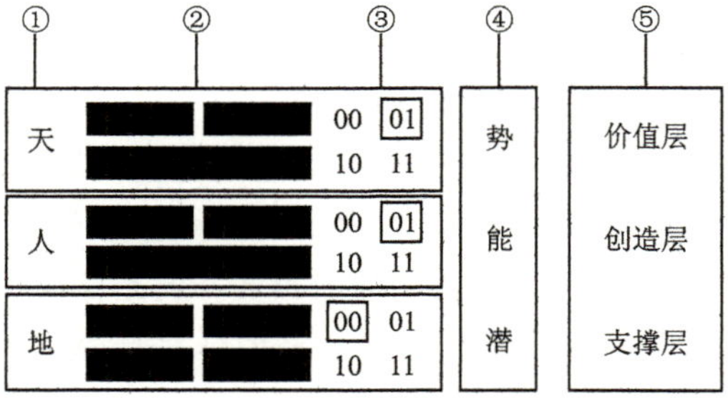

图 9.1　企业生长发育状态图模型

图 9.1 中做了横向的不同逻辑的对应和比较：①是传统文化逻辑；②是易的逻辑；③是数理逻辑；④是企业的立足点；⑤是企业的结构层。从而，希望让大家看到不同逻辑之间的相关性、构建的一致性、应用的可能性。重点是推导出“③数理逻辑”的二进制代码，并用其不同的组合来作为符号系统，定义企业的生长发育状态。而这个二进制的“符号系统”视图遵循“文化的逻辑、易经的逻辑、企业的系统机构定义、企业生长的三个立足点逻辑”，所以才有“企业生长发育状态图模型”的设计。

① 在描述企业生长发育的过程中，充分体现“守成与创新”的哲学思想和内涵，我们前面做了一次映射转换：

- 阳，映射为企业的守成；
- 阴，映射为企业的创新。

② 为进一步结合二进制数字逻辑，我们将：

- 阳，定义为 1；

● 阴,定义为 0。

③ 充分借鉴"三生万物"的哲学思想和宇宙观,我们将企业的系统结构定义为三层:价值层、创造层以及支持层,并与天地人三才做了对应映射:

● 天,定义为企业的价值层;

● 地,定义为企业的支撑层;

● 人,定义为企业的创造层。

从而使得企业的系统结构与"天时、地利、人和"的思想进行衔接、匹配以及关联。

④ 从"三生万物"借鉴而来所定义、产生的企业三层结构聚焦的是企业战略层面的问题。为了描述企业战术层面的问题,我们进一步定义了企业的三个发展着力点:势力(把握和利用趋势的能力)、能力、潜力;并简称为:势、能、潜。

⑤ 在本书中做了如下的映射和综合,以便形成描述的一致性和统一性:

● 天时 = 势力 = 价值层

● 地利 = 潜力 = 支持层

● 人和 = 能力 = 创造层

⑥ 借鉴传统文化中的哲学思想、宇宙观是本书研究逻辑的起点,最终的落脚点是期望依托二进制的数字逻辑来表述阴阳的变化,所以,进一步的定义如下:

● 天时 = 势力 = 价值层 [00,01,10,11]

● 地利 = 潜力 = 支持层 [00,01,10,11]

● 人和 = 能力 = 创造层 [00,01,10,11]

把天地人三才、势能潜三力、系统结构三层,全部统一描述为两位二进制数,并形成四种状态。在定义企业生长发育状态的过程中,遵循阴阳变化、生生灭灭的思想,总规律就是:00 - 01 - 10 - 11 - 00 的往复循环变化,以便利用数字逻辑进行企业生长状态的演化,并根据三组数字组合,从而形成了企业生长发育的 64 个状态图的定义。

二进制与十进制的关系如表 9.1 所列。

表 9.1　二进制与十进制的关系表

二进制	十进制
00	0
01	1
10	2
11	3

⑦ 将抽象出来的二位二进制数、总共形成的四个状态,进一步进行实际语义逻辑的定义。

⑧ 企业生长发育状态图看起来繁琐,实际上是一个多种思想和文化融合的结

果;意味着,从二进制数字逻辑角度、从企业系统结构(三层结构)定义角度、从企业发展的三个驱动力(势能潜)角度,任何一个单一角度来使用都是可以的。综合做图的目的是希望展现和表达各种思想和逻辑之间的相互借鉴、相互印证和相互影响。

企业生长发育状态图先要竖着看"列":有 5 个逻辑入口(本书尝试做了一体化、一致化表述);然后才是横着看"行",由三个层级组成不同的逻辑要素。

⑨ 关于企业的"强"与"大"的定义:

关于企业做大、做强、大小、强弱,我们听到很多。在本书中,对于这个定性描述的说法,做了定量的规范化,如下:

强	EQ	>	0	在趋势中的企业、把握住了趋势、趋势致胜;
弱	EQ	=	0	不符合趋势发展需要、没有跟上时代和用户需求。
大	CQ	>	1	企业创造价值的能力很真实(10,为实;11,为满);
小	CQ	=	1	企业具备基本的创造价值的能力(01,为虚)。

空虚实满

数字(这里指的是 00 01 10 11)的抽象有其功效,但就与现实的理解相接轨而言,还需物化和具化到某种现实的内涵和意义为好,才能理解和传播抽象数字的价值和意义,这对于定义企业的生长状态的三组两位二进制数组而言也是一样的。同时,对于定义组成这六位状态数的二进制数组,我们是两两分组结构化在一起的。这其中的两位二进制数,也需要一个现实意义的内涵和定义,才能够有助于理解对企业生命发育描述的逻辑和价值,并指导其他的实际工作。

为此,我们选择了四个汉字:空虚实满,分别与相应的二进制做对应。这四个字也全然不可能凭空想象出来。在业余时间泛读《黄帝内经》时受到了一点启发,又在阅读《鬼谷子·持枢》时,促成了这四个字的提炼和总结。为了方便读者理解这看似简单的四个字其背后深刻和深邃的内涵,我在这里引用一段《持枢》中的原文:**"持枢,谓春生、夏长、秋收、冬藏,天之正也。不可干而逆之;逆之者,虽成必败。"**所谓"持枢",在这里是指"掌握自然"之道,对于我们理解企业的生长之道就有很大的指导意义了。我们来看"春生",是不是从空空如也的田地长出了禾苗呢?受此启发,抽取一个"空"字。我们看"夏长",是不是没过几日庄稼就要高出一头呢?这说明此时还没有"长熟",庄稼的形状和体质可称为"虚"。我们看"秋收",其实本身也有"秋实"的说法,从中抽取一个"实"字便不难了。最后,我们看"冬藏",如果前面是丰收的秋季,实际上农民的粮仓是不是就满满当当的呢?这里就抽取出了"满"字。

在本书中,空虚实满的定义结论如表 9.2 所列。

表 9.2 空虚实满的定义结论表

二进制数	十进制数	对应汉字
“00”	0	空
“01”	1	虚
“10”	2	实
“11”	3	满

这个定义对于本书的逻辑设计至关重要，在描述企业的生长状态的过程中，在定义和分析企业生命的生长状态的过程中，均遵循“空、虚、实、满”的兴衰总规律与总原则。

空则蓄。当企业的状态为“空”的时候，比如能力为“空”、支撑为“空”、引领为“空”的时候，只能是采取“积蓄力量”的原则，是处于孕育新生的阶段，或者老的项目产品技术“归零”的阶段。

虚则发。当企业的状态为“虚”的时候，比如能力为“虚”、支撑为“虚”、引领为“虚”的时候，可采取“慢慢发育”的原则，想办法让自己优生优育、不吃错药、不缺乏营养、顺利长大。

实则达。当企业的状态为“实”的时候，比如能力为“实”、支撑为“实”、引领为“实”的时候，可采取“行动”，包括起事、发动、升级等等。在“实”的基础上，企业才能够更有可能“达成所愿”。

满则损。当企业的状态为“满”的时候，只有一个方向——“损”。还请注意辨别：常常说的天花板也是一种满，我们称之为“虚满”，是有可能突破的；还有一种情况是“供给大于需求”，也是一种满，我们称之为“实满”。在这种“实满”的情况下不是突破的问题，而是改变的问题。满则损，损则伤，伤则病，病则衰，衰则亡——新的生机在孕育。

我们的读者稍加思考，是不是可以想到“空虚实满”四个状态描述还可以用到技术、产品、项目、团队、组织、制度等多个方面呢？

事实上，我希望空虚实满相对于生长收藏而言是一组相对比较通用的、好用的状态定义和词组定位。

最后，真的希望这四个字能够方便地描述一切动态发展的事物。

生长发育阶段定义

在《素问・六微旨大论》中有一句话“夫物之生从于化，物之极由乎变”，即新事物的产生是一个“化”的过程；旧事物由小到大进而极致是“变”的转折，所以，企业的生长也就是不断的“化”和“变”的过程。

企业，大大小小，领域行业差别很大，生长生存受到的影响因素众多，意外事件也频发。在这种背景下，概括和描述企业的生长发育并形成一致性的逻辑语义与逻辑系统，具有很大的挑战。

依托企业生长发育状态图的概括和抽象，总结量变与质变的发展规律，我们总体上给出了企业的8个基本生长发育状态(变)(见表9.3)，以及更细一个层次的56个扩展生长发育状态(化)。

这由化而生、由极而变是合乎基本事物发展规律的。

表9.3　企业8个基本生长发育阶段定义

序　号	状态定义	状态描述
1	新生/归零(000000—000111)	从0到1的孕育与质变 特征：失败率高 原因：基础不牢
2	发育(001000—001011)	企业潜力培育、挖掘、筑基阶段 特征：有潜力才有能力 困难：没有足够的潜力可以转化为能力，致使企业夭折
3	做大(001100—001111)	企业能力建设、发育、发展阶段 特质：自身能力建设，打铁需要自身硬 困难：人和，并不容易
4	转型(010000—011111)	企业进入转型的发展阶段 特质：企业依托正确的发展战略，主要指把握和顺应趋势的能力 困难：忽视战略，企业无法转型，终将萧条
5	做强(011100—011111)	企业做强的发展阶段(须经历过转型) 特质：成功转型后，在趋势指导下，不断夯实基础、提升能力，做到厚积薄发、打铁自身硬
6	领军(100000—101111)	企业在行业内居于领军行列，自身的影响力开始显现 特质：知名企业 困难：需要自身探索而前行
7	强盛(101100—101111)	企业在领军企业集团内，进一步地具有强大的创造价值的能力，相当于前三名的企业了 特质：创造价值能力强悍 困难：守住位置难
8	领袖(110000—111111)	企业成为行业、产业、国内、国际优秀级别企业，在不同区域、领域属于数一数二的企业 特质：全国、全球知名 困难：唯有不断创新才能提供源源不断的发展动力

企业的五条生命线

我们的古代先贤将组成世界的要素归纳为:金木水火土,命名为五行。这五行不是指具体的物质,而是五个描述构成世界的要素符号而已。从这里作为思考企业生命要素的出发点,从五行的思想和概念中探讨定义企业生命要素的方法和结论。

先说说什么是五行。

五行是中国古代的一种物质观。多用于哲学、中医学和占卜方面。五行指:木、火、土、金、水。认为大自然由五种要素构成,这五个要素的盛衰使得大自然产生变化,不但影响到人的命运,同时也使宇宙万物循环不已。

五行学说认为宇宙万物都由木火土金水五种基本物质的运行(运动)和变化所构成,但不是指具体的物质,而是一种表达的符号。不能简单地将"金"理解为金属,将"水"理解为我们喝的水,等等。南怀瑾先生在《易经杂说》中提到,五行是宇宙运行的五种"动能"。

它强调整体概念,描绘了事物的结构关系和运动形式。如果说阴阳是一种古代的对立统一学说,则五行可以说是一种原始的普通系统论。

基于五行的普通系统论,映射应用到企业管理中,应具有适用性、实效性。为此,我们做一下分析和探讨。

借助五行的物质观和普通系统论,我们首先界定一下什么有可能组成企业的"五行"?

关于企业的五行的假设和提议:

成本:企业发展的资金费用投入。

利润:企业经营投入产出过程中形成的正向收益。

顺势:顺应行业、社会发展的趋势——"贵贱无常,时使物然"(出自《鹖冠子·学问》)。

风险:企业经营管控的风险、社会发展带来的风险。

创新:实施各类技术创新、产品研发。

然后,我们看看相生相克的关系是否比较匹配。首先,我们把五行相生相克关系图中的五行替换为"企业五行",如图 9.2 所示。

在上面的假设和提议的基础上,利用替换方法,构成了"企业五行图",也定义为企业的五个生命要素。

这张图能不能够使用,还要看五行之间相生相克关系定义的正确性和准确性是否存在。

那么,接下来我们尝试着做一些解释和描述。

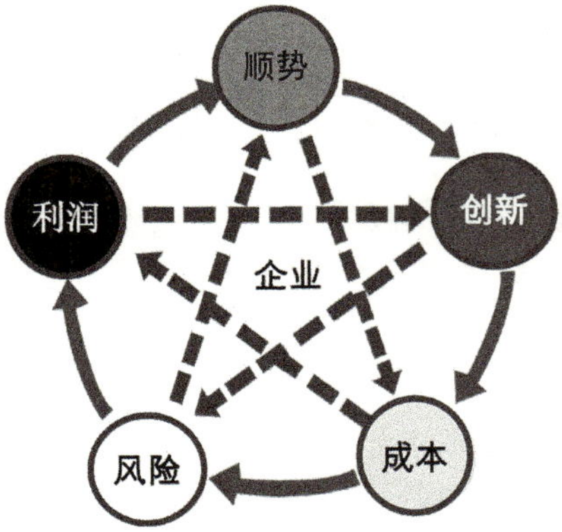

图 9.2 企业生长的五个生命要素

五行相生的解释

顺势导致创新：有了“顺势”，则能够推动“创新”的实施。

创新增加成本：有了“创新”，则推动企业“成本”的增加。

成本增加导致风险增加：有了“成本”，则推动企业“风险”的增加。

利润来源于风险：有了“风险”，则推动企业获得“利润”。

利润导致顺势：有了“利润”，则推动企业能够不断顺应趋势。

五行相克的解释

“顺势”克制“成本”：为了“顺势”，会增加“成本”控制的难度。

“成本”克制“利润”：增加投入“成本”，会影响企业“利润”形成。

“利润”克制“创新”：为了谋求“利润”，会阻碍“创新”的投入。

“创新”克制“风险”：实施“创新”，会减少企业未来发展的“风险”，增强企业抵御风险的能力。

行文至此，笔者希望揭示一种将古老的五行物质观和普通系统论与现代企业管理治理相结合的思路和认识，着眼于提出一种可能的方法帮助到企业的长期可持续发展。

我们也将这五个生命要素转换描述为企业的五条生命线：

成本控制

成本控制的方法我们这里不谈了，因企业家的好恶不同，对于成本投入与控制的风格也会不同。我们希望指出的是，控制好成本就等同于创造了利润。

假定一个企业的经营纯利润为 10%，这已经是不错的纯利润了。对于大多数初创企业而言，在早期的 2～3 年内，还不一定有净利润。如果该企业通过成本控制，在某一个事项或者某个年度少支出 1 万元，其情形反映在销售额方面的压力，会同比减小 10 万元。换句话说，少支出 1 万元，对于这样的一个企业，就如同多销售了 10 万元。特别是对于创业初期的企业，节省 1 万元是容易做到的，而取得哪怕 10 万元的销售则是困难的。

控制好成本是做企业的第一项基本功。

利润提升

企业的存在需要不断创造利润来支撑可持续发展，创造利润有两个基本原理，一个是垄断，另一个是低成本。其中，在低成本的原理里面，还有一个措施就是规模效益。

没有利润，企业必然灭亡。

企业的目的是赚钱，企业没有利润也能够融资发展，但前提是需要企业展现出未来能够赚钱的美好前景，这样在没有利润的时候，投资人才愿意进行投资。这个关键是，企业没有利润与企业没有市场是两回事。有市场，企业就应该有收入，有收入企业就有机会创造利润，此时企业相对比较有机会发展。

当然，现在融资并不容易。

所以，对于企业而言，想办法尽快获得利润，通过利润维持发展是稳重踏实的做法。

风险防控

经营企业其实就是经营风险。不论是上面的成本控制、利润提升，还是下面的创新发展、趋势致胜，这几个方面都涉及风险的问题，也考验企业家风险识别、机遇识别、风险防控的能力和意识。

我们希望从哲学的角度给出一个朴素的认知，即无论企业家做出何种选择，其背后一定是存在风险的。

对于这个认知最好的证明就是，从经济学和市场原则来看，没有风险就没有收益，风险越大，潜在的收益越大，这样才有商机、机遇，才值得投入。

还有一句话可以作为对风险厌恶或喜好的建议，即“做难事，必然有收获”。因为有风险，所以事情可能很难，而只有做这样的事情才是有益的。

所以，作为企业家应该勇于面对风险，实际上作为企业家精神的核心就是冒险精神和创新精神。

创新发展

企业创新不能仅仅理解为科技创新，德鲁克先生总结了所有可能导致企业发生创新改变的七个因素，在这些因素里面，通过科技创新实现企业创新发展是最困难的。

但是，在当前社会、经济、市场、技术发展的新形势下，的确又不能不重视科技创新的巨大作用和潜力。

实际上，企业之所以能够发展，其背后的原因中有一条就是该企业能够做到超过行业平均水平的劳动生产率并创造更高的商品利润，而提高劳动生产率最有效的途径和方法就是实施科技创新驱动。

创新在任何时候都是企业的灵魂。

企业不能够创新，就不会持续发展和运营下去。

创新虽然如此重要，但是实施创新并不是一件简单的事情。它很多时候很像是在给企业做手术，有时是给企业做伤筋动骨的大手术。在这种情况下，手术要冒很大的风险。即便如此，也要勇于创新，在不创新就没有出路的情况下，再大的痛苦，企业也需要承受。

趋势致胜

趋势是企业家运营管理企业过程中唯一最忠诚的盟友。“贵贱无常，时使物然”，时间跟趋势的变化产生的作用，使得事物变成其应有的样子。

在企业经营管理过程中，特别是在战略战术选择和决定的关键时刻，要能够想到对标趋势。企业家需要有能力把握趋势、乘势而上，从而在趋势的引领下，取得胜利。

趋势一旦形成，就无法改变。

所以，企业不能够逆趋势而动，也不能够无视趋势的形成。

伟大的企业都是时代背景下的企业，都是能够在每一次趋势发生革命性变化的时候敏锐感知并及时跟上趋势发展的企业；反之，很多不能够及时感知、把握和跟上趋势发展的企业就会最终落败。

新生/归零(00 00 00)

元　点

企业的新生/归零点定义如图 9.3 所示。

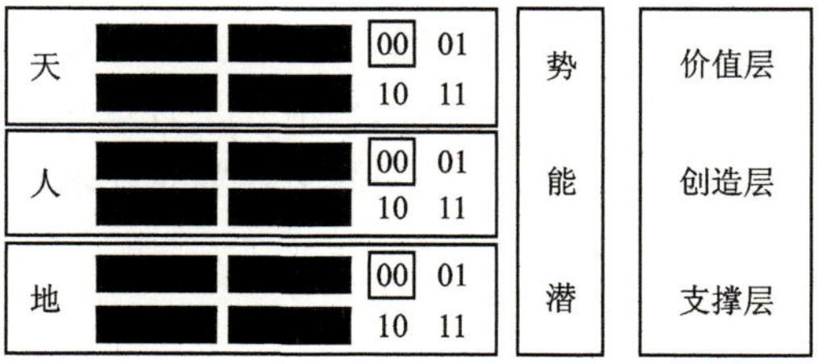

图 9.3　企业的新生/归零点定义　000000

这是企业起始/归零的状态，这是一个看似极特殊的状态，但是其实是时时刻刻发生的状态。对于从 1 到 N 的企业，常常发生在新产品定型、新业务拓展的起点。

企业一般性系统结构定义如表 9.4 所列。

表 9.4 企业一般性系统结构定义

<table>
<tr><td rowspan="4">价值层</td><td>社会</td><td>企业的社会价值</td><td rowspan="4">价值观引领企业发展方向</td><td>天</td><td rowspan="12">企业管理：贯穿上下</td></tr>
<tr><td>客户</td><td>产品的客户价值</td><td rowspan="3">势成之</td></tr>
<tr><td>市场</td><td>产品价值的变现</td></tr>
<tr><td>服务</td><td>产品价值的催化</td></tr>
<tr><td rowspan="4">创造层</td><td>输出</td><td>企业的产品或服务</td><td rowspan="4">创造出价值是企业的本质</td><td>人</td></tr>
<tr><td>执行</td><td>企业的运营与控制</td><td rowspan="3">德畜之</td></tr>
<tr><td>决策</td><td>企业运营管理的大脑</td></tr>
<tr><td>团队</td><td>企业的创造者</td></tr>
<tr><td rowspan="4">支撑层</td><td>领导</td><td>企业的领头羊</td><td rowspan="4">企业生长的土壤环境</td><td>地</td></tr>
<tr><td>架构</td><td>企业组织机构</td><td rowspan="3">物形之</td></tr>
<tr><td>股东</td><td>企业的投资人</td></tr>
<tr><td>资源</td><td>企业生生不息的根</td></tr>
</table>

企业新生，希望能够从 0 到 1，也就是从无到有。此时的“空”，如何孕育发展呢？从数字化的角度，需要出现“1”。应该从哪里出现呢？这就是办企业的“起点”。

下面的分析会逐步揭示企业从 0 到 1 的各种变化。

虽然，我们给出了“顺序变化”，但在实际中“天、地、人”三个维度可以并发实现“从 0 到 1”的。

一旦企业设立，我们从图中可以看到：必须首先完成支撑层的构建，而构建得越完善、越健康，则企业的生长发育会越良好。

所以，企业的生长发展始于“地”，始于“支撑层”。

表 9.5 为企业生长发育评估模型表。

表 9.5 企业生长发育评估模型表

评估指标 企业系统	IQ=m 投资投入	EQ=0 势	CQ=0 能	PQ=0 潜
决策系统 （领导决策层）	股东及股本金	企业的社会价值	决策能力	资源的多寡
执行系统 （管理服务层）	团队规模		执行能力	
生产系统 （加工研制层）	团队规模		生产能力	技术水平
营销系统 （市场开拓层）	团队规模	产品客户价值	价值变现	
免疫系统 （综合防范和诊治层）	团队规模	趋势判断	风险防控	风险识别

挖潜/试一

企业挖潜/试一生长发育状态如图 9.4 所示。

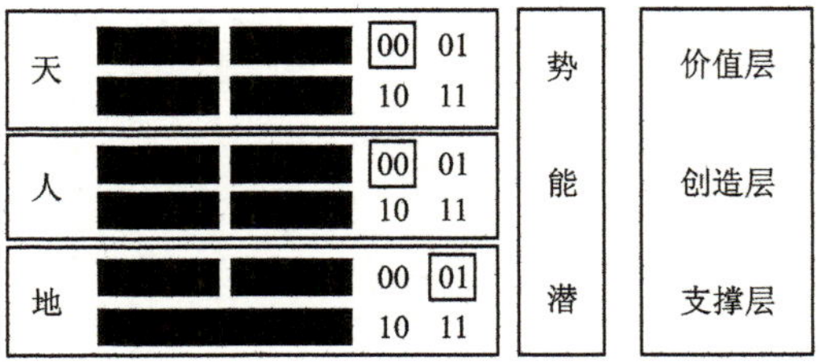

图 9.4　企业挖潜/试一生长发育状态　000001

对于从 0 到 1 的企业，此时的状态是起势并且努力做成 1，而切入点就是从潜力端发力——自己的核心优势是什么、怎么去转化成能力？在潜力的挖掘抑或企业价值的挖掘层面和环节，力求做到充分，不能盲目地进行“能力”的建设，否则会造成很大的损失。

对于从 1 到 N 发展起来的企业，此时状态是在“归零”思想和做法的指导下，实现局部或整体的创新发展获得“1”的状态，比如一个新产品、一个新服务、一个新工艺等等。同样需要以“潜力”的挖掘、企业价值的挖掘为入口、为方法，看看如何实现新的发展。

对于企业创新而言，不论是局部创新，还是全局创新，都可映射为从 0 到 1，此时的基本规律可概括为“走一步，试一步；走一步，是一步”。这样的定位才能够务实地指导实现创新，并通过风险管控实现创新引领的发展。

“试”最难的是“方向”的选择，这一点提醒企业家尤其需要关注，而且要特别注意两点：一是，选择很多是假象，容易导致失败；二是，久拖不决，不进行选择，看似等待机会，其实是对如何选择没有定数，厌恶风险。从市场竞争的角度来看，厌恶风险本身就是风险。

表 9.6 为企业挖潜/试一生长状态的评估表。

表 9.6　企业挖潜/试一生长状态评估表

评估指标 / 企业系统	IQ=m 投资投入	EQ=0 势（空）	CQ=0 能（空）	PQ=1 潜（虚）
决策系统（领导决策层）	资金的实力为 m	利用趋势的能力为“空”	生产创造的能力为“空”	孕育发展的潜力为“虚”
执行系统（管理服务层）	成本控制	N	N	进行由“虚”到“实”的机会验证

续表 9.6

评估指标 企业系统	IQ=m 投资投入	EQ=0 势 (空)	CQ=0 能 (空)	PQ=1 潜 (虚)
生产系统 (加工研制层)	N	N	N	N
营销系统 (市场开拓层)	N	N	N	N
免疫系统 (综合防范和诊治层)	成本控制是初创企业的“生命线”,不能逾越	企业初创,方向未明,为最大风险	定位是必须的,选择过程中风险巨大	“虚”不足以支撑企业发展

挖潜/试二

比“挖潜/试一”向前进了一小步,如果没有质的变化,还不能够量变形成质变,则我们定义为“试二”,如图 9.5 所示。

对于从 0 到 1 的企业,此时的状态是蓄势,并且从“支撑层—地—潜力”的维度,努力做成“满”。而切入点就是从潜力端发力——自己的核心优势是什么?怎么去转化成能力?在潜力的挖掘抑或企业价值的挖掘层面和环节,力求做得充分,不能盲目地进行“能力”的建设,否则会造成很大的损失。

对于从 1 到 N 发展起来的企业,此时状态是在“归零”思想和做法的指导下实现局部或整体的创新发展获得“1”的状态,比如一个新产品、一个新服务、一个新工艺等等。同样需要以“潜力”的挖掘、企业的支撑层挖掘为入口、为方法,看看如何实现新的发展。

企业生长状态之挖潜/试二如图 9.5 所示。

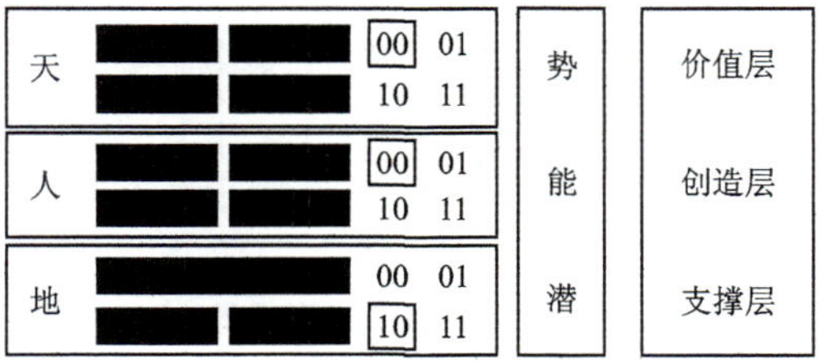

图 9.5 企业生长状态之挖潜/试二 000010

对于企业创新而言,不论是局部创新,还是全局创新,都可映射为“从 0 到 1”,此时的基本规律可概括为:“走一步,试一步;走一步,是一步”。这样的定位才能够务实地指导实现创新,并通过风险管控实现创新引领的发展。

“试”最难的是“方向”的选择,这一点提醒企业家尤其需要关注,而且要特别注意两点：一是，选择很多是假象，容易导致失败；二是，久拖不决，不进行选择，看似等待机会，其实是对如何选择没有定数，厌恶风险。从市场竞争的角度来看，厌恶风险本身就是风险。

表 9.7 为企业挖潜/试二生长状态评估表。

表 9.7　企业挖潜/试二生长状态评估表

评估指标 企业系统	IQ=m 投资投入	EQ=0 势 （空）	CQ=0 能 （空）	PQ=2 潜 （实）
决策系统 （领导决策层）	资金的实力为 m	利用趋势的能力为“空”	生产创造的能力为“空”	孕育发展的潜力为“实”
执行系统 （管理服务层）	成本控制	N	N	夯实了企业发展的潜力支撑
生产系统 （加工研制层）	N	N	N	技术创新
营销系统 （市场开拓层）	N	N	N	N
免疫系统 （综合防范和诊治层）	成本控制是初创企业的“生命线”，不能逾越	企业初创，方向未明，为最大风险	定位是必须的，选择过程中风险巨大	“实”可以支撑企业发展

积而后发

企业生长状态之积而后发如图 9.6 所示。

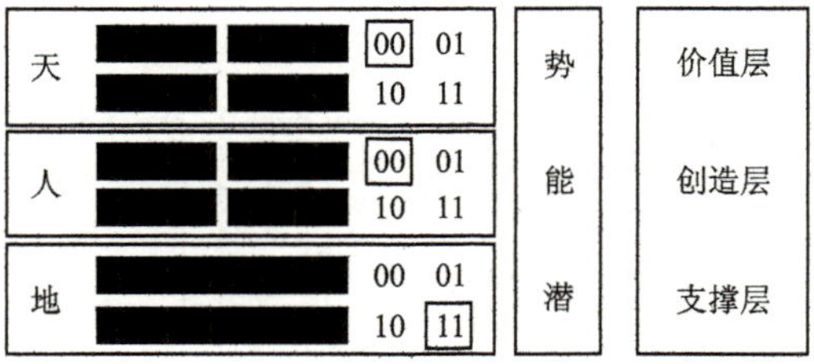

图 9.6　企业生长状态之积而后发　000011

通常情况下，很多创业企业准备启动做事的第一步，我们称之为“积而后发”，就是000011 的状态——潜力挖掘（11，为满）。

当然，对自己在潜力、趋势、用户、需求等方面信心满满的创业者也可以直接实现从“000000”到“000011”的跨越。这也说明了为什么很多创业企业容易开办起来，但又不容易生存下去。这是因为，他们没有认真地走过“积而后发”的阶段，基础不牢导致后续的发展举步维艰。

对于从 1 到 N 的企业而言，这个生长状态也十分的重要。其原理在于，很多的从 1 到 N 的企业，在进行创新和立项的过程中也有想当然的成分，也是在 PQ 方面意图直接是从 00（空）到 11（满），这种跳跃是比较困难的，从而也说明，企业的创新也是很难的。

要降低这种难度，规避这种风险，就要按照前面说的一步一步来。同时这还是一个“转折”的阶段。我一再强调企业的“创新”和“守成”在这个状态上发生了变化——在趋势、潜力上要进行“守成”，守住取得的成绩；在下一步的能力建设上要实现从 00 到 11 的升华；并且，根据阴阳互换的原理，反映出企业潜力的 PQ 再次即将回归为 00（归零，为空），这样新的蓄势、新的积累才能够再次发生。

表 9.8 为企业积而后发生长状态评估表。

表 9.8　企业积而后发生长状态评估表

评估指标 / 企业系统	IQ=m 投资投入	EQ=0 势 （空）	CQ=0 能 （空）	PQ=3 潜 （满）
决策系统（领导决策层）	资金的实力为 m	利用趋势的能力为“空”	生产创造的能力为“空”	孕育发展的潜力为“满”
执行系统（管理服务层）	成本控制	N	N	使企业发展的潜力支撑达到圆满
生产系统（加工研制层）	N	N	N	技术创新 应用创新
营销系统（市场开拓层）	N	N	N	N
免疫系统（综合防范和诊治层）	成本控制是初创企业的“生命线”，不能逾越	企业初创，方向未明为最大风险	定位是必须的，选择过程中风险巨大	“满”足以支撑企业发展

起　事

企业生长状态之起事如图 9.7 所示。

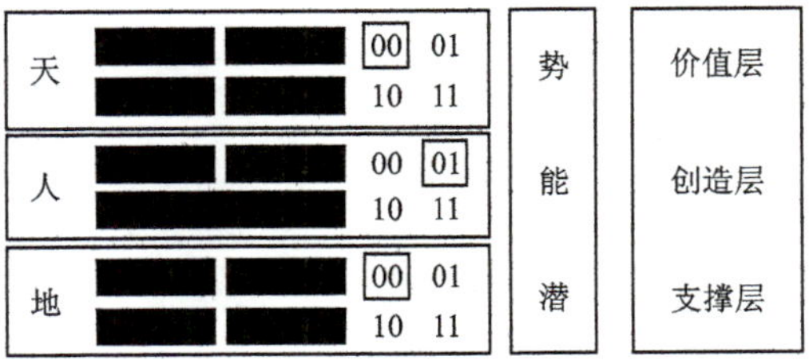

图 9.7　企业生长状态之起事　000100

这个时候，通过前面的积累，内视充分，可以起事，并从能力建设维度入手。

对于创业公司而言，就是“注册公司”“启动运营公司”最好的时候了，开始进行能力的构建。

对于从 1 到 N 的成熟企业而言，此时就是可以开展新业务、新产品的投资投入的阶段了。

因为，刚刚从 PQ=3，其他值为零开始准备做起来，因此企业的能力是非常弱小的。

为此，这是企业构建“能力”的第一步，实现 CQ 从 00 到 01 的过程。

虽然此时 PQ 再次为零(归零，为空)，目的和规律揭示，此时又需要储备和积累了，这样的过程反复发生，发生在每个维度、粒度。建立在已经完成了企业(抑或创新团队、商业计划项目)内部充分挖潜的过程后，充分完成力自身潜力的内视。从阴阳互换的角度，潜力的挖掘转换为“阴”，沉淀下去了。也意味着，对于再次的创新孕育的过程又开始了。

表 9.9 为企业起事生长状态评估表。

表 9.9　企业起事生长状态评估表

评估指标 企业系统	IQ=m 投资投入	EQ=0 势 (空)	CQ=1 能 (虚)	PQ=0 潜 (空)
决策系统 (领导决策层)	资金的实力为 m	利用趋势的能力为“空”	生产创造的能力为“虚”	孕育发展的潜力归零为“虚”
执行系统 (管理服务层)	成本控制	N	团队加强	再次沉淀挖掘
生产系统 (加工研制层)	资金投入	N	开始试制	N
营销系统 (市场开拓层)	资金投入	商业模式	市场调研 市场验证	市场挖掘
免疫系统 (综合防范和诊治层)	成本控制是初创企业的“生命线”，不能逾越	企业初创，方向未明为最大风险	由“不动”变为“动”，风险与机遇增加	“空”，目的是吸收新营养

起事/挖潜

企业生长状态之起事/挖潜如图 9.8 所示。

在企业创办、新项目立项后，启动了“能力建设”。这个时候，在能力建设启动后，还需回顾检视自身的潜力存在的问题(机会)。

在新的状态下，任何企业都是要先从自身的潜力层面出发不断发掘并打好基础。

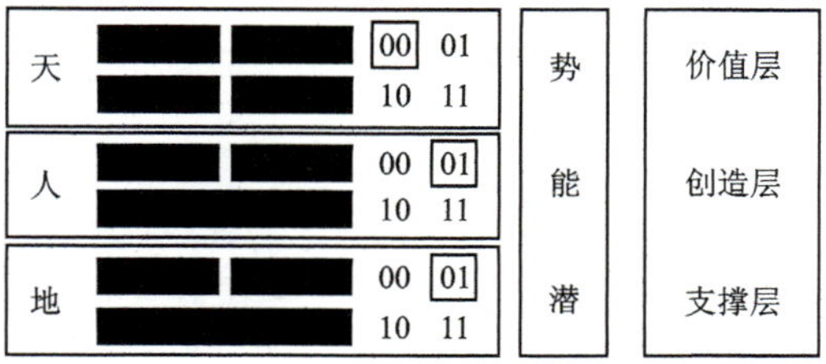

图 9.8　企业生长状态之起事/挖潜　000101

从这个逻辑思维角度出发推动企业生长是贯彻始终的，在每个阶段的跨越过程中，非常依赖潜力的打造和升级驱动。

同时，在创造层—能—人的层面，开始建设和投入。企业创造价值是使命，是生命，也是企业终极的价值。

对于创业企业而言，初步具备了发展雏形，需要对内在潜力进行检视，看看是否认清和判断准了。

对于从 1 到 N 的成熟企业而言，新产品、新服务等创新形成雏形，但此时需要检视对于该产品、该服务的潜力挖掘，是否需要深化和调整，因为新产品、新服务的研发切忌，也不可能一蹴而就。

因为，刚刚从 CQ=1 发展过来，这个时候有两个方向选择：向前看，还是向后看？我们认为，应该是“向后看”，其内涵是需要检视潜力挖掘的充分性、正确性，完善和调整行走的路径，需要给新的产品新的服务成熟期，以恰当地完善方法和指导思想。

此时采取的变化就是努力完成第二轮的 PQ 从 00(归零、为空)到 11(满) 的迭代和完善。

表 9.10 为企业起事/挖潜生长状态评估表。

表 9.10　企业起事/挖潜生长状态评估表

评估指标 企业系统	IQ=m 市值资金	EQ=0 势 (空)	CQ=1 能力 (虚)	PQ=1 潜力 (虚)
决策系统 (领导决策层)	成本 第一生命线	趋势不清 无力把握 战略不明	打铁需要自身硬，目前能力弱小	厚积薄发，目前自身的潜力崭露头角
执行系统 (管理服务层)	能够用到的钱决定了能够干多少事，需要突出投入的重点		组建团队 完成生产环境的准备	重点在于研发、创新、积淀。还不能够转换为能力

续表 9.10

评估指标 企业系统	IQ=m 市值资金	EQ=0 势 （空）	CQ=1 能力 （虚）	PQ=1 潜力 （虚）
生产系统 （加工研制层）	预算中等规模试制、投产的资金	产品或服务的定义，以及顺应市场趋势的情况决定着产品和服务未来的发展	启动生产添置/购置设备、设施安排生产计划	初试 中试
营销系统 （市场开拓层）	盈利模式	商业模式	市场调研	市场验证
免疫系统 （综合防范和诊治层）	对于从 0 到 1 的企业没有免疫力，对于从 1 到 N 的企业，着重是现金流、资产负债率不能出现问题	趋势的不适应是产生大毛病的重要原因	产品检测，系统测试，产品质量保证，市场验证的情况和把握	创新就是试错，对于错误的成本防范是大风险

起事/再挖潜

企业生长状态之起事/再挖潜如图 9.9 所示。

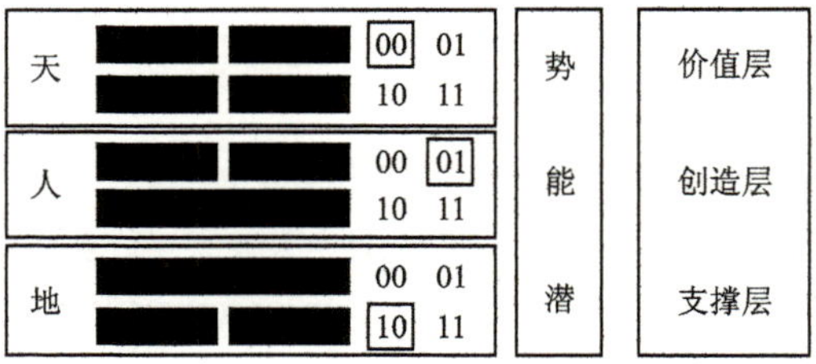

图 9.9 企业生长状态之起事/再挖潜 000110

企业开始了生长。

驱动企业生长的“营养”“力量”主要依赖于企业自身的“支撑层—地—潜力”。

支撑层是孕育企业不断生长发展的土壤，潜力是企业不断前行壮大的营养。

这个时候是起事之后的三思而行。思，主要是体现在对内在潜力的三思，体现在 PQ 的完善方面。

在潜力的检视、完善的过程中，此时是对“起事/做二”的深化，基本逻辑不变，即没有质的变化，仅仅是完成量的变化。

因为，刚刚从 CQ=1 发展过来，这个时候有两个方向选择：向前看，还是向后看。我们认为应该是“向后看”，不要着急向前看。其内涵是，需要检视潜力挖掘的充分性、正确性，需要给新的产品新的服务成熟期，以恰当地完善方法和指导思想。

此时采取的变化就是努力完成第二轮的 PQ 从 1 到 2 的迭代和完善。

表 9.11 为企业起事/再挖潜生长状态评估表。

表 9.11 企业起事/再挖潜生长状态评估表

评估指标 企业系统	IQ＝m 投资投入	EQ＝0 势 （空）	CQ＝1 能力 （虚）	PQ＝2 潜 （实）
决策系统 （领导决策层）	加大在潜力特别是创新方面的资金投入	趋势不清 无力把握 战略不明	打铁需要自身硬，目前能力弱小	需要在能力初现的基础上，对潜力进行第三轮的挖掘和确定
执行系统（管理服务层）	管控创新成本和创新回报。 关注盈利模式、商业模式的市场验证和成效	与趋势进行谨慎的印证，不断注重趋势可能的变化，以便做好能力的适应性改变	组建团队完成生产环境的准备	以能力为指导，挖掘执行层面的潜力，必要的时候根据需要调整和补充人才
生产系统 （加工研制层）	对于生产研制的投入要有保障，也要有质量，通常此时初创企业应该开始天使轮融资，成熟企业用自身资金或者股权融资加大投入	以潜力和能力为基础，确定合适的生产研制战略规划，重点在于与趋势的匹配，对未来的预测和应变	启动生产 添置/购置设备、设施 安排生产计划 调整确定生产能力 产品开发 创新型企业的项目立项	在已有产品的基础上进行产品本身创新的论证。特别是，对于产品的功能性能进行深入的挖掘
营销系统 （市场开拓层）	盈利模式	商业模式	市场调研	市场验证
免疫系统 （综合防范和诊治层）	对于从 0 到 1 的企业没有免疫力；对于从 1 到 N 的企业，着重是现金流、资产负债率，不能出现问题	趋势的不适应是产生大毛病的重要原因，在免疫系统层面重视这个问题很重要	产品检测，系统测试，产品质量保证，市场的验证和情况的把握	已经构建的能力、已经组建的团队、已经开发的产品，挖掘潜在的风险

起事/升级

企业生长状态之起事/升级如图 9.10 所示。

企业在自身能力构建和提升的过程中，与之同步开展的潜力挖掘和定位又到了

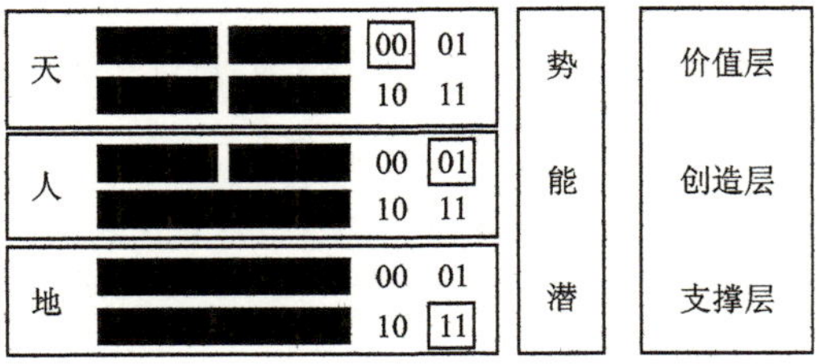

图 9.10　企业生长状态之起事/升级　000111

一个新的阶段。

从 PQ=2,CQ=1 的情况来看,企业或者创新项目具备了全面发动的良好基础,发展开始强调执行力了。

但是,考核能力的指标 CQ 的值还仅仅为 1,距离最大值 3,还有一定的距离,因此企业向前发展的重点应聚焦“能力与条件”建设,即提高产能、提高技术、扩大市场、扩大队伍等等。

从生长状态图上看,企业所处的环境和趋势预示着在变化过程中,因此企业在此时在能力与条件上的投入面临的主要是趋势变化的风险,包括政策风险、行业风险、技术变化风险、用户需求不确定风险等等。

因此,提示企业要做好 PQ 方面的风险防范和重点跟进与关注,环境和趋势是不能改变的,需要做的就是及时应变、正确应变。

表 9.12 为企业起事/升级生长状态评估表。

表 9.12　企业起事/升级生长状态评估表

评估指标 企业系统	IQ=m 投资投入	EQ=0 势 (空)	CQ=1 能力 (虚)	PQ=3 潜力 (实)
决策系统 (领导决策层)	加大在能力建设方面的投入	趋势不清 无力把握 战略不明	打铁需要自身硬,目前能力弱小	到了厚积薄发的时机,基础夯实
执行系统 (管理服务层)	管理团队需要扩充,人员成本快速提升,该系统建设经费需求增大	研究趋势,尽力把握	完善团队,扩大团队	立项 转化 试制
生产系统 (加工研制层)	需要资金上的投入配合,进行规模和能力第二次提升的经费加大投入	技术跟踪	以项目为驱动提升能力	试制

续表 9.12

评估指标 / 企业系统	IQ＝m 投资投入	EQ＝0 势 （空）	CQ＝1 能力 （虚）	PQ＝3 潜力 （实）
营销系统 （市场开拓层）	市场前期投入 盈利模式确定	商业模式	市场策略	市场开拓
免疫系统 （综合防范和诊治层）	现金流是需要集中力量管控的风险点。 对现金流的关注要高于利润的考虑，比如要综合考虑库存、应收款等等，尽量不让属于自己的资金滞留在外面	考虑建立“市场舆情”的跟踪和掌握机制，必要的时候利用软件系统来实施，从而从市场端的冷暖来调整风险防范方案，调整产品或服务的供给方案等	产品检测 系统测试 产品质量保证 市场的验证和情况的把握能力 盈利模式的守与变	考虑下一步如何借助外部资源优势支撑潜力提升，从而提升抵御风险的能力

发育(00 10 00)

发动/加速

企业生长状态之发动/加速如图 9.11 所示。

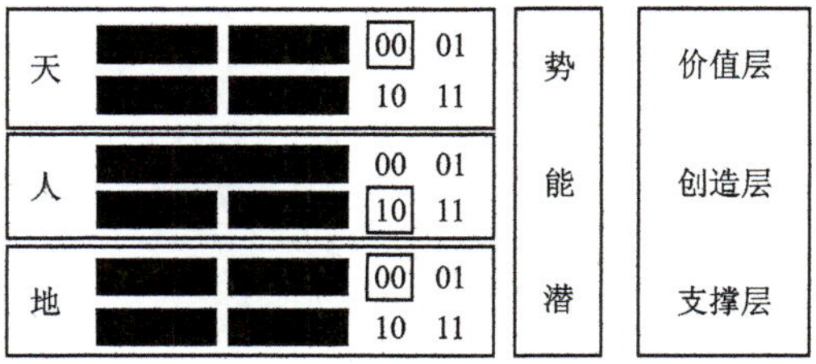

图 9.11　企业生长状态之发动/加速　001000

开弓没有回头箭。

企业全力加速提升自身的“能力与条件”，目标就是一个——“抢占和开拓市场”。

从 CQ＝2 的情况来看，企业的能力达到了一个欣欣向荣的状态，必须主张提速和效率致胜。

此时还有一个特征就是 PQ＝0，EQ＝0。此时企业需要承受的压力和面对的风险陡然增加，再往下的每一步都是巨大的挑战了，而且没有退路，只能向前。

其预示着，企业自身的潜力挖掘到了需要变革的状态，自身的潜力到了不能再挖的状态，从措施和方法以及多数企业的经验来看，此时需要借助外力，通过整合资源、嫁接资源的方式来为企业潜力的提升做充实、做铺垫，以便不时之需。

从企业所处的环境、行业趋势来看，也处于动态发展的变化过程中，自古华山一条路：只有掌握趋势、顺应趋势、好事趁好势，才能突破这个阶段的发展屏障。

因为已经加速，所以风险和压力是陡然增加的，这是此卦的特征。

表 9.13 为企业发动/加速生长状态评估表。

表 9.13　企业发动/加速生长状态评估表

评估指标 企业系统	IQ＝m 投资投入	EQ＝0 势 （空）	CQ＝2 能力 （实）	PQ＝0 潜力 （空）
决策系统 （领导决策层）	成本为第一生命线 利润为第二生命线	趋势不清 战略不明 把握不够	能力提升	基础变得再次薄弱
执行系统 （管理服务层）	做高级团队建设的财务规划、激励机制规划、市值管理计划	有意识反馈从生产端、市场端反馈的不协调、不顺畅的情况，这些是非常重要的决策参考信息依据，不能有忽略或过滤	全力以赴 不加质疑地执行各项决定，做好上传下达，落实监督到位	需要适时引入更高水平的人才，才能驾驭好快速发展的企业
生产系统 （加工研制层）	投资投入重点放在产品生产或服务提供上，也包括人员队伍增加，控制好现金流，做好财务测算。 作为从 0 到 1 的企业，可以尽快开展融资发展	如果企业的产品或者服务与趋势的对应是非常清晰的，则加大生产力度；极力避免对发展趋势不明，对市场判断失误的情况发生	控制产品质量， 控制库存， 提升生产效率， 进行小规模的生产创新	与其他部门协调好，关注行业技术发展趋势、产品变化趋势
营销系统 （市场开拓层）	为制定合适的商业模式应该预算合理的投入资金； 为开拓市场应做营销预算的规划； 随着企业的投入不断增多，现金流控制越来越强调	从市场端关注大趋势、小气候的变化，这对企业的影响有时是非常致命的	在产品进行规模量产的情况下，营销的能力是企业发展的关键。营销应以明确的商业模式为指导，进行充分验证	产品或服务的价值挖掘影响着价值变现，挖掘自身隐藏的价值能够突出效益

续表 9.13

评估指标 / 企业系统	IQ=m 投资投入	EQ=0 势 （空）	CQ=2 能力 （实）	PQ=0 潜力 （空）
免疫系统（综合防范和诊治层）	现金流、资金的风险防范，需要融资配合，需要提高自身的资本运作能力	盯住和关注产品和市场端变化的风险	关注生产效率、库存周转	增加潜力积累的措施制定，不能忽略潜力对于企业发展能力过程中的后发影响力

发动/挖潜

企业生长状态之发动/挖潜如图 9.12 所示。

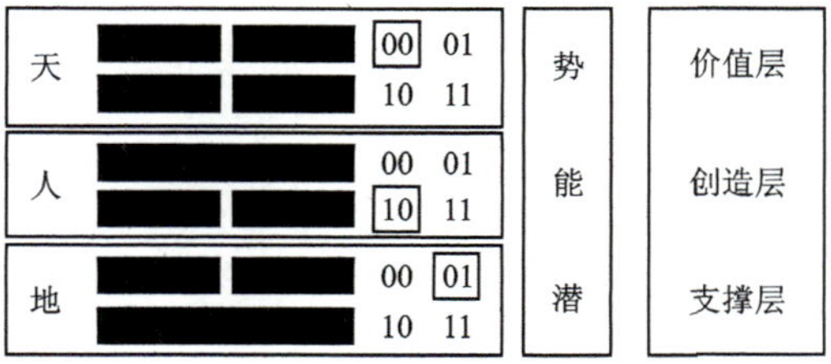

图 9.12　企业生长状态之发动/挖潜　001001

发动/挖潜——主要是从自身内部挖掘潜力、提出问题、研究解决方案等等。

潜力是我们一直非常关注的企业发展要素，并且是“势能潜三才”中重要的一个部分——厚积薄发；反之，“基础不牢，地动山摇”。

在此时，在发动/挖潜的生长状态中，需要的就是通过外力来增加企业的潜力基础和储备，启动对未来不时之需的行动措施，而不是观望。

通常的做法是以技术创新为例，使用产学研结合的方法和措施。其实，企业潜力提升的方法远远不止技术创新的部分，还包含很多，比如，此时企业的文化创新、企业精神的塑造、企业管理机制的创新、企业工艺和生产整合的创新等等，以及可以感受到的企业内部不协调、不顺畅的事情越来越多，针对这些问题的研究并实施的创新，诸如此类。

按照这一企业生长状态的要求，发动/挖潜就是全力在如何提升企业潜力方面做重点工作规划。

当然，EQ=0 也预示着此时企业对于外部趋势和环境的把握还欠火候。风险与收益成正比，与成功率成反比，这种情况比较多见，需要给予足够重视，但不能对这种情况产生厌恶情绪，否则对企业统一行动不利。

表 9.14 为企业发动/挖潜生长状态评估表。

表 9.14　企业发动/挖潜生长状态评估表

评估指标 企业系统	IQ=m 投资投入	EQ=0 势 （空）	CQ=2 能 （实）	PQ=1 潜 （虚）
决策系统 （领导决策层）	守住生产端 扩展潜力池，并适当地向前走一步，实现潜力的递增	此时，企业虽然对未来的发展趋势和环境的变化处于不明确的状态中，但是愿意冒险进行尝试，发展的决心已树立。这是企业从0到1发展初期的共同特点。此时，主要难点是“方向”的选择	企业发展到这个阶段，能力部分是决定企业生死存亡的全部，因为：资金投下去了、方向选定了，不能够再走回头路了。如果，非要重新定义能力、走回头路，那么企业将进行归零式的蜕变	找到外力，找到外脑，启动借势做整合行动。 外力、外脑、外部其他资源对于此时的企业发展异常重要
执行系统 （管理服务层）	做高级团队建设的财务规划、激励机制规划、市值管理计划	有意识反馈从生产端、市场端反映的不协调、不顺畅的情况，这些是非常重要的决策参考信息依据，不能有忽略或过滤	全力以赴 不加质疑地执行各项决定，做好上传下达，落实监督到位	需要适时引入更高水平的人才，才能驾驭好快速发展的企业
生产系统 （加工研制层）	资金需求逐渐增加、增大，需要融资配合，需要提高自身的资本运作能力	如果企业的产品或者服务与趋势的对应是非常清晰的，则加大生产力度；极力避免对发展趋势不明，对市场判断失误的情况发生	控制产品质量，控制库存，提升生产效率，进行小规模的生产创新	与其他部门协调好，关注行业技术发展趋势、产品变化趋势
营销系统 （市场开拓层）	为制定合适的商业模式应该预算合理的资金投入； 为开拓市场应做营销预算的规划； 随着企业的投入不断增多，越来越强调现金流控制	从市场端关注大趋势、小气候的变化，这对企业的影响有时是非常致命的	在产品进行规模量产的情况下，营销的能力是企业发展的关键。营销应以明确的商业模式为指导，进行充分验证	产品或服务的价值挖掘影响着价值变现，挖掘自身隐藏的价值能够突出效益

续表 9.14

评估指标 / 企业系统	IQ=m 投资投入	EQ=0 势 (空)	CQ=2 能 (实)	PQ=1 潜 (虚)
免疫系统 (综合防范和诊治层)	现金流、资金的风险防范	盯住和关注产品和市场端变化的风险	关注生产效率、库存周转、市场验证、盈利模式的守与变	实现和启动潜力积累的措施是抵御风险的积极主动方案

发动/再挖潜

企业生长状态之发动/再挖潜如图 9.13 所示。

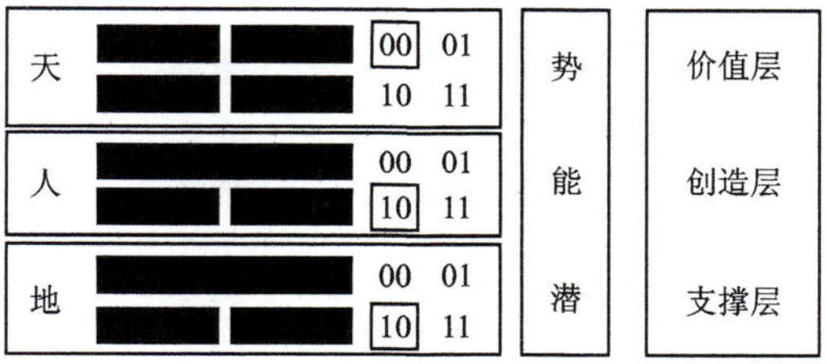

图 9.13　企业生长状态之发动/再挖潜　001010

发动/再挖潜——主要是向外部寻找支撑,包括资源、投资、创新、股东结构调整等等。

潜力是我们一直非常关注的企业发展要素,并且是“三才”中重要的一个部分。

在此时,在发动/增潜卦象中,需要的就是通过外力来增加企业的潜力基础和储备,启动对未来不时之需的行动措施,而不是观望。

通常的做法是以技术创新为例,使用产学研结合的方法和措施。其实,企业潜力提升的方法远远不止技术创新的部分,还包含很多,比如,此时企业的文化创新、企业精神的塑造、企业管理机制的创新、企业工艺和生产整合的创新等等,以及可以感受到的企业内部不协调、不顺畅的事情越来越多,针对这些问题的研究并实施的创新,诸如此类。

按照这一卦象的要求,发动/再挖潜就是全力在如何提升企业潜力方面做重点工作规划。

当然,EQ=0 也预示着此时企业对于外部趋势和环境的把握还欠火候。风险与收益成正比,与成功率成反比,这种情况比较多见,需要给予足够重视,但不能对这种情况产生厌恶情绪,否则对企业统一行动不利。

表 9.15 为企业发动/再挖潜的生长状态评估表。

表 9.15　企业发动/再挖潜生长状态评估表

评估指标 企业系统	IQ＝m 投资投入	EQ＝0 势 （空）	CQ＝2 能力 （实）	PQ＝2 潜力 （实）
决策系统 （领导决策层）	守住生产端 扩展潜力池，并适当地向前走一步实现潜力的递增	此时，企业虽然对未来的发展趋势和环境的变化处于不明确的状态中，但是愿意冒险进行尝试，发展的决心已树立。这是从 0 到 1 企业发展初期的共同特点。此时，主要难点是“方向”的选择	企业发展到这个阶段，能力部分是决定企业生死存亡的全部，因为：资金投下去了、方向选定了，不能够再走回头路了。如果，非要再次重新定义能力、走回头路，那么企业将进行归零式的蜕变	找到外力，找到外脑，启动借势做整合行动。 外力、外脑、外部其他资源对于此时的企业发展异常的重要
执行系统 （管理服务层）	做高级团队建设的财务规划、激励机制规划、市值管理计划	对企业内部环境及其变化、对外部环境趋势变化进行评估，为进一步加大投入提供支撑	全力以赴 不加质疑地执行各项决定，做好上传下达，落实监督到位	需要适时引入更高水平的人才，才能驾驭好快速发展的企业
生产系统 （加工研制层）	资金需求逐渐增加、增大	如果企业的产品或者服务与趋势的对应是非常清晰的，则加大生产力度；极力避免对发展趋势不明，对市场判断失误的情况发生	控制产品质量，控制库存，提升生产效率，进行小规模的生产创新	与其他部门协调好，关注行业技术发展趋势、产品变化趋势
营销系统 （市场开拓层）	增加市场开拓的投入	从市场端关注大趋势、小气候的变化，这对企业的影响有时是非常致命的	在产品进行规模量产的情况下，营销的能力是企业发展的关键。营销应以明确的商业模式为指导，进行充分验证	产品或服务的价值挖掘影响着价值变现，挖掘自身隐藏的价值能够突出效益

续表 9.15

评估指标 / 企业系统	IQ=m 投资投入	EQ=0 势 （空）	CQ=2 能力 （实）	PQ=2 潜力 （实）
免疫系统 （综合防范和诊治层）	现金流、资金的风险防范，需要融资配合，需要提高自身的资本运作能力	盯住和关注产品和市场端变化的风险，竞争者出现或者突然增多	关注生产效率、 库存周转、 市场验证、 盈利模式的守与变	实现和启动潜力积累的措施，是抵御风险的积极主动方案

发动/升级

企业生长状态之发动/升级如图 9.14 所示。

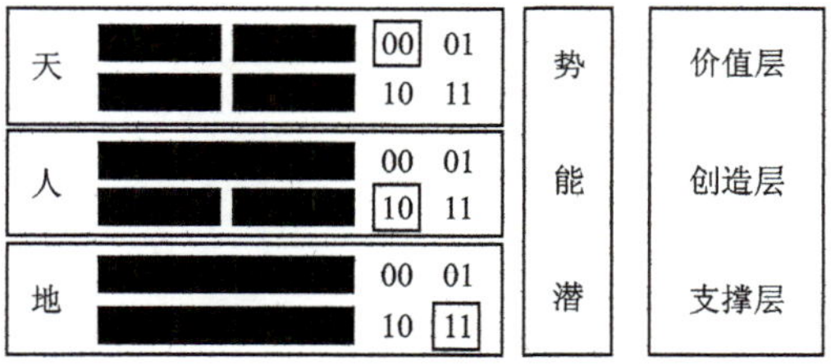

图 9.14　企业生长状态之发动/升级　001011

发动/升级——主要是内、外资源的整合，增厚“支撑层—地—潜力”的厚度，为进一步的提升企业，打下更坚实的基础。关键，资源的成功整合。

所有的企业都知道“整合资源”的重要性和决定性。

实质上，整合资源有三个步骤：知道自己需要什么，外面去寻找什么，找回来后的整合、结合。

在潜力维度的投入和量变，即将引起企业的质变，我们称之为“厚积薄发”——只有做超前的积累和投入，才能导致企业长期可持续发展。

在这个格局下，其他的部分都是在不断地强化量变的过程。对于决策层的指引作用和需要采取的措施意义最大。所需要采取的措施也是企业发展战略层面的居多，比如，扩大产能、多元化发展、资产重组、并购，大规模融资等等。从这个阶段以后，企业越来越依赖于正确的战略制定，资本作为第一驱动力的角色越来越显化，企业的竞争体现在资本资源运作能力的竞争层面。

如果企业蓄势不够充分，再好的资源和资本的介入都显得不够成熟，处理不好，对企业的发展反而是十分有害的。这类似于驾驶技术和车辆质量都不好，却非要超速行驶。

所以，把握宏观大局、确定战略的能力是今后企业发展的核心部分了。

表 9.16 为企业发动/升级生长状态评估表。

表 9.16 企业发动/升级生长状态评估表

评估指标 企业系统	IQ=m 投资投入	EQ=0 势 (空)	CQ=2 能 (实)	PQ=3 潜力 (满)
决策系统 (领导决策层)	守住生产端 扩展潜力池,并适当地向前走一步,实现潜力的递增	此时,企业虽然对未来的发展趋势和环境的变化处于不明确的状态中,但是愿意冒险进行尝试,发展的决心已树立。这是企业从0到1发展初期的共同特点。此时,主要难点是“方向”的选择	企业发展到这个阶段,能力部分是决定企业生死存亡的全部,因为:资金投下去了、方向选定了,不能够再走回头路了。如果,非要重新定义能力、走回头路,那么企业将进行归零式的蜕变	对于能够为企业所用的外部资源整合已经达到了顶峰。 决策系统需要转换到对于外部大势、大局、战略发展的把握上来了
执行系统 (管理服务层)	做高级团队建设的财务规划、激励机制规划、市值管理计划	对企业内部环境及其变化、对外部环境趋势变化进行评估,为进一步加大投入提供支撑	全力以赴 不加质疑地执行各项决定,做好上传下达,落实监督到位	需要适时引入更高水平的人才,才能驾驭好快速发展的企业
生产系统 (加工研制层)	资金需求逐渐增加、增大	如果企业的产品或者服务与趋势的对应是非常清晰的,则加大生产力度;极力避免对发展趋势不明,对市场判断失误的情况发生	控制产品质量,控制库存,提升生产效率,进行小规模的生产创新	与其他部门协调好,关注行业技术发展趋势、产品变化趋势
营销系统 (市场开拓层)	增加市场开拓的投入	从市场端关注大趋势、小气候的变化,这对企业的影响有时是非常致命的	在产品进行规模量产的情况下,营销的能力是企业发展的关键。营销应以明确的商业模式为指导,进行充分验证	产品或服务的价值挖掘影响着价值变现,挖掘自身隐藏的价值能够突出效益

续表 9.16

评估指标 / 企业系统	IQ=m 投资投入	EQ=0 势 （空）	CQ=2 能 （实）	PQ=3 潜力 （满）
免疫系统 （综合防范 和诊治层）	现金流、资金的风险防范， 需要融资配合， 需要提高自身的资本运作能力	盯住和关注产品和市场端变化的风险	关注生产效率、 库存周转、 市场验证、 盈利模式的守与变	实现和启动潜力积累是抵御风险的积极主动方案

做强(00 11 00)

做强/发动

企业生长状态之做强/发动如图 9.15 所示。

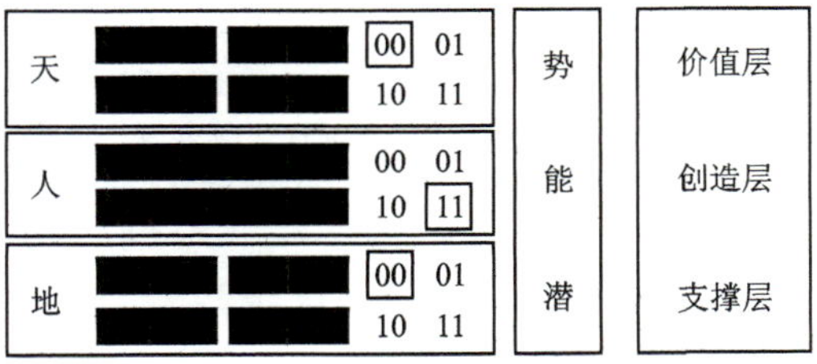

图 9.15　企业生长状态之做强/发动 001100

企业做大所遵循的是“打铁需要自身硬”，所要实现的是自身“创造价值”能力的提升。做大主要指的是“能力强”，同时也指的是创造的价值大。

全力做好一件事：价值创造（产品、服务、创新）。

这就好像一场必须胜利的战役，吹起冲锋号，抛弃所有的其他杂念和干扰因素，调集所有的活力，集中全部的注意力把企业的能力搞上去，把企业转换市场价值、形成利润的全部力量毫无保留地发挥出来。

不冲锋，那么前面所有的工作将前功尽弃。对于很多企业而言，冲锋的内涵是不同的。对于上市企业，就是全力做好市值管理；对于制造企业就是全力做好产品的生产和营销；对于创新型企业，选定方案、开足马力，全力以赴地确保产品上线、服务面市。除此之外的其他部分，在此卦象的指引下，显得不是核心重要的了。

以上的每一次决策、探索、尝试很像打攻坚战时的“发动/冲锋”，即以必胜的信念开战。

在拿下阵地，有战略主动和市场先机后，再次寻求修正、完善的机会才会出现。

表 9.17 为企业发动/做强生长状态评估表。

表 9.17　企业发动/做强生长状态评估表

评估指标 企业系统	IQ=m 投资投入	EQ=0 势 （空）	CQ=3 能 （满）	PQ=0 潜 （空）
决策系统 （领导决策层）	关注资金、资本运作和使用，全部的弹药集中火力地投入到能力与条件建设当中去	此时，企业虽然对未来的发展趋势和环境的变化处于不明确的状态中，但是愿意冒险进行尝试，发展的决心已树立。这是企业从 0 到 1 发展初期的共同特点。此时，主要难点是“方向”的选择	企业发展到这个阶段，能力部分是决定企业生死存亡的全部，因为：资金投下去了、方向选定了，不能够再走回头路了。如果，非要重新定义能力、走回头路，那么企业将进行归零式的蜕变	潜力维度的工作需要告一段落，待到企业决胜之后，根据新的形势，会对潜力提出完全不同的诉求，这时的质变会发生。所以，不急于再在潜力维度给予关注
执行系统 （管理服务层）	做高级团队建设的财务规划、激励机制规划、市值管理计划	在对企业内部环境及其变化、对外部环境趋势变化进行评估的基础上，有依据地组织生产能力的扩大	全力以赴 不加质疑地执行各项决定，做好上传下达，落实监督到位	再一次，随着企业的能力提升，企业的潜力变为归零状态
生产系统 （加工研制层）	资金需求逐渐增加、增大	如果企业的产品或者服务与趋势的对应是非常清晰的，则加大生产力度；极力避免对发展趋势不明，对市场判断失误的情况发生	控制产品质量，控制库存，提升生产效率，进行小规模的生产创新	为了实现做大的目标，生产系统的潜力设计与规划要做重点考虑，这是支持企业未来 3～5 年的生产能力
营销系统 （市场开拓层）	增加市场开拓的投入	从市场端关注大趋势、小气候的变化，这对企业的影响有时是非常致命的	在产品进行规模量产的情况下，营销的能力是企业发展的关键。营销应以明确的商业模式为指导，进行充分验证	产品或服务的价值挖掘影响着价值变现，挖掘自身隐藏的价值能够突出效益

续表 9.17

评估指标 企业系统	IQ=m 投资投入	EQ=0 势 （空）	CQ=3 能 （满）	PQ=0 潜 （空）
免疫系统 （综合防范和诊治层）	现金流、资金的风险防范，需要融资配合，需要提高自身的资本运作能力	盯住和关注产品和市场端变化的风险，竞争者出现或者突然增多	关注生产效率、库存周转、市场验证、盈利模式的守与变	不能忽视在自身能力提高的情况下，潜力会枯竭的严重问题

做强/挖潜

企业生长状态之做强/挖潜如图 9.16 所示。

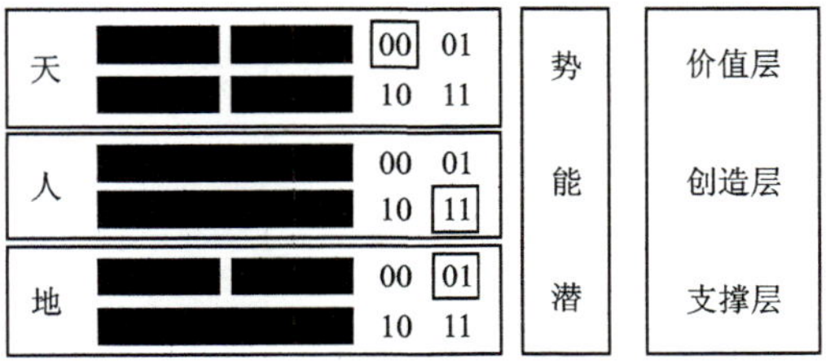

图 9.16　企业生长状态之做强/挖潜　001101

做强/挖潜——从企业自身内部寻找潜力、问题、制定解决方案；所谓知己知彼，百战不殆。

先说 PQ=1 的现象。

此时，由于企业向前发展走了很长一段的距离了，在新的发展诉求下，在螺旋上升的过程中，在对于企业未来向何处发展的检视下，企业应该具有新的“潜力”储备和积淀诉求，这就是再次的升级发展、创新求变了。

其次，在 CQ=3 的情况下，预示着企业仅仅靠自身的能力和条件建设也已经达到了顶峰，再在这个维度进行提升，所产出的效率不会再有明显变化，很多时候反而会出现利润下滑、企业状态变得糟糕的情况。究其原因是，能力达到了瓶颈之后，企业发展变化的措施应另寻他法。这个办法就是“**做势+做事**”，以做事为基础，企业的成熟度和发展阶段进入以“势能”为驱动的历史阶段。

在 PQ 维度，由于受到能力达到顶峰的瓶颈限制，有工作提示的空间，但对于未来发展的决定性是次要的。因为，企业究竟如何变得更强、如何更好地指引，需要确认。如何确定企业能更有效率和更正确地储备和积淀潜力呢？如果去做，但已经有人在这种情况下去做了，只是实际上眼光和格局限制了对于企业向更高、更远的发展。

表 9.18 为企业做强/挖潜生长状态评估表。

表 9.18　企业做强/挖潜生长状态评估表

评估指标 企业系统	IQ＝m 投资投入	EQ＝0 势 （空）	CQ＝3 能 （满）	PQ＝1 潜 （虚）
决策系统 （领导决策层）	企业的资金和利润情况看起来非常的良好，按照“守成”的思路、“歇一歇”的思路，也看似没有什么问题。企业做到这个状态，应该算是小富了。也有企业家就选择了“小富即安”了。从价值观而言，无可厚非	此时，企业虽然对未来的发展趋势和环境的变化处于不明确的状态中，但是愿意冒险进行尝试，发展的决心已树立。这是企业从0到1企业发展初期的共同特点。此时，主要难点是“方向”的选择	企业发展到这个阶段，能力达到顶峰，也意味着遇到了发展的瓶颈，需要从趋势和潜力端挖掘入手，转型升级	在企业能力瓶颈下的潜力创新和缔造，此时的行动和措施在未来进行兑现存在风险，原因是其与企业的能力的质变过程不一定匹配
执行系统 （管理服务层）	做高级团队建设的财务规划、激励机制规划、市值管理计划	执行系统不能眼光仅仅盯着企业内部的各项事务，执行系统作为企业的有机部分，其对外的感知和对自身感知能力的提升对于企业而言是致命的	全力以赴 不加质疑地执行各项决定，做好上传下达，落实监督到位	随着企业不断发展，瞄准转型升级，作为执行系统的潜力要求是“认识能力”和“人才结构”
生产系统 （加工研制层）	对于生产型企业，生产端的资本投入已经很大，面临转型升级就会有投入的趋势； 对于服务型的企业，提供市场服务受社会环境和人文变化的影响是巨大的；两者在投入上都是要加大的，资金需求逐渐增加、增大	生产系统看似默默无闻，但是作为一个系统，其也有责任掌握和跟进生产工艺技术的发展趋势，以至于从自身提出市场发展的趋势	控制产品质量，控制库存，提升生产效率，进行小规模的生产创新	此时的潜力打造存在较大风险，原因是，面临转型升级方向选择的不确定性，也有试错的必要性

续表 9.18

评估指标 企业系统	IQ=m 投资投入	EQ=0 势 (空)	CQ=3 能 (满)	PQ=1 潜 (虚)
营销系统 (市场开拓层)	增加市场开拓的投入。 面临着企业能力转型升级发展的约束	从市场端关注大趋势、小气候的变化,这对企业的影响有时是非常致命的	企业之所以能够做大,来到这个状态,也说明营销能力是很不错的,但是遵循变化的指导思想,也要谋求自身能力的升级转型	产品或服务的价值挖掘影响着价值变现,挖掘自身隐藏的价值能够突出效益
免疫系统 (综合防范和诊治层)	需要放宽视野、更新战略、进行格局的提升和定位,否则盛极而衰。 需要融资配合,需要提高自身的资本运作能力	盯住和关注产品和市场端变化的风险,竞争者出现或者突然增多	关注生产效率、库存周转、市场验证、盈利模式的守与变	内部潜力已经不存在大的影响力了

做强/再挖潜

企业生长状态之做强/再挖潜如图 9.17 所示。

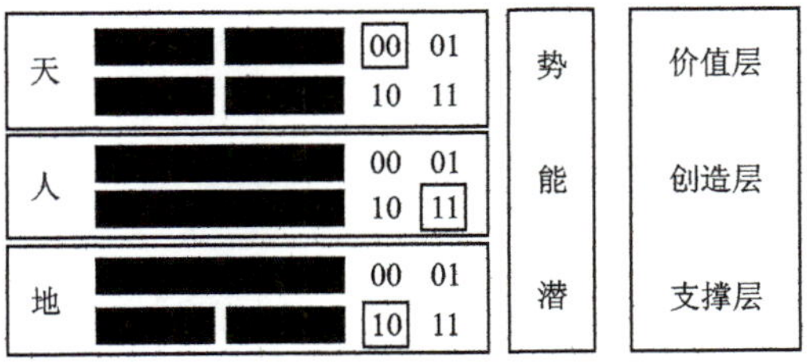

图 9.17 企业生长状态之做强/再挖潜 001110

做强/再挖潜——主要的是向外部寻找资源、寻求支持,以便引入和转化后,解决企业自身的潜力积累问题。这也是比较积极的、超前的战略举措之一。

企业出在这个生长状态上,是在 001101(虚)的基础上更进一步的发展到 001110(实)的状态,并且是指在“潜”的方面进行了加大投入和预期,以期更具实力。

如做强/再挖潜的表述,此时的企业通过在潜力方面的积累,目的是希望能够尽快转化成能力,但从企业自身具备的素质而言,能力到了瓶颈顶峰,需要变革的是“能力结构”,而不是“能力增强”那么简单。

当然,此时企业展现了在经营发展过程中相对自己而言最强大的能力。

在这种情况下，在潜力的方面进行深化是“大守成、小创新”的典型现象，意图通过向前进一步地延伸和发展来确保自己的强大或者领先的地位。这样做可以，但不一定是最好的战略决策。

在这个状态下的企业，也很可能相当长一段时间发展得的确很好。其所受的的最大威胁和挑战就是趋势的变化，这种变化不经常发生，也有称作“战略机遇期”，一般都随社会发展、技术变革的巨大变化的发生而产生。

因此，我们要判断的是：企业所处的行业是否存在发生巨大变革的可能性。如果不存在，那么反复在潜力层面打造，并逐步促进能力的小步提升，这种可能性是最大的。如果存在，那么这类企业就必须寻求在更宽的事业和更大的格局层面上重新设定转型升级发展的战略和目标，才能够在趋势发生的时候顺势而上，不至于被淘汰。所以，我们强调的是“蓄势”，这个要注意去做到。

表 9.19 为企业做强/再挖潜生长状态评估表。

表 9.19　企业做强/再挖潜生长状态评估表

评估指标 企业系统	IQ=m 投资投入	EQ=0 势 （空）	CQ=3 能 （满）	PQ=2 潜 （实）
决策系统 （领导决策层）	企业的资金和利润情况看起来非常良好，按照“守成”的思路、“歇一歇”的思路，也看似没有什么问题。企业做到这个状态，应该算是小富了，也有企业家就选择了“小富即安”。从价值观而言，这无可厚非	此时，企业虽然对未来的发展趋势和环境的变化处于不明确的状态中，但是愿意冒险进行尝试，发展的决心已树立。这是企业从 0 到 1 发展初期的共同特点。此时，主要难点是“方向”的选择	企业发展到这个阶段，能力达到顶峰，也意味着遇到了发展的瓶颈。需要从趋势和潜力端挖掘入手，转型升级	在企业能力瓶颈下的潜力创新和缔造，此时的行动和措施在未来进行兑现存在风险，原因是其与企业的能力的质变过程不一定匹配
执行系统 （管理服务层）	做高级团队建设的财务规划、激励机制规划、市值管理计划	与趋势进行谨慎的印证，不断注重趋势可能的变化，以便做好能力的适应性改变	全力以赴，不加质疑地执行各项决定，做好上传下达，落实监督到位	创新部门承担重任

续表 9.19

企业系统 \ 评估指标	IQ=m 投资投入	EQ=0 势 （空）	CQ=3 能 （满）	PQ=2 潜 （实）
生产系统 （加工研制层）	对于生产型企业，生产端的资本投入已经很大，面临转型升级就会有投入的趋势； 对于服务型的企业，提供市场服务受社会环境和人文变化的影响是巨大的；两者在投入上都是要加大的，资金需求逐渐增加、增大	生产系统看似默默无闻，但是作为一个系统，其也有责任掌握和跟进生产工艺技术的发展趋势，以至于从自身提出市场发展的趋势	控制产品质量，控制库存，提升生产效率，进行小规模的生产创新	此时的潜力打造存在较大风险。原因是，面临转型升级方向选择的不确定性，也有试错的必要性
营销系统 （市场开拓层）	增加市场开拓的投入。 面临着企业能力转型升级发展的约束	从市场端关注大趋势、小气候的变化，这对企业的影响有时是非常致命的	企业之所以能够做大，来到这个状态，也说明营销能力是很不错的，但是遵循变化的指导思想，也要谋求自身能力的升级转型	产品或服务的价值挖掘影响着价值变现，挖掘自身隐藏的价值能够突出效益
免疫系统 （综合防范和诊治层）	需要放宽视野、更新战略、进行格局的提升和定位，否则会盛极而衰。 需要融资配合 需要提高自身的资本运作能力	盯住和关注产品和市场端变化的风险，竞争者出现或者突然增多	关注生产效率、库存周转、市场验证、盈利模式的守与变	内部潜力已经不存在大的影响力了

做强/升级

企业生长状态之做强/升级如图 9.18 所示。

做强/升级：一方面，整合资源；另一方面，转型发展。

注意：这也是“不突破会有很大风险”的生长状态——生于忧患，死于安乐，就是这个内涵。

此时，PQ=3，CQ=3，预示着目前企业内部一切良好（满，满招损），各个部分运

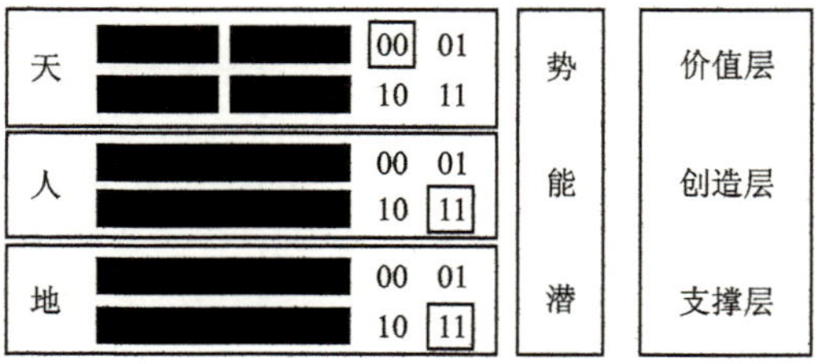

图 9.18　企业生长状态之做强/升级　001111

转高效达到顶峰，企业出现了最高水平的能力条件，潜力储备和转化、生产经营等等全部都是乐观的。

在行业和形势发生变化的周期内，这类企业此时处于全盛时期，拥有非常良好的状态。

按照居安思危的古训，按照兴衰转换的规律，这样的状态终有发生变化的一天。

难点在于，谁也不知道变化什么时候发生，谁也不太愿意在这么好的情况下提出企业潜伏着很大的危机。

但是，此时恰恰需要这么去想。

企业的冬天随时会来临。

有这样的想法的企业家真正是具有企业家精神的，他们会超越常人的眼光看到遥远的未来企业可能面临的生存危险，并能够带领团队从眼下开始做起。

怎么做呢？

寻找突破点——在趋势的脉络和规律中进行新思想、新方法的探索和尝试，以这个层面的创新求变化、求发展。

表 9.20 为企业做强/升级生长状态评估表。

表 9.20　企业做强/升级生长状态评估表

评估指标 企业系统	IQ=m 投资投入	EQ=0 势 （空）	CQ=3 能 （满）	PQ=3 潜 （满）
决策系统 （领导决策层）	企业的资金和利润情况看起来非常的良好，按照“守成”的思路、“歇一歇”的思路，也看似没有什么问题。企业做到这个状态，应该算是小富了。也有企业家选择了“小富即安”。从价值观而言，无可厚非	此时，企业虽然对未来的发展趋势和环境的变化处于不明确的状态中，但是愿意冒险进行尝试，发展的决心已树立。这是企业从0到1发展初期的共同特点。此时，主要难点是“方向”的选择	企业发展到这个阶段，能力达到顶峰，也意味着遇到了发展的瓶颈。需要从趋势和潜力端挖掘入手，转型升级	企业的潜力投入和发展达到顶峰，也预示着企业的潜力发展遇到了瓶颈

续表 9.20

评估指标 / 企业系统	IQ=m 投资投入	EQ=0 势 (空)	CQ=3 能 (满)	PQ=3 潜 (满)
执行系统 (管理服务层)	做高级团队建设的财务规划、激励机制规划、市值管理计划	在企业即将发生本质突破的时候,趋势的跟进、把握是成败的关键	全力以赴, 不加质疑地执行各项决定,做好上传下达,落实监督到位	创新部门需要升级
生产系统 (加工研制层)	资金需求逐渐增加、增大	生产系统不适应趋势需要的部分开始展现	控制产品质量,控制库存,提升生产效率,进行小规模的生产创新	生产部门与系统需要升级
营销系统 (市场开拓层)	增加市场开拓的投入	从市场端关注大趋势、小气候的变化,这对企业的影响有时是非常致命的	全力营销, 营销的能力需要创新	产品或服务的价值挖掘影响着价值变现,挖掘自身隐藏的价值能够突出效益
免疫系统 (综合防范和诊治层)	需要放宽视野、更新战略、进行格局的提升和定位,否则盛极而衰。 需要融资配合 需要提高和敏感自身的资本运作能力	盯住和关注产品和市场端变化的风险,竞争者出现或者突然增多 如何找到突破方向	关注生产效率、库存周转、市场验证、盈利模式的守与变,能力如何突破	此时的潜力打造存在较大风险。 潜力如何突破,未来的可能性如何打造

转型(01 00 00)

转型/归零

企业生长状态之转型/归零如图 9.19 所示。

这里,再一次重复一句古话“万物负阴而抱阳”(《道德经》),企业发展到一定阶段,必然会遇到这个生长状态。

将企业自身的能力视为“0(归零、为空)”,按照趋势发展和战略规划进行重新的定位和发展,此为“一立”。

将企业自身的潜力视为“0(归零,为空)”,按照趋势发展和战略规划进行重新的定位和发展,此为“二立”。

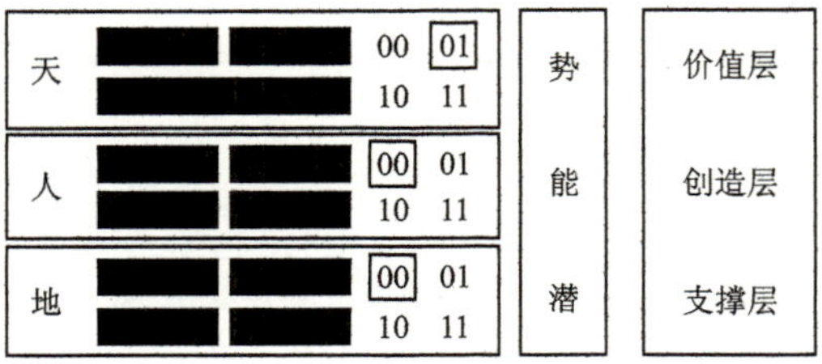

图 9.19　企业生长状态之转型/归零　010000

聚焦企业瞄准的趋势，包含社会发展趋势、行业发展趋势、产业发展趋势等宏观变化情况，给出决策和定位，也就是此时 EQ＝1，这是企业需要转型升级的信号，也是企业发展到一定阶段进行的必然选择，此为“三立”。

正所谓不破，不立。

立什么？

立新的价值主张、新的市场用户需求定位、新的产业发展需求定位、新的技术发展条件定位等等，并且进一步树立企业新的发展规划，可变成企业自身运营发展可遵从的指导和指引，并进行一小步的探索和尝试。

此时的 CQ 和 PQ 的归零，更多的指的是心态、思路和认识层面的，只有这样才能够真正做到居安思危、预则立。

表 9.21 为企业转型/归零生长状态评估表。

表 9.21　企业转型/归零生长状态评估表

评估指标 企业系统	IQ＝m 投资投入	EQ＝1 势 （虚）	CQ＝0 能 （空）	PQ＝0 潜 （空）
决策系统 （领导决策层）	居安思危，不被眼前的经营繁荣所蒙蔽双眼。加大在顺应趋势方面工作的投入和尝试	聚焦企业瞄准的趋势，包含社会发展趋势、行业发展趋势、产业发展趋势等宏观变化情况，给出决策和定位，这是企业需要转型升级的信号，也是企业发展到一定阶段进行的必然选择	企业发展到这个阶段，能力达到顶峰，也意味着遇到了发展的瓶颈。需要从趋势和潜力端挖掘入手，转型升级。 此时采取了“不破不立”的创新发展，实现了一次成功的“归零”	认识上、思想上、心态上，将企业的潜力做归零考虑，为上佳选择
执行系统 （管理服务层）	做高级团队建设的财务规划、激励机制规划、市值管理计划	形势变化，趋势跟进，执行系统的认识和把握是关键	能力归零，配置新的完全不同于企业传统的人才加入	潜力归零，从头来过，重新定义企业的创新和积淀

续表 9.21

评估指标 / 企业系统	IQ=m 投资投入	EQ=1 势 （虚）	CQ=0 能 （空）	PQ=0 潜 （空）
生产系统 （加工研制层）	资金需求逐渐增加、增大	依托环境和趋势的把握、跟进，企业的生产开始转型升级	原有的生产能力做“归零”处理	启动完全颠覆式的应用创新、技术创新的研发投入
营销系统 （市场开拓层）	预算重构营销系统的费用，支持企业的转型升级	营销系统需要适应新的发展需求	依据趋势的指引，遵循能力、潜力归零的定位，重构营销系统	产品或服务的价值挖掘影响着价值变现，挖掘自身隐藏的价值能够突出效益
免疫系统 （综合防范和诊治层）	需要放宽视野、更新战略、进行格局的提升和定位，否则盛极而衰	给出新的发展战略，定位企业未来面临的趋势状态	可能考虑逐步放弃现有的能力	可能考虑重新构建面向新的发展的潜力结构

转型/试一

企业生长状态之转型/试一如图 9.20 所示。

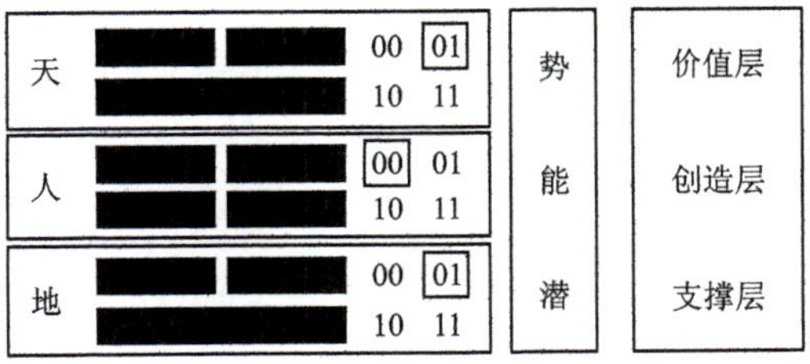

图 9.20　企业生长状态之转型/试一　010001

企业转型——相当于从“新生”开始，又一次新的生命历程孕育和发展。从这个数字状态也可以理解，企业的转型也是“九死一生”的，也是不容易成功度过去的。

没有什么好办法，只能通过“探索、尝试、积累、提升”这样的基本规律发展起来，也没有一蹴而就的机会。正因为如此，许多雄心勃勃启动转型的企业多数以失败而告终。其中一个原因应该包括了“归零不充分”，还残存着老经验、老优势、老规矩，等等。

对于从 0 到 1 的企业，可以直接从这个状态起步。

对于发展中从 1 到 N 的企业，此时就是以完全归零的心态，进行二次创新创业发展。

此状态与前面的“挖潜/试一”的最大的不同是，企业是以大趋势为指导对潜力进行挖掘，视野宽阔、格局高远，而不是内视自己仅仅从自身可能具备的潜力角度进行深挖，以期能够办好企业、打开市场。

究竟是否从“挖潜/试一”，还是“顺势/试一”的角度开始创业可以进一步讨论。

对于从1到N的企业，发展到这个阶段则明确意味着必须重新定义企业是否是与行业、社会发展趋势紧密匹配的。如果不匹配，则必须进行转型升级，乃至断臂求生。

这样的例子非常多。

转型升级提得也很多，其背后的原理是企业所处的大环境、大趋势发生了变化，原有的产品或者需求本身正在萎缩或者不存在了，再有能力生产，也没有意义了，产能反而成了负担，很多企业就是在这种情况下醒晚了、转慢了，或者转不过来。

总之，形势发生了变化，企业必须打起精神来，积极争取应变，这就是趋势的不可抵抗性。

做势×做事＝快速发展

做势/做事＝事半功倍

“试一”就是尝试走一步，因为企业还看不清，还可能是对相对未知的变化采取应对，所以是尝试做：走一步试一步，走一步是一步。

表9.22为企业转型/试一生长状态评估表。

表9.22　企业转型/试一生长状态评估表

评估指标 企业系统	IQ＝m 投资投入	EQ＝1 势 （虚）	CQ＝0 能 （空）	PQ＝1 潜 （虚）
决策系统 （领导决策层）	加大在创新方面的财务投入。 利用科技创新的政策杠杆、科技创新的成果杠杆来降低财务投入风险	聚焦企业瞄准的趋势，包含社会发展趋势、行业发展趋势、产业发展趋势等宏观变化情况，给出决策和定位，这是企业需要转型升级的信号，也是企业发展到一定阶段进行的必然选择	能力归零，依据趋势环境的变化、依据潜力积淀的需求，归零能力，谋划下一步发展	在新的趋势确立的前提下，新的潜力存在了或者开始了新的培育。 坚持下去。需要执着和耐心
执行系统 （管理服务层）	做高级团队建设的财务规划、激励机制规划、市值管理计划	形势变化，趋势跟进，执行系统的认识和把握是关键	能力归零，配置新的完全不同于企业传统的人才加入	进行机会的验证

续表 9.22

评估指标 / 企业系统	IQ＝m 投资投入	EQ＝1 势 （虚）	CQ＝0 能 （空）	PQ＝1 潜 （虚）
生产系统 （加工研制层）	生产系统一般会显现出对创新发展的不适应，在财务上要进行处置调整	生产需要依据趋势的确立和遵从进行转型升级	生产线、设备老化、技术水平低下，处于能力已经不足的状态	进行产品创新的研发
营销系统 （市场开拓层）	因为企业处于不破不立的顺势、蓄势阶段，因此营销系统的投入需要暂缓	围绕趋势、行业、环境的变化，可以增加调研、学习，做思想的提升、认识的改变，做好准备	营销的基本技能看似不变，但由于企业的升级发展，在能力上需要提升的部分要找到并改进	产品或服务的价值挖掘影响着价值变现，挖掘自身隐藏的价值能够突出效益
免疫系统 （综合防范和诊治层）	对于从 0 到 1 的企业没有免疫力；对于从 1 到 N 的企业，着重关注现金流、资产负债率，不能出现问题	给出新的发展战略，定位企业未来面临的趋势状态	能力为零（归零）或者已经不能够抵御竞争和风险，需要改变对风险的认识和经营	通过调研、论证、用户反馈等来抵御创新风险的发生，防范风险

转型/试二

企业生长状态之转型/试二如图 9.21 所示。

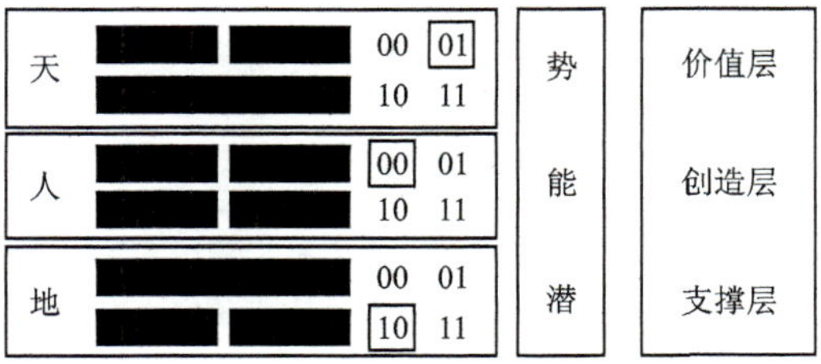

图 9.21　企业生长状态之转型/试二　010010

转型/试二主要是外部资源、外部支持、股东、股权等企业“支撑层”的扩展和完善。

对于从 0 到 1 的企业，可以在“试一”的基础上走到这一步。

对于发展中从 1 到 N 的企业，此时就是完全归零的心态，进行二次创新创业发展，进行更深一个层次的尝试、求变。

企业以大趋势为指导，对潜力进行挖掘，视野宽阔、格局高远，而不是内视自己仅仅从自身可能具备的潜力角度进行深挖，以期能够办好企业、打开市场。

对于从1到N的企业，发展到这个阶段则明确意味着必须重新定义企业是否是与行业、社会发展趋势紧密匹配的。如果不匹配，则必须进行转型升级，乃至断臂求生，并进一步地选择了加大尝试的力度、求变的决心。

转型升级提得也很多，其背后的原理是企业所处的大环境、大趋势发生了变化，原有的产品或者需求本身正在萎缩或者不存在了，再有能力生产，也没有意义了，产能反而成了负担，很多企业就是在这种情况下醒晚了、转慢了，或者转不过来。

总之，形势发生了变化，企业必须打起精神来，积极争取应变，这就是趋势的不可抵抗性。

“试二”就是尝试走第二步，因为企业还看不清，还可能是对相对未知的变化采取应对，所以是尝试逐步深入。

表9.23为企业转型/试二生长状态评估表。

表9.23　企业转型/试二生长状态评估表

评估指标 企业系统	IQ=m 投资投入	EQ=1 势 （虚）	CQ=0 能 （空）	PQ=2 潜 （实）
决策系统 （领导决策层）	加大在创新方面的财务投入。 利用科技创新的政策杠杆、科技创新的成果杠杆来降低财务投入风险	聚焦企业瞄准的趋势，包含社会发展趋势、行业发展趋势、产业发展趋势等宏观变化情况，给出决策和定位，这是企业需要转型升级的信号，也是企业发展到一定阶段进行的必然选择	能力归零，依据趋势环境的变化、依据潜力积淀的需求，归零能力，谋划下一步发展	在趋势指引下，进行到了挖潜的第二个层次，新的潜力培育和积淀持续发展。 需要执着和耐心
执行系统 （管理服务层）	做高级团队建设的财务规划、激励机制规划、市值管理计划	形势变化，趋势跟进，执行系统的认识和把握是关键	能力归零，配置新的完全不同于企业传统的人才加入	进行机会的验证
生产系统 （加工研制层）	生产系统一般会显现出对创新发展的不适应，在财务上要进行处置调整	生产需要依据趋势的确立和遵从进行转型升级	生产线、设备老化、技术水平低下，处于能力已经不足的状态	进行产品创新的研发

续表 9.23

评估指标 企业系统	IQ＝m 投资投入	EQ＝1 势 （虚）	CQ＝0 能 （空）	PQ＝2 潜 （实）
营销系统 （市场开拓层）	因为企业处于不破不立的顺势、蓄势阶段，因此营销系统的投入需要暂缓	围绕趋势、行业、环境的变化可以增加调研、学习，做思想的提升、认识的改变，做好准备	营销的基本技能看似不变，但由于企业的升级发展，在能力上需要提升的部分要找到并改进	产品或服务的价值挖掘影响着价值变现，挖掘自身隐藏的价值能够突出效益
免疫系统 （综合防范和诊治层）	对于从 0 到 1 的企业没有免疫力；对于从 1 到 N 的企业，着重关注现金流、资产负债率，不能出现问题	给出新的发展战略，定位企业未来面临的趋势状态	能力为零（归零）或者已经不能够抵御竞争和风险，需要改变对风险的认识和经营	通过调研、论证、用户反馈等来抵御创新风险的发生、防范风险

转型/起事

企业生长状态之转型/起事如图 9.22 所示。

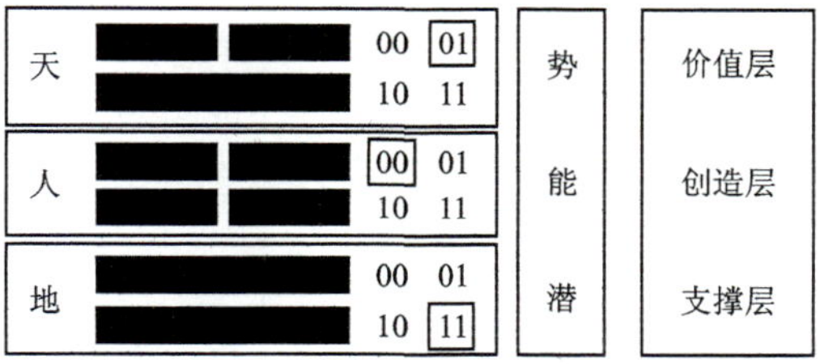

图 9.22　企业生长状态之转型/起事　010011

转型/起事就是下决定开始干了，依据就是支撑层为 11（为满）。

潜力对定位、尝试形成了阶段性成果，形成了里程碑，也形成了明确的可以向前发展的目标方向。

接下来就是依靠趋势、潜力进行能力方面的构造。

开展新的能力的构造产生了崭新的企业或者产品。

对于从 1 到 N 的企业而言，要继续坚定地坚持“不破不立”的发展战略，坚持重新确定的潜力发展方向，明确地启动开始二次创新创业。

对于从 0 到 1 的企业，同样如此。

潜力是不能够直接面向市场需求和用户需求的，因此，此时企业在新的领域的能力 CQ＝0 的状态下，困难比较大，净投入的风险大，决策的目标是希望换取大的回报。

所以，就是要做到“顺势/蓄势”。

表 9.24 为企业转型/起事生长状态评估表。

表 9.24 企业转型/起事生长状态评估表

企业系统＼评估指标	IQ＝m 投资投入	EQ＝1 势 （虚）	CQ＝0 能 （空）	PQ＝3 潜 （满）
决策系统 （领导决策层）	在创新方面的财务投入、资产配置到了一个阶段	聚焦企业瞄准的趋势，包含社会发展趋势、行业发展趋势、产业发展趋势等宏观变化情况，给出决策和定位，这是企业需要转型升级的信号，也是企业发展到一定阶段进行的必然选择	在新的潜力积淀基础上，设计新的能力条件结构和工作计划目标，对于从 1 到 N 的企业尤为重要。要能够放下企业曾经的辉煌、曾经的强大	趋势明了，潜力到顶，无需再进行纠结和论证，需要的就是“乘势而上”
执行系统 （管理服务层）	做高级团队建设的财务规划、激励机制规划、市值管理计划	形势变化，趋势跟进，执行系统的认识和把握是关键	能力归零，加入新的完全不同于企业传统的人才加入	进行机会的验证
生产系统 （加工研制层）	生产系统一般会显现出对创新发展的不适应，在财务上要进行处置调整	生产需要依据趋势的确立和遵从进行转型升级	生产线、设备处于老化状态，技术水平低下，能力已经处于不足的状态	进行产品创新的研发
营销系统 （市场开拓层）	因为企业处于不破不立的顺势、蓄势阶段，因此营销系统的投入需要暂缓	围绕趋势、行业、环境的变化，可以增加调研、学习，做思想的提升、认识的改变，做好准备	营销的基本技能看似不变，但由于企业的升级发展，要找到并改进在能力上需要提升的部分	围绕定型的产品或者服务，获取用户针对性的需求和意见，这个至关重要。在此时，营销系统绝不是可有可无的

续表 9.24

评估指标 企业系统	IQ=m 投资投入	EQ=1 势 （虚）	CQ=0 能 （空）	PQ=3 潜 （满）
免疫系统 （综合防范和诊治层）	对于从 0 到 1 的企业没有免疫力；对于从 1 到 N 的企业，着重关注现金流、资产负债率，不能出现问题	给出新的发展战略，定位企业未来面临的趋势状态	企业其实就是经营“不确定性”，在这种情况下，只有勇于面对风险和挑战，才能有发展潜力和机会	通过调研、论证、用户反馈等来抵御创新风险的发生，防范风险

转型/发育

企业生长状态之转型/发育如图 9.23 所示。

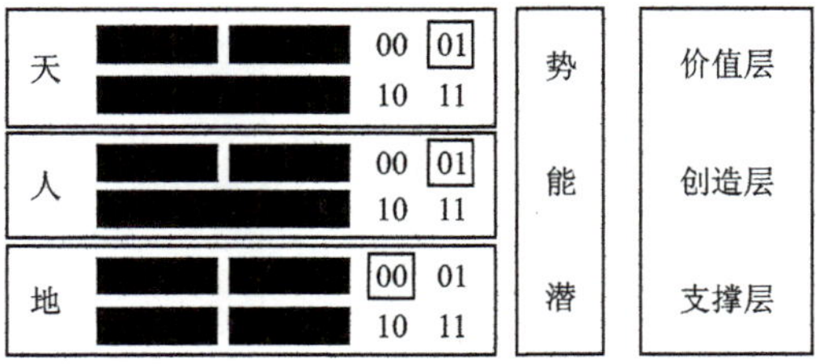

图 9.23　企业生长状态之转型/发育　010100

企业发展循环往复、螺旋上升的情况是普遍存在的。这个卦象预示着企业二次创新、创业再次启航。

“起事”的内涵前面有提到，再次来讲就是从尝试的状态过渡到了实质性的投入行动上来了。

其基本内涵是初步、初始、小规模的开始干，因为能力、条件、资源的配置需要逐步到位，也需要进一步反馈后调整到位。

010100 与 000100 的区别在于战略层面，在转型/发育的生长状态中，企业做事、起事是有依托趋势、环境、战略方面的指导指引的，是想清楚了、想到位了之后开始干的。

有没有没想清楚、没有战略就开始干的企业呢？

有的，这样的企业也很多——创业者办企业的时候，在 000100 的状态上的很多，他们的创业就是简单到“无所畏惧”“想当然”，先做起来再说。我们形象地比喻为“让行动在思想前面先跑一阵”。这种情况也不是不可以。做，之后改变发生，根据改变见招拆招，就是这个道理。

在 010100 的状态中，企业是真的想明白了，真的不是见招拆招地干，而是有战略规划指引的，这样就好很多。这种情况多发生在多次创业的创业者身上，以及在 1 到 N 的过程中企业内部创新、二次创业的情况下。

表 9.25 为企业转型/发育生长状态评估表。

表 9.25　企业转型/发育生长状态评估表

评估指标 企业系统	IQ=m 投资投入	EQ=1 势 （虚）	CQ=1 能 （虚）	PQ=0 潜 （空）
决策系统 （领导决策层）	加大在能力建设方面的投入。 可以继续利用科技创新的政策杠杆、科技创新的成果杠杆来降低财务投入风险	聚焦企业瞄准的趋势，包含社会发展趋势、行业发展趋势、产业发展趋势等宏观变化情况，给出决策和定位，这是企业需要转型升级的信号，也是企业发展到一定阶段进行的必然选择	决策真正有规划地开始投入能力条件建设	潜力挖掘完成第一轮次的过程。择时择机待动
执行系统 （管理服务层）	在企业再次启航，聚焦新的趋势、环境变化以及崭新的能力提升方面，执行系统的团队建设机制涉及财务的方面要改进	统一认识、提高认识，让趋势的变化和把握能够深入到执行团队的思想中去	组建团队 完成生产环境的准备。 做好为生产启动开始的机制和配套准备	针对趋势的把握，针对能力的打造，对执行系统组织培训学习，提升改进
生产系统 （加工研制层）	加大对生产的投入、升级的投入、改造的投入	新产品的生产与趋势变化的把握、认知需要严密地进行匹配	启动生产 添置/购置设备、设施，安排生产计划，调整确定生产能力、产品开发、创新型企业的项目立项	为了未来的发展，需要根据战略目标、趋势指引，逐步更换和引进先进的设备、设施
营销系统 （市场开拓层）	以趋势的变化和把握为指导，以新的产品、产能为指导，投入资金升级和完善营销系统	新产品的生产与趋势变化的把握认知需要进行严密地进行匹配	需求进一步验证 提出产品改进的意见	产品或服务的价值挖掘影响着价值变现，挖掘自身隐藏的价值能够突出效益

续表 9.25

评估指标 / 企业系统	IQ=m 投资投入	EQ=1 势 (虚)	CQ=1 能 (虚)	PQ=0 潜 (空)
免疫系统 (综合防范和诊治层)	对于从 0 到 1 的企业没有免疫力;对于从 1 到 N 的企业,着重关注现金流、资产负债率,不能出现问题	给出新的发展战略,定位企业未来面临的趋势状态	产品检测,系统测试,产品质量保证	企业其实就是经营"不确定性",在这种情况下,只有勇于面对风险和挑战,才能有发展潜力和机会

转型发育/挖潜

企业生长状态之转型发育/挖潜如图 9.24 所示。

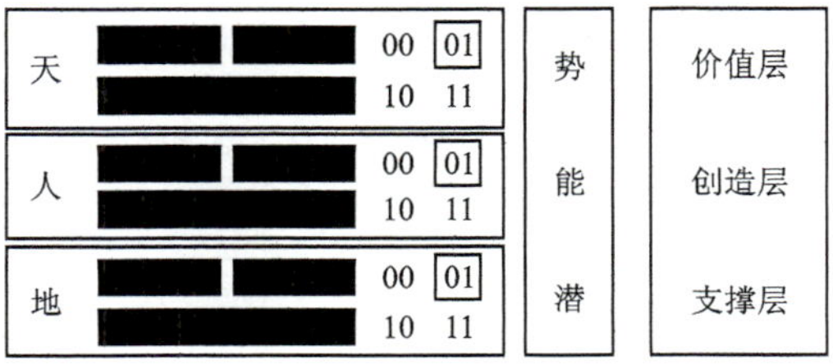

图 9.24 企业生长状态之转型发育/挖潜 010101

这里,我们可以看到天(价值层、势)、人(创造层、能)和地(支撑层、潜)皆为 01,而我们对"01"的定义为"虚"。也就是说,转型发展到了这个状态,还是"虚虚实实"不太清楚的状况。

在这个状态下,发现势、能、潜三才全部实现了从 0 到 1,全部都在采取措施和行动,这说明企业既有战略布局,又有一定的行动力和执行力,还有比较明确的潜力打造和储备方面的规划和投入。但是,需要注意的是"虚"的本质。

变与不变的对立统一贯穿着我们的所有判断和考虑,在"顺势/挖潜"的卦象里面,挖潜的指引既有趋势的指引,又有能力发展诉求的指引,此时对于潜力的挖掘、投入、储备等行动,显然是具有更强的目的性和爆发力。

挖潜和顺势结合,能力也在打造和提升,我们定义和判断这是一个企业非常健康的状态之一。

表 9.26 为企业转型发育/挖潜生长状态评估表。

表 9.26　企业转型发育/挖潜生长状态评估表

评估指标 企业系统	IQ＝m 投资投入	EQ＝1 势 （虚）	CQ＝1 能 （虚）	PQ＝1 潜 （虚）
决策系统 （领导决策层）	企业决策在趋势应变、能力条件建设、潜力保障建设三个维度采取行动计划，开始全面的企业建设发展	聚焦企业瞄准的趋势，包含社会发展趋势、行业发展趋势、产业发展趋势等宏观变化情况，给出决策和定位，这是企业需要转型升级的信号，也是企业发展到一定阶段进行的必然选择	决策真正有规划地开始投入能力条件建设	初步找到了新的潜力所在或者开始了新的潜力培育。坚持下去。需要执着和耐心
执行系统 （管理服务层）	此时，在趋势、生产能力、潜力三个维度同时增加了投入。应认识到企业是全面作战的，各个部分要服务的整体目标是三个维度，互相有意识做好协调配合	统一认识、提高认识，让趋势的变化和把握能够深入到执行团队的思想中去	组建团队 完成生产环境的准备做好为生产启动开始的机制和配套准备	针对趋势的把握，针对能力的打造，对执行系统组织培训学习，提升改进
生产系统 （加工研制层）	因为能力增加的目标和需求，逐步加大生产系统的资金投入	新产品的生产与趋势变化的把握、认知需要严密地进行匹配	启动生产 添置/购置设备、设施，安排生产计划调整确定生产能力、产品开发、创新型企业的项目立项	再次启动潜力打造和积淀，主要是选择技术创新、工艺提升
营销系统 （市场开拓层）	由于产品产出的增加，营销系统的建设和组织资金投入逐步加大	眼观六路，耳听八方，需要能够做到及时掌握环境和趋势发生的大小变化，准确全面地反馈给决策层面参考	需求进一步验证 提出产品改进的意见	产品或服务的价值挖掘影响着价值变现，挖掘自身隐藏的价值能够突出效益

续表 9.26

评估指标 / 企业系统	IQ=m 投资投入	EQ=1 势 （虚）	CQ=1 能 （虚）	PQ=1 潜 （虚）
免疫系统 （综合防范和诊治层）	全方位地考虑企业的各维度风险。 根据自身所处的内外部情况进行风险防控的计划制定	给出新的发展战略，定位企业未来面临的趋势状态	产品检测、 系统测试、 产品质量保证	通过调研、论证、用户反馈等来抵御创新风险的发生，防范风险

转型发育/再挖潜

企业生长状态之转型发育/再挖潜如图 9.25 所示。

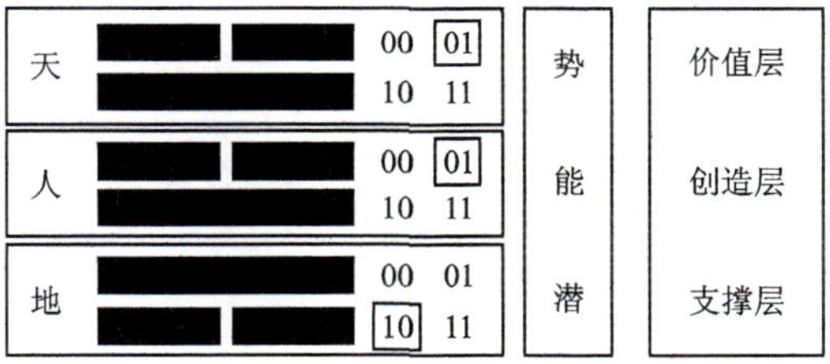

图 9.25　企业生长状态之转型发育/再挖潜　010110

在这个企业生长状态下，在势、能为 01（虚）的情况下，支撑层实现了 10（为实）。PQ 值为 2，发生了量变。

支撑层 10（为实），主要的工作是向外拓展、寻求支持，增强对企业后续发展的基础的坚实保障。

所有三个重要的维度全部都在采取措施和行动，这说明企业既有战略布局，又有一定的行动力和执行力，还有比较明确的潜力打造和储备方面的规划和投入，这个状态是非常不错的状态。

变与不变的对立统一贯穿我们的所有判断和考虑，在“转型发育/挖潜”的企业生长状态里面，挖潜的指引既有趋势的指引，又有能力发展诉求的指引，此时对于潜力的挖掘、投入、储备等等的行动，显然具有更强的目的性和爆发力。

挖潜和顺势结合，能力也在打造和提升，我们定义和判断这是一个企业非常健康的状态之一。

表 9.27 为企业转型发育/再挖潜生长状态评估表。

表 9.27 企业转型发育/再挖潜生长状态评估表

评估指标 企业系统	IQ=m 投资投入	EQ=1 势 (虚)	CQ=1 能 (虚)	PQ=2 潜 (实)
决策系统 (领导决策层)	企业决策在趋势应变、能力条件建设、潜力保障建设三个维度采取行动计划,开始全面的企业建设发展	聚焦企业瞄准的趋势,包含社会发展趋势、行业发展趋势、产业发展趋势等宏观变化情况,给出决策和定位,这是企业需要转型升级的信号,也是企业发展到一定阶段进行的必然选择	决策真正有规划地开始投入能力条件建设	比较深入地开展了新的潜力打造或者开始了新的潜力培育。 坚持下去。 需要执着和耐心
执行系统 (管理服务层)	统一认识 确定充分的执行计划 应认识到企业是全面作战的,各个部分要服务的整体目标是三个维度,互相有意识地做好协调配合	能力有大有小、有点有面,在这个卦象中,企业能力的要求是大的、是平面分布的。这个特征要识别出来	组建团队, 完成生产环境的准备, 做好为生产启动开始的机制和配套准备	进行机会的验证
生产系统 (加工研制层)	因为能力增加的目标和需求,在生产系统的资金投入逐步加大投入	新产品的生产与趋势变化的把握、认知需要严密地进行匹配	启动生产, 添置/购置设备、设施 安排生产计划 调整确定生产能力 产品开发 创新型企业的项目立项	加大技术创新、工艺改进的研发创新力度,产品创新开始进入试制阶段
营销系统 (市场开拓层)	由于产品产出的增加,营销系统的建设和组织资金投入逐步加大	眼观六路,耳听八方,需要能够做到及时掌握环境和趋势发生的大小变化,准确全面地反馈给决策层面参考	需求进一步验证, 提出产品改进的意见	产品或服务的价值挖掘影响着价值变现,挖掘自身隐藏的价值能够突出效益

续表 9.27

评估指标 / 企业系统	IQ=m 投资投入	EQ=1 势 (虚)	CQ=1 能 (虚)	PQ=2 潜 (实)
免疫系统 (综合防范 和诊治层)	全方位地考虑企业的各维度风险， 根据自身所处的内外部情况进行风险防控的计划制定	给出新的发展战略，定位企业未来面临的趋势状态	产品检测、 系统测试、 产品质量保证	通过调研、论证、用户反馈等来抵御创新风险的发生，防范风险

转型发育/升级

企业生长状态之转型发育/升级如图 9.26 所示。

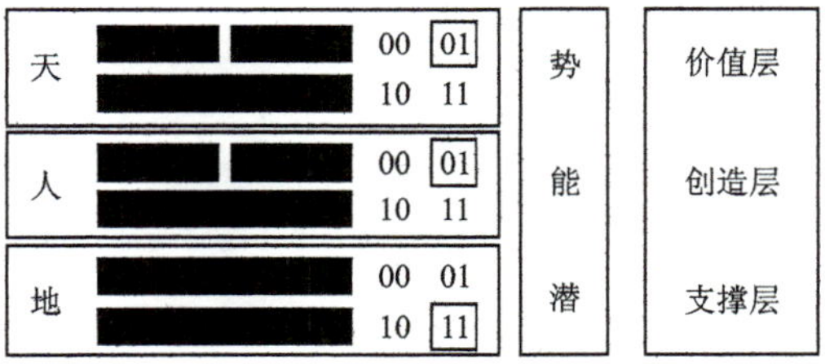

图 9.26　企业生长状态之转型发育/升级　010111

潜力(11，为满)挖掘、储备完毕，具备向能力转化的升级条件，我们定义为“转型发育/升级”。

还是以企业转型升级为例，转型就是要求做到在 EQ 和 CQ 的维度归 0 之后再变为 1，升级的要求就是 PQ 的值为 3。这样，我们可以清晰地看到如何做转型升级，做到什么程度后完成了转型升级。

在“转型发育/升级”的卦象中，我们看到还是从企业自身的潜力端发力的。

同时兼顾了对大趋势的初步把握、兼顾了企业已经具备的基本能力条件。

如果升级失败，则企业将可能直接回到全部归零的状态。

因为需要在 EQ、CQ、PQ 三个维度同时走出来、做出正确决策，同时配合着一定强度的资金投入，因此实现转型升级是非常困难的。

上面的三个维度中的任何一个不能实现稳定发展，或者异常归零，则企业的转型升级就会失败。

表 9.28 为企业转型发育/升级生长状态评估表。

表 9.28　企业转型发育/升级生长状态评估表

评估指标 企业系统	IQ=m 投资投入	EQ=1 势 (虚)	CQ=1 能 (虚)	PQ=3 潜 (满)
决策系统 (领导决策层)	企业决策在趋势应变、能力条件建设、潜力保障建设三个维度采取行动计划,开始全面的企业建设发展	聚焦企业瞄准的趋势,包含社会发展趋势、行业发展趋势、产业发展趋势等宏观变化情况,给出决策和定位,这是企业需要转型升级的信号,也是企业发展到一定阶段进行的必然选择	决策真正有规划地开始投入能力条件建设	潜力挖掘到了顶峰,投入产出达到了最高值,不能再进行下去了,需求变了
执行系统 (管理服务层)	此时,在趋势、生产能力、潜力三个维度上同时增加了投入。应认识到企业是全面作战的,各个部分要服务的整体目标是三个维度,互相有意识做好协调配合	能力有大有小、有点有面,在这个卦象中,企业能力的要求是大的、是平面分布的。这个特征要识别出来	组建团队, 完成生产环境的准备, 做好为生产启动开始的机制和配套准备	进行机会的验证
生产系统 (加工研制层)	因为能力增加的目标和需求,在生产系统的资金投入逐步加大	新产品的生产与趋势变化的把握认知需要严密地进行匹配	启动生产 添置/购置设备、设施,安排生产计划,调整确定生产能力、产品开发、创新型企业的项目立项	进行产品创新的研发,进入中试阶段
营销系统 (市场开拓层)	由于产品产出的增加,营销系统的建设和组织资金投入逐步加大	新产品的生产与趋势变化的把握、认知需要严密地进行匹配	需求进一步验证 提出产品改进的意见	产品或服务的价值挖掘影响着价值变现,挖掘自身隐藏的价值能够突出效益
免疫系统 (综合防范和诊治层)	全方位地考虑企业的各维度风险,根据自身所处的内外部情况进行风险防控的计划制定	给出新的发展战略,定位企业未来面临的趋势状态	产品检测、系统测试、产品质量保证	通过调研、论证、用户反馈等来抵御创新风险的发生,防范风险

转型发育/做大

企业生长状态之转型发育/做大如图 9.27 所示。

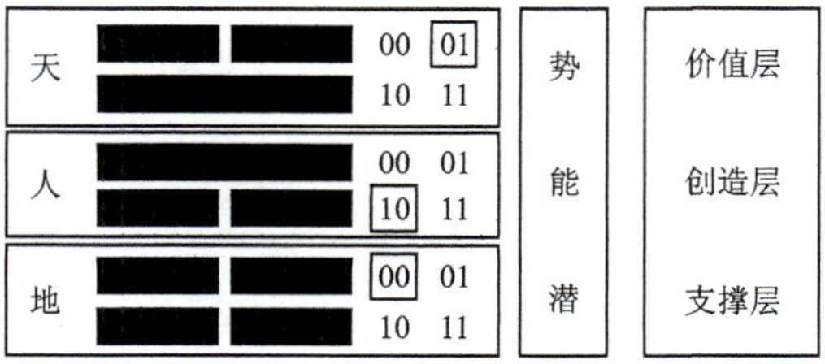

图 9.27　企业生长状态之转型发育/做大　011000

接近转型成功，企业进入发展壮大的轨道（CQ=10，为实）。

全力做好一件事：创造价值。

这就好像一场必须胜利的战役，吹起冲锋号，抛弃所有的杂念和干扰因素，调集所有的活力，集中全部的注意力把企业的能力搞上去，把企业转换市场价值、形成利润的全部力量毫无保留地发挥出来，不仅把企业做大，而且更为重要的是做强。

不冲锋，那么前面所有的工作将前功尽弃。

对于很多企业而言，冲锋的内涵是不同的。

对于上市企业，就是全力做好市值管理。

对于制造型企业就是全力做好产品生产和营销。

对于创新型企业，选定方案、开足马力，全力以赴地确保产品上线、服务面市。

除此之外的其他部分，在此卦象的指引下，就显得不是核心、重要的了。

只有拿下阵地，有战略主动和市场先机，再次寻求修正、完善的机会才会出现。

表 9.29 为企业转型发育/做大生长状态评估表。

表 9.29　企业转型发育/做大生长状态评估表

评估指标 企业系统	IQ=m 投资投入	EQ=1 势 （虚）	CQ=2 能 （实）	PQ=0 潜 （空）
决策系统 （领导决策层）	企业决策在趋势应变、能力条件建设、潜力保障建设三个维度采取行动计划，开始全面的企业建设发展	聚焦企业瞄准的趋势，包含社会发展趋势、行业发展趋势、产业发展趋势等宏观变化情况，给出决策和定位，这是企业需要转型升级的信号，也是企业发展到一定阶段进行的必然选择	决策真正有规划地开始更加大规模地投入到能力条件建设	以趋势的把握和能力提升为依据，以归零的心态沉淀能力

续表 9.29

评估指标 企业系统	IQ＝m 投资投入	EQ＝1 势 （虚）	CQ＝2 能 （实）	PQ＝0 潜 （空）
执行系统 （管理服务层）	统一认识 确定充分的执行计划 应认识到企业是全面作战的，各个部分要服务的整体目标是三个维度，互相有意识地做好协调配合	能力有大有小、有点有面，在这个卦象中，企业能力的要求是大的、是平面分布的。这个特征要识别出来	加强团队建设，完善生产环境，为生产启动开始机制和配套准备	可研、可行性论证，方案规划研究
生产系统 （加工研制层）	因为能力增加的目标和需求，逐步加大生产系统的资金投入	生产能力的加大，意味着风险的加大，防范这种风险，不能仅仅靠产品质量，还需要靠产品对路	加大生产，添置/购置设备、设施，安排生产计划，调整确定生产能力、产品开发、创新型企业的项目立项	储备和跟踪先进的技术、工艺、产品，并提交给创新部门
营销系统 （市场开拓层）	由于产品产出的增加，营销系统的建设和组织资金投入逐步加大	眼观六路，耳听八方，需要能够做到及时掌握环境和趋势发生的大小变化，准确全面地反馈给决策层面参考	需求进一步验证 提出产品改进的意见	产品或服务的价值挖掘影响着价值变现，挖掘自身隐藏的价值能够突出效益
免疫系统 （综合防范和诊治层）	全方位地考虑企业的各维度风险， 根据自身所处的内外部情况进行风险防控的计划制定	给出新的发展战略，定位企业未来面临的趋势状态	产品检测、 系统测试、 产品质量保证	潜在的用户需求变化，决定产品的销路

转型做大/挖潜

企业生长状态之转型做大/挖潜如图 9.28 所示。

转型做大的过程中，也要遵循从内到外、挖掘潜力、整合资源、增厚支撑层的基本逻辑。

事物发展的根本动力一直是“内因”起着决定性作用的，所以，发展必须遵循从内而外的顺序和规律。

企业要想强大，必须是时代背景下的好企业，反应在卦象上，就是一定是顺势和

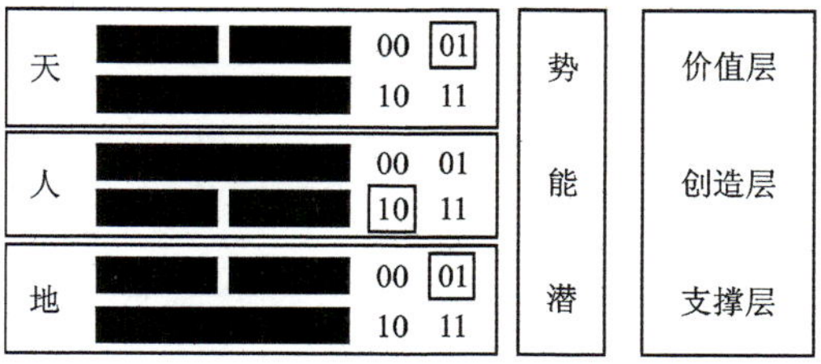

图 9.28　企业生长状态之转型做大/挖潜　011001

乘势而上的企业，也就是 EQ>0 的企业。

“EQ>0”和“EQ=0”的区别，这里说明一下：主要在于是否是在趋势里面。比如，有很多大型企业处在经济周期、行业末期等等，企业做得很大了但是却不够强壮。

做大的企业，在自身发展过程中之所以做大，有很多的原因，但是如果没有实现 EQ>0，而是因为其他的因素导致的做大，这样的企业是不健康的，不会基业长青。

所以“做强”的基本要素之一就是需要从“顺势”中走过来，需要经过趋势是否匹配的市场考验，这样经过了考验后的企业才是真正可能的强者。

做强意味着做好三件事：

① 趋势匹配。趋势是企业家最忠诚的盟友。

② 能力增强。企业的制造或服务能力不断提升。

③ 潜力深厚。

这是因为在 EQ 和 CQ 的指引和要求下的潜力的投入和规划建设，其意义是非常重大的，产生的积累是深厚且具有战略性的，对于企业未来向能力转化的作用是非常大的。

这样的企业就是逐步走向强大的企业。

表 9.30 为企业转型做大/挖潜的生长状态评估表。

表 9.30　企业转型做大/挖潜的生长状态评估表

评估指标 企业系统	IQ=m 投资投入	EQ=1 势 （虚）	CQ=2 能 （实）	PQ=1 潜 （虚）
决策系统 （领导决策层）	企业决策在趋势应变、能力条件建设、潜力保障建设三个维度采取行动计划，开始全面的企业建设发展	聚焦企业瞄准的趋势，包含社会发展趋势、行业发展趋势、产业发展趋势等宏观变化情况，给出决策和定位，这是企业需要转型升级的信号，也是企业发展到一定阶段进行的必然选择	企业的能力、条件等等蒸蒸日上，不断实现提升和完善	深入地找到了新的潜力所在或者开始了新的潜力培育。坚持下去，需要执着和耐心

续表 9.30

企业系统 \ 评估指标	IQ=m 投资投入	EQ=1 势 (虚)	CQ=2 能 (实)	PQ=1 潜 (虚)
执行系统（管理服务层）	此时，在趋势、生产能力、潜力三个维度同时增加了投入。应认识到企业是全面作战的，各个部分要服务的整体目标是三个维度，互相有意识地做好协调配合	能力有大有小、有点有面，在这个卦象中，企业能力的要求是大的、是平面分布的。这个特征要识别出来	全力以赴 不加质疑地执行各项决定，做好上传下达，落实监督到位	再次加大了潜力打造和积淀的力度并开始投入，适时进行验证和修正
生产系统（加工研制层）	因为能力增加的目标和需求，逐步加大生产系统的资金投入	生产能力的提高，意味着风险的加大，防范这种风险，不能仅仅靠产品质量，还需要靠产品对路	控制产品质量，控制库存，提升生产效率，进行有规模的生产创新	进行产品创新的研发
营销系统（市场开拓层）	由于产品产出的增加，营销系统的建设和组织资金投入逐步加大	眼观六路，耳听八方，需要能够做到及时掌握环境和趋势发生的大小变化，准确全面地反馈给决策层面参考	提升营销系统能力，这个能力是综合的，反映在订单、回款、客户开拓等方面，启动全力营销	产品或服务的价值挖掘影响着价值变现，挖掘自身隐藏的价值能够突出效益
免疫系统（综合防范和诊治层）	全方位地考虑企业的各维度风险，根据自身所处的内外部情况进行风险防控的计划制定	给出新的发展战略，定位企业未来面临的趋势状态	关注生产效率、库存周转	通过调研、论证、用户反馈等来抵御创新风险的发生、防范风险

转型做大/再挖潜

企业生长状态之转型做大/再挖潜如图 9.29 所示。

转型做大的过程，也要遵循从内到外、挖掘潜力、整合资源、增厚支撑层的基本逻辑。

事物发展的根本动力一直是“内因”起着决定性作用的，所以，发展必须遵循从内而外的顺序和规律。

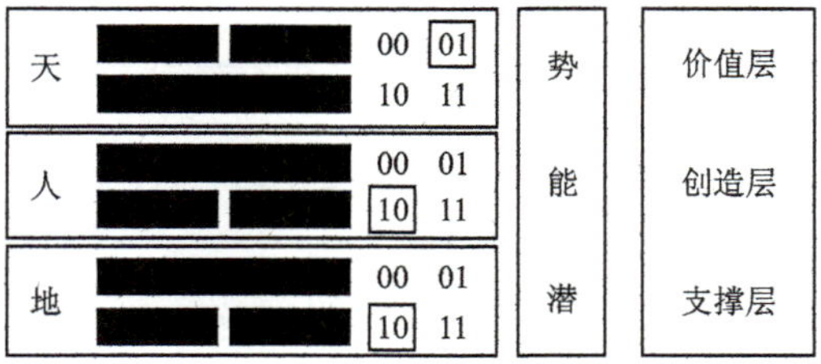

图 9.29　企业生长状态之转型做大/再挖潜　011010

从 011001 到 011010 是量变,基本逻辑一致。

表 9.31 为企业转型做大/再挖潜的生长状态评估表。

表 9.31　企业转型做大/再挖潜的生长状态评估表

评估指标 企业系统	IQ=m 投资投入	EQ=1 势 (虚)	CQ=2 能 (实)	PQ=2 潜 (实)
决策系统 (领导决策层)	企业决策在趋势应变、能力条件建设、潜力保障建设三个维度采取行动计划,开始全面的企业建设发展	聚焦企业瞄准的趋势,包含社会发展趋势、行业发展趋势、产业发展趋势等宏观变化情况,给出决策和定位,这是企业需要转型升级的信号,也是企业发展到一定阶段进行的必然选择	企业的能力、条件等等蒸蒸日上,能够不断实现提升和完善	比较深入地开展了新的潜力打造或者开始加大力度实现新的潜力培育。 坚持下去,需要执着和耐心
执行系统 (管理服务层)	因为能力增加的目标和需求,在生产系统逐步加大资金投入	能力有大有小、有点有面,在这个卦象中,企业能力的要求是大的、是平面分布的。这个特征要识别出来	全力以赴 不加质疑地执行各项决定,做好上传下达,落实监督到位	进行机会的验证,潜力转化的研制,处于深度的潜伏状态中
生产系统 (加工研制层)	因为能力增加的目标和需求,逐步加大生产系统的资金投入	生产能力的加大,意味着风险的加大,防范这种风险,不能仅仅靠产品质量,还需要靠产品对路	控制产品质量,控制库存,提升生产效率,进行有规模的生产创新	进行产品创新的研发

续表 9.31

评估指标 企业系统	IQ=m 投资投入	EQ=1 势 （虚）	CQ=2 能 （实）	PQ=2 潜 （实）
营销系统 （市场开拓层）	由于产品产出的增加，营销系统的建设和组织资金投入逐步加大	眼观六路，耳听八方，需要能够做到及时掌握环境和趋势发生的大小变化，准确全面地反馈给决策层面参考	提升营销系统能力，这个能力是综合的，反映在订单、回款、客户开拓等方面，启动全力营销	产品或服务的价值，挖掘影响着价值变现，挖掘自身隐藏的价值能够突出效益
免疫系统 （综合防范和诊治层）	全方位地考虑企业的各维度风险，根据自身所处的内外部情况进行风险防控的计划制定	给出新的发展战略，定位企业未来面临的趋势状态	关注生产效率、库存周转	通过调研、论证、用户反馈等来抵御创新风险的发生并防范风险

转型做大/突破

企业生长状态之转型做大/突破如图 9.30 所示。

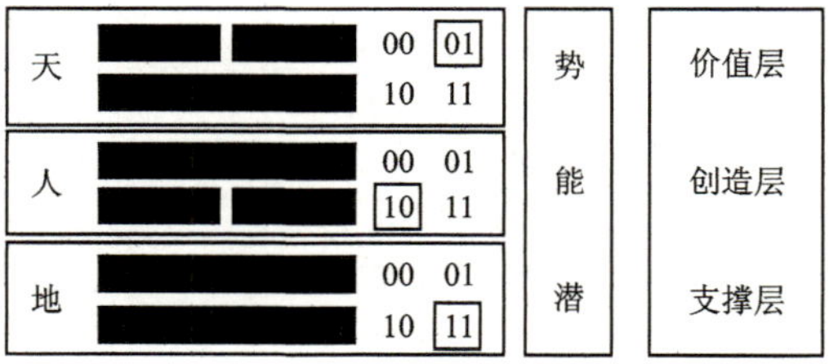

图 9.30　企业生长状态之转型做大/突破　011011

量变引起质变，从内而外发展到 PQ=3（11，为满）的状态的时候，质变就会随之发生，并产生发展上的突破。

为提升企业的潜力不断地加大投入，不断地实现积累，并已经开始不断地实现向企业的能力的转化，此时 PQ=3，预示着蓄势结束并成功。

接下来，也预示着企业的能力随着潜力的有效提升而发生质的变化，虽然现在是 CQ=2，但是很快就会顺势实现 CQ=3，再一次实现企业能力上的飞跃，企业从而实现了潜力、能力的共振提升，实现企业做强/做大的目标。

这是一个发展并过渡的状态，是由于潜力沉淀得足够深厚，从潜伏状态变为显现状态，会直接体现在企业能力上的提升。

所以，我们按照企业发展的趋势，将本卦象定义为“做强/做大”。

而此时，“做大”是由“做强”来支撑的，是企业在潜力方面的不断提升，实现再次的规模、能力方面的扩大，与前面企业的单纯“做大”卦象比较而言，其在潜力方面，特别是在创新方面的强大具非常可观的指标和指向，这个特征不容忽视。

表 9.32 为企业转型做大/突破的生长状态评估表。

表 9.32　企业转型做大/突破的生长状态评估表

评估指标 企业系统	IQ=m 投资投入	EQ=1 势 （虚）	CQ=2 能 （实）	PQ=3 潜 （满）
决策系统 （领导决策层）	企业决策在趋势应变、能力条件建设、潜力保障建设三个维度采取行动计划，开始全面的企业建设发展	聚焦企业瞄准的趋势，包含社会发展趋势、行业发展趋势、产业发展趋势等宏观变化情况，给出决策和定位，这是企业需要转型升级的信号，也是企业发展到一定阶段进行的必然选择	企业的能力、条件等等蒸蒸日上，能够不断实现提升和完善	潜力挖掘到了顶峰，投入产出达到了最高值，不能再进行下去了。量变引起质变的时刻再次发生，从潜伏的状态开始走向能力展现的形态
执行系统 （管理服务层）	统一认识 充分地执行确定计划 应认识到企业是全面作战的，各个部分要服务的整体目标是三个维度，互相有意识地做好协调配合	能力有大有小、有点有面，在这个卦象中，企业能力的要求是大的、是平面分布的。这个特征要识别出来	全力以赴 不加质疑地执行各项决定，做好上传下达，落实监督到位	开始考虑潜力归零的问题，开始着手规划能力提升的方案，确定能力提升的目标
生产系统 （加工研制层）	因为能力增加的目标和需求，逐步加大生产系统的资金投入	生产能力的加大，意味着风险的加大，防范这种风险，不能仅仅靠产品质量，还需要靠产品对路	控制产品质量，控制库存，提升生产效率，进行有规模的生产创新	储备和跟踪先进的技术、工艺、产品，并提交给创新部门
营销系统 （市场开拓层）	由于产品产出的增加，营销系统的建设和组织资金投入逐步加大	眼观六路，耳听八方，需要能够做到及时掌握环境和趋势发生的大小变化，准确全面地反馈给决策层面参考	提升营销系统能力，这个能力是综合的，反映在订单、回款、客户开拓等方面，启动全力营销	产品或服务的价值挖掘影响着价值变现，挖掘自身隐藏的价值能够突出效益

续表 9.32

评估指标 企业系统	IQ＝m 投资投入	EQ＝1 势 （虚）	CQ＝2 能 （实）	PQ＝3 潜 （满）
免疫系统 （综合防范和诊治层）	全方位地考虑企业各维度的风险。 根据自身所处的内外部情况进行风险防控的计划制定	给出新的发展战略，定位企业未来面临的趋势状态	关注生产效率、库存周转	通过调研、论证、用户反馈等来抵御创新风险的发生、防范风险

做大(01 11 00)

强大/归零

企业生长状态之强大/归零如图 9.31 所示。

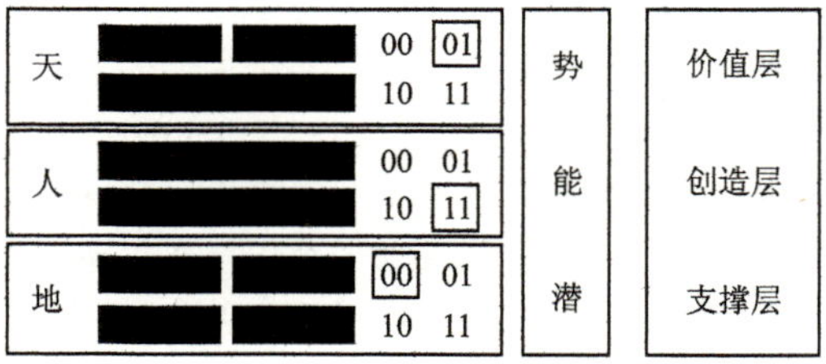

图 9.31　企业生长状态之强大/归零　011100

企业强大的标志是：EQ＞0，CQ＝3(11，为满)。

这个企业生长状态我们定义为“强大/归零”。并且，此时需要再一次能够以“归零”的心态在自身内部再次开始新一轮的潜力挖掘，应该说，这样反复的挖掘潜力一方面体现了迭代发生的物理含义，另一方面也体现了**能力与潜力共振**的化学反应内涵。这说明，能力与潜力是相互克制、相互影响，并且不能独立考虑和实施的，必须是在能力与潜力相对匹配的条件下，在互相可以支撑的前提下实现企业不断强大的发展建设规划。

卦象的主要内涵在于两个指标的变化。

PQ＝0 预示着企业能够做到在自己如日中天的创新能力、潜力积淀丰厚的情况下，还愿意以再一次“归零”的心态，按照自身能力的支撑条件启动新一轮的潜力挖掘。

这是伟大的企业与平庸的企业在此时的主要分界线，即体现在在 PQ＝0 的事件中能否发生，也即能否不断地否定自己，然后按照新的否定的意见，开始新一轮的布局、投入、转型、转变等等。这些都由潜力指标来决定。

还有，就是 CQ=3。此时，这个指标说明了企业非常厉害，能力强大、竞争力强大、趋势良好(EQ=1)，各个部分都有非常好的表现，这就是强大的企业的定义。

但也同时寓意着企业需要对自身的能力进行质疑和否定，这主要来源于对趋势、形势的质疑和否定，从而不断地发生改变、获得新生。

从而，可以看到我们定义的这些 4Q 指标在形式化企业状态和发展趋势，以及健康状态方面的确有明确的指向性。

表 9.33 为企业做大/归零的生长状态评估表。

表 9.33 企业做大/归零的生长状态评估表

评估指标 企业系统	IQ=m 投资投入	EQ=1 势 (虚)	CQ=3 能 (满)	PQ=0 潜 (空)
决策系统 (领导决策层)	企业决策在趋势应变、能力条件建设、潜力保障建设三个维度采取行动计划，开始全面的企业建设发展	聚焦企业瞄准的趋势，包含社会发展趋势、行业发展趋势、产业发展趋势等宏观变化情况，给出决策和定位，这是企业需要转型升级的信号，也是企业发展到一定阶段进行的必然选择	企业发展到这个阶段，能力达到顶峰	潜力方面创新求变，卧薪尝胆，厚积薄发，具有成为伟大企业的潜质，在自身潜力发展最为辉煌的时刻，对自己进行否定，采取归零的心态谋求更高远的布局
执行系统 (管理服务层)	统一认识，充分地执行确定的计划 应认识到企业是全面作战的，各个部分要服务的整体目标是三个维度，互相有意识地做好协调配合	能力有大有小、有点有面，在这个卦象中，企业能力的要求是大的、是平面分布的。这个特征要识别出来	全力以赴， 不加质疑地执行各项决定，做好上传下达，落实监督到位	可研、可行论证，方案规划研究
生产系统 (加工研制层)	因为能力增加的目标和需求，逐步加大生产系统的资金投入	生产能力的加大意味着风险的加大，防范这种风险，不能仅仅靠产品质量，还需要靠产品对路	控制产品质量， 控制库存， 提升生产效率， 进行小规模的生产创新	储备和跟踪先进的技术、工艺、产品，并提交给创新部门

续表 9.33

评估指标 企业系统	IQ＝m 投资投入	EQ＝1 势 （虚）	CQ＝3 能 （满）	PQ＝0 潜 （空）
营销系统 （市场开拓层）	由于产品产出的增加，营销系统的建设和组织资金投入逐步加大	眼观六路，耳听八方，需要能够做到及时掌握环境和趋势发生的大小变化，准确全面地反馈给决策层面参考	提升营销系统能力，这个能力是综合的，反映在订单、回款、客户开拓等方面，启动全力营销	产品或服务的价值挖掘影响着价值变现，挖掘自身隐藏的价值能够突出效益
免疫系统 （综合防范和诊治层）	全方位地考虑企业的各维度风险。 根据自身所处的内外部情况进行风险防控的计划制定	给出新的发展战略，定位企业未来面临的趋势状态	关注生产效率、库存周转	归零潜力的实施，所存在的风险是企业的裂变

强大/挖潜

企业生长状态之强大/挖潜如图 9.32 所示。

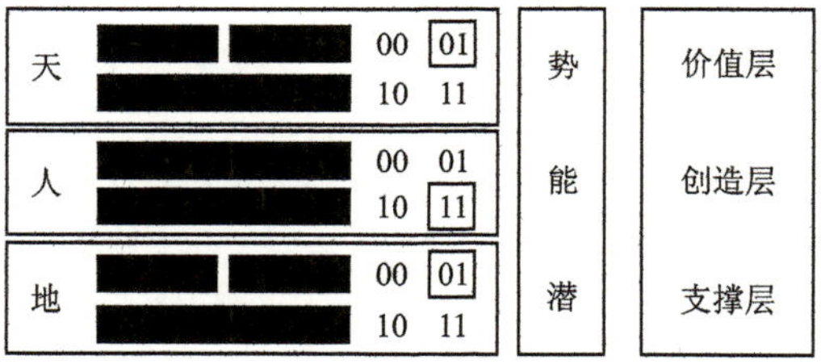

图 9.32　企业生长状态之强大/挖潜　011101

企业不断发展的各个过程中总是遵循从内到外、挖掘潜力、整合资源、增厚支撑层的基本逻辑。

事物发展的根本动力一直是“内因”起着决定性作用的，所以，发展必须遵循从内而外的顺序和规律。

这个企业生长状态我们定义为“强大”的企业再次转身启航，而且是从否定自身潜力的层次，以自身潜力挖掘之后的结论为支撑，在自身内部再次开始新一轮的潜力打造。应该说这样反复地挖掘潜力，一方面体现了迭代发生的物理含义，另一方面也体现了能力与潜力共振的化学反应内涵。这说明，能力与潜力是相互克制、相互影响，并且不能独立考虑和实施的，必须是在能力与潜力相对匹配的条件下，在互相可以支撑的前提下，实现企业不断强大的发展建设规划。

卦象的主要内涵在于两个指标的变化。

PQ=1 预示着企业能够做到在自己创新能力如日中天、潜力积淀丰厚的情况下，又再一次完成了对自身的否定和转身，在再一次的“归零”的心态指导下，按照自身能力的支撑条件，启动了新一轮的潜力挖掘、改变和建设。

还有，就是 CQ=3。此时，这个指标说明了企业非常厉害，能力强大，竞争力强大，趋势良好(EQ=1)，各个部分都有非常好的表现，这就是强大的企业的定义。

但也同时寓意着企业需要对自身的能力进行质疑和否定，这主要来源于对趋势、形势的质疑和否定，从而不断地发生改变、获得新生。

从而，可以看到我们定义的这些 4Q 指标在形式化企业状态和发展趋势，以及健康状态方面，的确有明确的指向性。

表 9.34 为企业强大/挖潜的生长状态评估表。

表 9.34　企业强大/挖潜的生长状态评估表

评估指标 企业系统	IQ=m 投资投入	EQ=1 势 (虚)	CQ=3 能 (满)	PQ=1 潜 (虚)
决策系统 (领导决策层)	企业决策在趋势应变、能力条件建设、潜力保障建设三个维度采取行动计划，开始全面的企业建设发展	聚焦企业瞄准的趋势，包含社会发展趋势、行业发展趋势、产业发展趋势等宏观变化情况，给出决策和定位，这是企业需要转型升级的信号，也是企业发展到一定阶段进行的必然选择	企业发展到这个阶段，能力达到顶峰	深入地找到了新的潜力所在或者开始了新的潜力培育。 坚持下去需要执着和耐心
执行系统 (管理服务层)	统一认识，充分地执行确定的计划 应认识到企业是全面作战的，各个部分要服务的整体目标是三个维度，互相有意识地做好协调配合	能力有大有小、有点有面，在这个卦象中，企业能力的要求是大的、是平面分布的。这个特征要识别出来	全力以赴 不加质疑地执行各项决定，做好上传下达，落实监督到位	进行机会的验证

续表 9.34

评估指标 企业系统	IQ=m 投资投入	EQ=1 势 (虚)	CQ=3 能 (满)	PQ=1 潜 (虚)
生产系统 (加工研制层)	因为能力增加的目标和需求,逐步加大生产系统的资金投入	生产能力的加大,意味着风险的加大,防范这种风险,不能仅仅靠产品质量,还需要靠产品对路	控制产品质量,控制库存,提升生产效率,进行小规模的生产创新	进行产品创新的研发
营销系统 (市场开拓层)	由于产品产出的增加,营销系统的建设和组织资金投入逐步加大	眼观六路,耳听八方,需要能够做到及时掌握环境和趋势发生的大小变化,准确全面地反馈给决策层面参考	提升营销系统能力,这个能力是综合的,反映在订单、回款、客户开拓等方面,启动全力营销	产品或服务的价值挖掘影响着价值变现,挖掘自身隐藏的价值能够突出效益
免疫系统 (综合防范和诊治层)	全方位地考虑企业的各维度风险,根据自身所处的内外部情况进行风险防控的计划制定	给出新的发展战略,定位企业未来面临的趋势状态	关注生产效率、库存周转	通过调研、论证、用户反馈等来抵御创新风险的发生、防范风险

强大/再挖潜

企业生长状态之强大/再挖潜如图 9.33 所示。

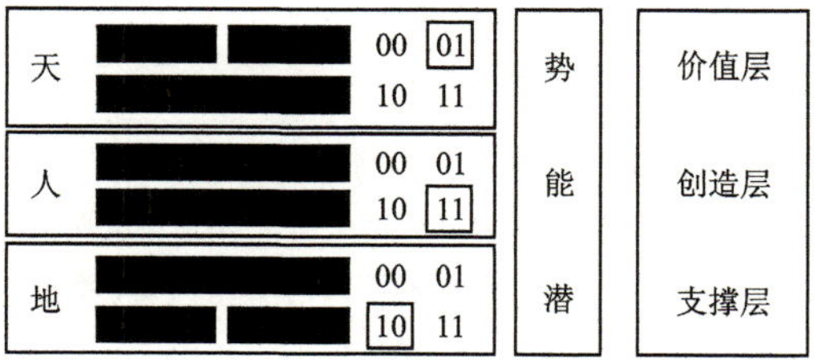

图 9.33　企业生长状态之强大/再挖潜　011110

企业处于量变积累的过程,基本逻辑与“强大/挖潜”相一致。

表 9.35 为企业强大/再挖潜的生长状态评估表。

表 9.35　企业强大/再挖潜的生长状态评估表

评估指标 企业系统	IQ=m 投资投入	EQ=1 势 (虚)	CQ=3 能 (满)	PQ=2 潜 (实)
决策系统 (领导决策层)	企业决策在趋势应变、能力条件建设、潜力保障建设三个维度采取行动计划，开始全面的企业建设发展	聚焦企业瞄准的趋势，包含社会发展趋势、行业发展趋势、产业发展趋势等宏观变化情况，给出决策和定位，这是企业需要转型升级的信号，也是企业发展到一定阶段进行的必然选择	企业发展到这个阶段，能力达到顶峰	比较深入地开展了新的潜力打造或者开始了新的潜力培育，坚持下去需要执着和耐心
执行系统 (管理服务层)	统一认识 充分地执行确定的计划应认识到企业是全面作战的，各个部分要服务的整体目标是三个维度，互相有意识地做好协调配合	能力有大有小、有点有面，在这个卦象中，企业能力的要求是大的、是平面分布的。这个特征要识别出来	全力以赴 不加质疑地执行各项决定，做好上传下达，落实监督到位	潜力打造和积淀进入到中试的阶段，加强机会和产品需求的验证
生产系统 (加工研制层)	因为能力增加的目标和需求，逐步加大生产系统的资金投入	生产能力的加大意味着风险的加大，防范这种风险，不能仅仅靠产品质量，还需要靠产品对路	控制产品质量，控制库存，提升生产效率，进行小规模的生产创新	进行产品创新的研发
营销系统 (市场开拓层)	由于产品产出的增加，营销系统的建设和组织资金投入逐步加大	眼观六路，耳听八方，需要能够做到及时掌握环境和趋势发生的大小变化，准确全面地反馈给决策层面参考	提升营销系统能力，这个能力是综合的，反映在订单、回款、客户开拓等方面，启动全力营销	产品或服务的价值挖掘影响着价值变现，挖掘自身隐藏的价值能够突出效益
免疫系统 (综合防范和诊治层)	全方位地考虑企业的各维度风险，根据自身所处的内外部情况进行风险防控的计划制定	给出新的发展战略，定位企业未来面临的趋势状态	关注生产效率、库存周转	通过调研、论证、用户反馈等来抵御创新风险的发生、防范风险

强大/升级

企业生长状态之强大/升级如图 9.34 所示。

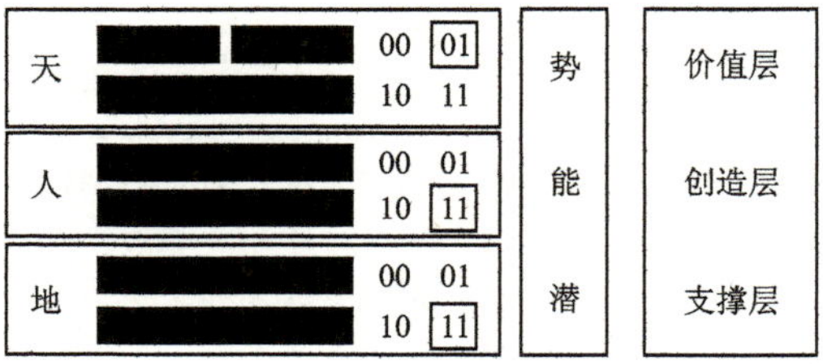

图 9.34　企业生长状态之强大/升级　011111

量变引起质变的节点状态缘于 PQ=3(11,为满),会引起质的变化了。

变化的方向就是企业的全方位升级:在价值层、创造层、支撑层,全部发生潜在的重构需求:CQ=3,为满;PQ=3,为满,直接导致企业向更高一个层次转变。

转变的逻辑就是:由 11(满)转变为 00(空),这样就可以吸收、储蓄、承载新的变化了。

表 9.36 为企业强大/升级的生长状态评估表。

表 9.36　企业强大/升级的生长状态评估表

评估指标 企业系统	IQ=m 投资投入	EQ=1 势 (虚)	CQ=3 能 (满)	PQ=3 潜 (满)
决策系统 (领导决策层)	企业决策在趋势应变、能力条件建设、潜力保障建设三个维度采取行动计划,开始全面的企业建设发展	聚焦企业瞄准的趋势,包含社会发展趋势、行业发展趋势、产业发展趋势等宏观变化情况,给出决策和定位,这是企业需要转型升级的信号,也是企业发展到一定阶段进行的必然选择	以趋势为指引,通过不断的升级、提升,企业发展到这个阶段,自身的能力达到顶峰	潜力挖掘到了顶峰,投入产出达到了最高值,不能再进行下去了,需要求变了
执行系统 (管理服务层)	统一认识 充分地执行确定的计划 应认识到企业是全面作战的,各个部分要服务的整体目标是三个维度,互相有意识地做好协调配合	能力有大有小、有点有面,在这个卦象中,企业能力的要求是大的、是平面分布的。这个特征要识别出来	全力以赴,不加质疑地执行各项决定,做好上传下达,落实监督到位	产品完成试制,执行系统作为总协调,要确保能够做好能力的转化、部门的协同,提供效率效益

续表 9.36

评估指标 企业系统	IQ=m 投资投入	EQ=1 势 (虚)	CQ=3 能 (满)	PQ=3 潜 (满)
生产系统 (加工研制层)	因为能力增加的目标和需求，逐步加大生产系统的资金投入	生产系统在适应新的趋势的情况下，在满足生产能力的情况下，达到了最高水平	控制产品质量，控制库存，提升生产效率，进行小规模的生产创新	确保新产品试制的成功率，包括成本、可靠性，等等
营销系统 (市场开拓层)	由于产品产出的增加，营销系统的建设和组织资金投入逐步加大	眼观六路，耳听八方，需要能够做到及时掌握环境和趋势发生的大小变化，准确全面地反馈给决策层面参考	提升营销系统能力，这个能力是综合的，反映在订单、回款、客户开拓等方面，启动全力营销	围绕定型的产品或服务获取用户针对性的需求和意见，这个至关重要。在此时，营销系统绝不是可有可无的
免疫系统 (综合防范和诊治层)	全方位地考虑企业的各维度风险。 根据自身所处的内外部情况进行风险防控的计划制定	给出新的发展战略，定位企业未来面临的趋势状态	关注生产效率、库存周转	通过调研、论证、用户反馈等来抵御创新风险的发生防范风险

领军(10 00 00)

领军/归零

企业生长状态之领军/归零如图 9.35 所示。

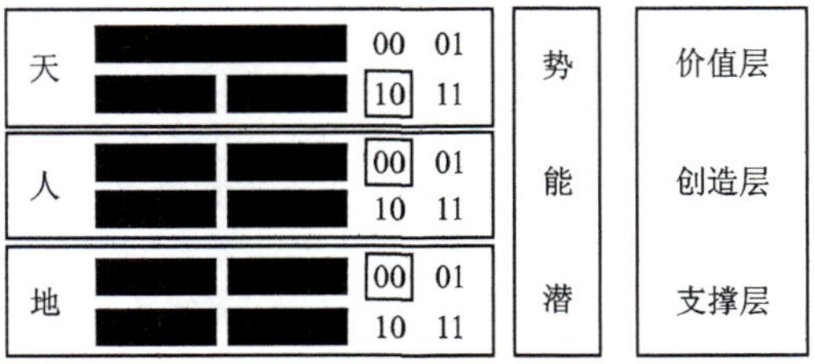

图 9.35　企业生长状态之领军/归零　100000

EQ=10 为实，此时企业的核心特征是牢牢地把握趋势、乘势而上、趋势致胜；而创造层、支撑层虽然为“空”，但是这是“虚怀若谷”的空，是包罗万象的空，能够实现海纳百川，所以成为领军的企业。

这个又是一个突变和特殊的企业生长状态。

对于很多普通的企业而言，自此之后的发展变化是较少遇到的。原因是，经过反复的改变、转变、适应，能够走到这一步的企业都是行业的领军企业了。

从 EQ=2 这个指标，我们给出的判断是，该类企业在环境、趋势方面远远领先于本行业的普通企业，并且牢牢地抓住了趋势的变化，成为顺应趋势的先行者、先进者。

从 CQ 和 PQ 为 0 的指标，我们看到企业决策者远大的发展愿景、巨大的寻求改变的决心、勇气，以及能够在此基础上对自己进行否定的寻求转身发展的能力和意识。

CQ 和 PQ 为 0，不是说企业不能做事，没有潜力，而是恰恰说明了企业对自身再认识、再定位的发生。我们已经不知道这个企业经历了多少次的这样的变化迭代了，但是我们可以判断企业在引领和顺应趋势方面的巨大决心和举措。那就是，否定自己、改变自己、不断以归零的心态指导企业的发展和重构。

表 9.37 为企业领军/不破不立的生长状态评估表。

表 9.37　企业领军/不破不立的生长状态评估表

评估指标 企业系统	IQ=m 投资投入	EQ=2 势 （实）	CQ=0 能 （空）	PQ=0 潜 （空）
决策系统 （领导决策层）	企业要想不断壮大，就需时时归零。企业决策在趋势应变、能力条件建设、潜力保障建设三个维度采取行动计划，再一次依据趋势，对能力、潜力做归零处理。以此为指导，做财务决策	趋势发生了很大的变化，企业把握确实确定了转型升级的目标，产业环境发生了很大变化，企业决定进行改革发展	在趋势升级、环境升级的前提下，再次以能力归零的心态，追求潜力的发展和积淀。对于从1到N的企业尤为重要	在趋势升级、环境升级的前提下，以潜力归零的心态，以趋势方面的战略决定，全面求新求变，卧薪尝胆，厚积薄发
执行系统 （管理服务层）	应认识到企业不是“以前”的企业了。在外部环境和趋势发生重大变革的情况下，亦或在企业全面战略调整的情况下，执行系统必须匹配，主要是人员队伍机构的调整，增加投入	趋势的变化非常大，企业的产业环境变化非常大，执行团队的变化随之而动，对趋势的把握要同步提升	环境和趋势的变化，使得执行团队不能再持惯性和守成的思维模式，在能力上需要进行改变和提升	自身的潜力存在问题，采取请进来、走出去的策略，需要提升执行团队适应环境变化的潜力

续表 9.37

评估指标 企业系统	IQ=m 投资投入	EQ=2 势 (实)	CQ=0 能 (空)	PQ=0 潜 (空)
生产系统 (加工研制层)	因为能力增加的目标和需求，逐步加大生产系统的资金投入	原有的生产系统需要转型、需要升级，聚焦的目标就是企业对于趋势把握的战略布局和调整	为了未来发展，需要根据战略目标、趋势指引，逐步更换和引进先进的设备、设施	不适应的生产设备要淘汰或者更换，不适应的员工要调岗，新的设备、人员要逐步进入，以提升生产系统潜力，满足日后战略发展需要
营销系统 (市场开拓层)	由于产品产出的增加，营销系统的建设和组织资金投入逐步加大	原有的生产系统需要转型、需要升级，聚焦的目标就是企业对于趋势把握的战略布局和调整	提升营销系统能力，这个能力是综合的，反映在订单、回款、客户开拓等方面，启动全力营销	产品或服务的价值挖掘影响着价值变现，挖掘自身隐藏的价值能够突出效益
免疫系统 (综合防范和诊治层)	全方位地考虑企业的各维度风险。 根据自身所处的内外部情况进行风险防控的计划制定	环境和趋势的变化是双刃剑：不跟进不行，跟不住跟不好也不行	企业其实就是经营“不确定性”，在这种情况下，要勇于面对风险和挑战，才能有发展潜力和机会	潜力全部以归零形态处置，会造成很多认知的混乱，需要做及时的思想认识统一

领军/挖潜

企业生长状态之领军/挖潜如图 9.36 所示。

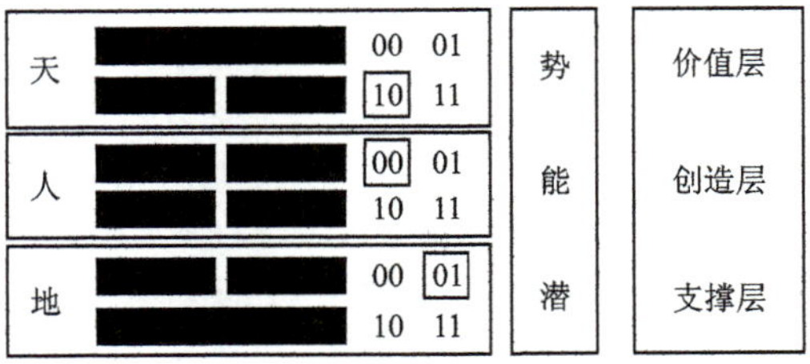

图 9.36　企业生长状态之领军/挖潜　100001

领军企业的核心实质是“天时”，其次“地利”，最后是“人和”。这谈的不是重要性，而是发展顺序规律；创造价值以趋势为指引，以支撑为基础，再选人用人、有针对性地建立合适的团队。

企业从强大到领军的发展规律全部在于，在具有强大的趋势跟进能力的同时，还具备强大的潜力构建与转换。

从 EQ=2 这个指标，我们给出的判断是，该类企业在环境、趋势方面远远领先于本行业的普通企业，并且牢牢地抓住了趋势的变化，成为顺应趋势的先行者、先进者。

从 CQ 为 0，我们看到企业决策者远大的发展愿景、巨大的寻求改变的决心、勇气，以及能够在此基础上对自己进行否定的寻求转身发展的能力和意识。

CQ 为 0 不是说企业不能做事，而是恰恰说明了企业对自身再认识、再定位的发生。我们已经不知道这个企业经历了多少次这样的变化迭代了，但是我们可以判断企业在引领和顺应趋势方面的巨大决心和举措。那就是，否定自己、改变自己、不断以归零的心态指导企业的发展和重构。

企业 PQ 为 1 的状态说明，此时已经非常强大的企业，再一次完成了创新布局、否定之否定，并启动了新一轮的开拓和进取。这就是领军企业的精神所在。

表 9.38 为企业领军/挖潜的生长状态评估表。

表 9.38　企业领军/挖潜的生长状态评估表

评估指标 企业系统	IQ=m 投资投入	EQ=2 势 （实）	CQ=0 能 （空）	PQ=1 潜 （虚）
决策系统 （领导决策层）	企业要想不断壮大，就需时时归零。企业决策在趋势应变、能力条件建设、潜力保障建设三个维度采取行动计划，再一次依据趋势，对能力、潜力做归零处理。以此为指导，做财务决策	趋势环境日趋变好，企业对于趋势的把握和跟进效果也非常好，在企业内外部的气势、形势上展现出了良好的状态	在保持很强的能力的基础上，做到以“归零”的心态，把握和看待企业当前的生产能力，这对于决策层而言不一般	以趋势为指引，深入地挖掘自身的潜力，找到了新的潜力所在或者开始了新的潜力培育
执行系统 （管理服务层）	应认识到企业不是“以前”的企业了。在外部环境和趋势发生重大变革的情况下，亦或在企业全面战略调整的情况下，执行系统必须匹配，主要是人员队伍机构的调整增加投入	趋势的变化非常大，企业的产业环境变化非常大，执行团队的变化随之而动，对趋势的把握要同步提升	环境和趋势的变化，使得执行团队不能再持惯性和守成的思维模式，在能力上需要进行改变和提升	自身的潜力存在问题，采取请进来、走出去的策略，需要提升执行团队适应环境变化的潜力

续表 9.38

评估指标 企业系统	IQ=m 投资投入	EQ=2 势 （实）	CQ=0 能 （空）	PQ=1 潜 （虚）
生产系统 （加工研制层）	因为能力增加的目标和需求，逐步加大生产系统的资金投入	原有的生产系统需要转型、需要升级，聚焦的目标就是企业对于趋势把握的战略布局和调整	为了未来发展，需要根据战略目标、趋势指引，逐步更换和引进先进的设备、设施	不适应的生产设备要淘汰或者更换，不适应的员工要调岗，新的设备、人员要逐步进入，以提升生产系统潜力，满足日后战略发展需要
营销系统 （市场开拓层）	由于产品产出的增加，营销系统的建设和组织资金投入逐步加大	原有的生产系统需要转型、需要升级，聚焦的目标就是企业对于趋势把握的战略布局和调整	提升营销系统能力，这个能力是综合的，反映在订单、回款、客户开拓等方面，启动全力营销	产品或服务的价值挖掘影响着价值变现，挖掘自身隐藏的价值能够突出效益
免疫系统 （综合防范和诊治层）	全方位地考虑企业的各维度风险。 根据自身所处的内外部情况进行风险防控的计划制定	环境和趋势的变化是双刃剑：不跟进不行，跟不住跟不好也不行	企业其实就是经营“不确定性”，在这种情况下，只有勇于面对风险和挑战，才能有发展潜力和机会	潜力全部以归零形态处置，会造成很多认知的混乱，需要做及时的思想认识统一

领军/再挖潜

企业生长状态之领军/再挖潜如图 9.37。

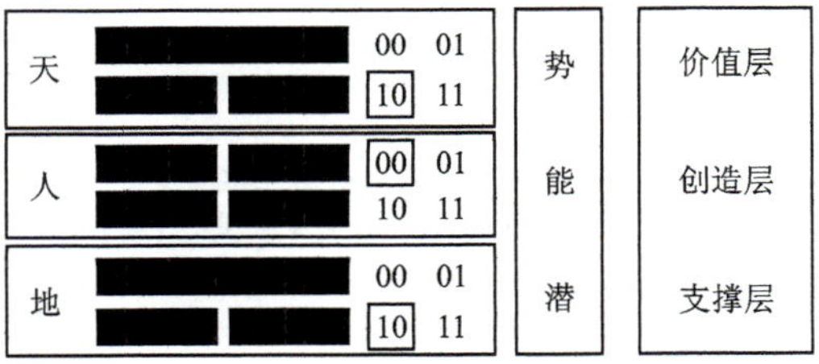

图 9.37　企业生长状态之领军/再挖潜　100010

企业量变发展的过程，基本逻辑与上面的生长状态一致。

从企业 PQ 为 2 的状态，说明此时已经非常强大的企业，再一次完成了创新布局、否定之否定，并启动了新一轮的开拓和进取。

表9.39为企业领军/再挖潜的生长状态评估表。

表9.39 企业领军/再挖潜的生长状态评估表

评估指标 企业系统	IQ=m 投资投入	EQ=2 势 （实）	CQ=0 能 （空）	PQ=2 潜 （实）
决策系统 （领导决策层）	企业要想不断壮大，就需时时归零。企业决策在趋势应变、能力条件建设、潜力保障建设三个维度采取行动计划，再一次依据趋势，对能力、潜力做归零处理。以此为指导，做财务决策	趋势环境日趋变好，企业对于趋势的把握和跟进效果也非常好，在企业内外部的气势、形势上展现出了良好的状态	在保持很强的能力的基础上，做到以“归零”的心态，把握和看待企业当前的生产能力，这对于决策层而言是否不一般	潜力方面的打造和积淀进入中试的阶段，新的潜力培育初见成效
执行系统 （管理服务层）	改变企业传统的激励机制，创新中上层干部队伍的激励机制，形成企业价值提升与个人价值提升的更好匹配	认真学习，领悟企业创新的精髓，提升能力与企业的发展要求相同步。跟不上的，将会有很多管理层要调整	干部提升 能力素质提升，新的需求下的组织建设、职责设定，等等	配合企业的潜力，特别是创新进入中试阶段，做好自身队伍的潜力改造和提升
生产系统 （加工研制层）	因为能力增加的目标和需求逐步加大生产系统的资金投入	原有的生产系统需要转型、需要升级，聚焦的目标就是企业对于趋势把握的战略布局和调整	为了未来发展，需要根据战略目标、趋势指引，逐步更换和引进先进的设备、设施	不适应的生产设备要淘汰或者更换，不适应的员工要调岗，新的设备、人员要逐步进入，以提升生产系统潜力，满足日后战略发展需要
营销系统 （市场开拓层）	由于产品产出的增加，营销系统的建设和组织资金投入逐步加大	原有的生产系统需要转型、需要升级，聚焦的目标就是企业对于趋势把握的战略布局和调整	提升营销系统能力，这个能力是综合的，反映在订单、回款、客户开拓等方面，启动全力营销	产品或服务的价值挖掘影响着价值变现，挖掘自身隐藏的价值能够突出效益

续表 9.39

评估指标 / 企业系统	IQ=m 投资投入	EQ=2 势 （实）	CQ=0 能 （空）	PQ=2 潜 （实）
免疫系统 （综合防范 和诊治层）	全方位地考虑企业的各维度风险。 根据自身所处的内外部情况进行风险防控的计划制定	环境和趋势的变化是双刃剑：不跟进不行，跟不住、跟不好也不行	企业其实就是经营“不确定性”，在这种情况下，只有勇于面对风险和挑战，才能有发展潜力和机会	潜力全部以归零形态处置，会造成很多认知的混乱，需要做及时的思想认识统一

领军/升级

企业生长状态之领军/升级如图 9.38 所示。

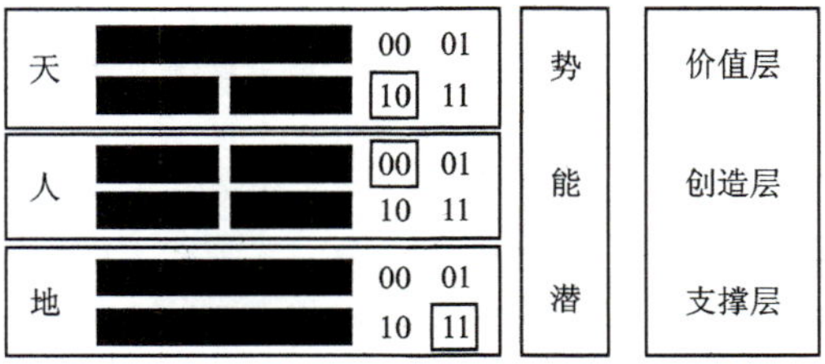

图 9.38　企业生长状态之领军/升级　100011

内部的量变发展引起质变，引起质变的层面在“创造层”——新的能力的打造、新的项目的投入、新的企业的并购、新的行业的进入，等等。

这个数字变化的过程很有意思，每次的质变其实内涵都非常丰富，会根据需要做适当的展开描述。

我们反复强调的几个概念：0 与 1 转换，阴阳驱动发展，守成与创新反反复复，能力与潜力互动共振，以及优秀的企业必然是顺应趋势的企业，等等。

每当发生这样的转折的时候，都是因为量变引起的质变。

而量变，则总是由内而外，逐步发展的；没有内部的健康、完善，外部的资源、能力进入不到企业里面来。

表 9.40 为企业领军/升级的生长状态评估表。

表 9.40　企业领军/升级的生长状态评估表

评估指标 企业系统	IQ=m 投资投入	EQ=2 势 （实）	CQ=0 能 （空）	PQ=3 潜 （满）
决策系统 （领导决策层）	在趋势上、取势上企业做出重大决策，并依据趋势的变化和选择，以及企业新的能力构建的需求，加大在潜力创新方面的实质性投入	趋势环境日趋变好，企业对于趋势的把握和跟进效果也非常好，在企业内外部的气势、形势上展现出了良好的状态	在保持很强的能力的基础上，做到以“归零”的心态，把握和看待企业当前的生产能力，这对于决策层而言不一般	在潜力方面的工作，特别是新产品研制进入试制的阶段，开始启动能力的转化
执行系统 （管理服务层）	改变企业传统的激励机制，创新中上层干部队伍的激励机制，形成企业价值提升与个人价值提升的更好匹配	认真学习，领悟企业创新的精髓，提升能力与企业的发展要求相同步。跟不上的，将会有很多管理层要调整	干部提升 能力素质提升，新的需求下的组织建设、职责设定，等等	配合企业的潜力，特别是创新进入试制阶段，做好自身队伍的潜力改造和提升
生产系统 （加工研制层）	因为能力增加的目标和需求逐步加大生产系统的资金投入	原有的生产系统需要转型、需要升级，聚焦的目标就是企业对于趋势把握的战略布局和调整	为了未来发展，需要根据战略目标、趋势指引，逐步更换和引进先进的设备、设施	不适应的生产设备要淘汰或者更换，不适应的员工要调岗，新的设备、人员要逐步进入，以提升生产系统潜力，满足日后战略发展需要
营销系统 （市场开拓层）	由于产品产出的增加，营销系统的建设和组织资金投入逐步加大	原有的生产系统需要转型、需要升级，聚焦的目标就是企业对于趋势把握的战略布局和调整	提升营销系统能力，这个能力是综合的，反映在订单、回款、客户开拓等方面，启动全力营销	产品或服务的价值挖掘影响着价值变现，挖掘自身隐藏的价值能够突出效益
免疫系统 （综合防范和诊治层）	全方位地考虑企业的各维度风险。 根据自身所处的内外部情况进行风险防控的计划制定	环境和趋势的变化是双刃剑：不跟进不行，跟不住、跟不好也不行	企业其实就是经营“不确定性”，在这种情况下，只有勇于面对风险和挑战，才能有发展潜力和机会	潜力全部以归零形态处置，会造成很多认知的混乱，需要做及时的思想认识统一

领军/做大

企业生长状态之领军/做大如图 9.39 所示。

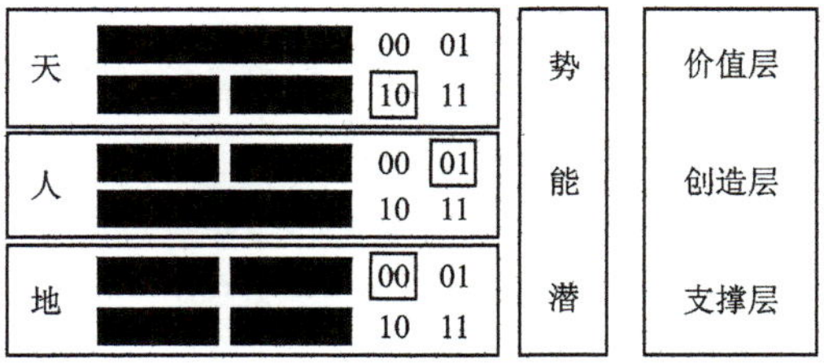

图 9.39　企业生长状态之领军/做大　100100

企业在创新领域做大，而不是在企业自身传统领域做大，依据趋势的发展，企业已经成功地完成了转型发展；没有经过转型发展的企业不会成为领军企业。

当然，转型的方式方法则是需要另外研究探讨的问题了。

从 CQ 为 1，我们看到企业决策者远大的发展愿景、巨大的寻求改变的决心、勇气，以及能够在此基础上对自己进行否定的寻求转身发展的能力和意识。并且在此时，开始实质性地进行了能力的升华和构建。

从企业 PQ 为 0 的状态，说明此时已经非常强大的企业，再一次完成了创新布局、否定之否定，并启动了新一轮的潜力创新开拓和进取。

表 9.41 为企业领军/做大的生长状态评估表。

表 9.41　企业领军/做大的生长状态评估表

评估指标 / 企业系统	IQ＝m 投资投入	EQ＝2 势 （实）	CQ＝1 能 （虚）	PQ＝0 潜 （空）
决策系统 （领导决策层）	在趋势上、取势上企业做出重大决策。并依据趋势的变化和选择，以及企业新的能力构建的需求，加大在能力升华和构建方面的实质性投入	趋势环境日趋变好，企业对于趋势的把握和跟进效果也非常好，在企业内外部的气势、形势上展现出了良好的状态	以趋势为指引，从潜力的升华中，使得企业的能力发生了质的变化，一轮能力提升的新周期开始了	再一次地进行潜力的归零处理，也就意味着再一次启动新的创新历程
执行系统 （管理服务层）	改变企业传统的激励机制，创新中上层干部队伍的激励机制，形成企业价值提升与个人价值提升的更好匹配	认真学习，领悟企业创新的精髓，提升能力与企业的发展要求相同步。跟不上的，将会有很多管理层要调整	干部提升能力素质，提升新的需求下的组织建设、职责设定，等等	配合企业的潜力归零，做好自身队伍的潜力改造和提升

续表 9.41

评估指标 企业系统	IQ=m 投资投入	EQ=2 势 （实）	CQ=1 能 （虚）	PQ=0 潜 （空）
生产系统 （加工研制层）	为满足新的能力的升华和提升，加大生产系统的资金投入	原有的生产系统需要转型、需要升级，聚焦的目标就是企业对于趋势把握的战略布局和调整	为了未来发展，需要根据战略目标、趋势指引，逐步更换和引进先进的设备、设施	不适应的生产设备要淘汰或者更换，不适应的员工要调岗，新的设备、人员要逐步进入，以提升生产系统潜力，满足日后战略发展需要
营销系统 （市场开拓层）	由于产品产出的增加，营销系统的建设和组织资金投入逐步加大	认真学习，领悟企业创新的精髓，提升能力与企业的发展要求相同步。跟不上的，将会有很多管理层要调整	团队能力素质提升，新的需求下的组织建设、职责设定，等等	产品或服务的价值挖掘影响着价值变现，挖掘自身隐藏的价值能够突出效益
免疫系统 （综合防范和诊治层）	全方位地考虑企业的各维度风险。 根据自身所处的内外部情况进行风险防控的计划制定	环境和趋势的变化是双刃剑：不跟进不行，跟不住、跟不好也不行	企业其实就是经营“不确定性”，在这种情况下，只有勇于面对风险和挑战，才能有发展潜力和机会	通过调研、论证、用户反馈等等，抵御创新风险的发生，防范风险

领军做大/挖潜

企业生长状态之领军做大/挖潜如图 9.40 所示。

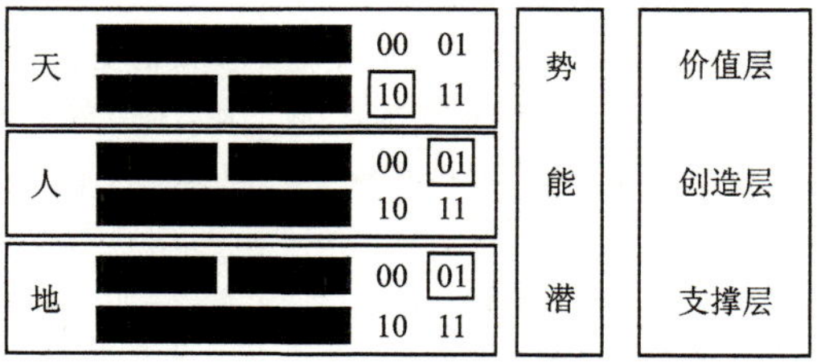

图 9.40　企业生长状态之领军做大/挖潜　100101

领军企业不只是把握先机、跟上趋势就行了，还需能够创造新的价值、提供新的服务，开拓新的市场，才能够立于优势或不败的位置。所以，不断地创造价值是永恒的使命。

这里不再展开对潜力挖据的维度的说明。

有几句话需要充分理解:①由内而外;②整合资源;③厚积薄发;④创新资源是核心。

从 EQ=2 这个指标,我们给出的判断是,该类企业在环境、趋势方面远远领先于本行业的普通企业,并且牢牢地抓住了趋势的变化,成为顺应趋势的先行者、先进者。

从 CQ 为 1,我们看到企业决策者远大的发展愿景、巨大的寻求改变的决心、勇气,以及能够在此基础上对自己进行否定的寻求转身发展的能力和意识。并且在此时,开始实质性地进行了能力地升华和构建。

表 9.42 为企业领军做大/挖潜的生长状态评估表。

表 9.42　企业领军做大/挖潜的生长状态评估表

评估指标 企业系统	IQ=m 投资投入	EQ=2 势 (实)	CQ=1 能 (虚)	PQ=1 潜 (虚)
决策系统 (领导决策层)	在趋势上、取势上企业做出重大决策。并依据趋势的变化和选择,以及企业新的能力构建的需求,加大在能力升华和构建方面的实质性投入	趋势环境日趋变好,企业对于趋势的把握和跟进效果也非常好,在企业内外部的气势、形势上展现出了良好的状态。	在企业进行一轮能力归零的基础上,通过潜力打造、趋势跟进,开始新的能力升华和构建	深入地找到了新的潜力所在或者开始了新的潜力培育。坚持下去,需要执着和耐心
执行系统 (管理服务层)	改变企业传统的激励机制,创新中上层干部队伍的激励机制,形成企业价值提升与个人价值提升的更好匹配	认真学习,领悟企业创新的精髓,提升能力与企业的发展要求相同步,跟不上的,将会有很多管理层要调整	干部能力素质提升,新的需求下的组织建设、职责设定,等等	为满足能力的质的提升、趋势的巨大变化和战略调整的要求,执行系统的潜力,特别是人的潜力至关重要
生产系统 (加工研制层)	因为能力增加的目标和需求,逐步加大生产系统的资金投入	原有的生产系统需要转型、需要升级,聚焦的目标就是企业对于趋势把握的战略布局和调整	为了未来发展,需要根据战略目标、趋势指引,逐步更换和引进先进的设备、设施	
营销系统 (市场开拓层)	由于产品产出的增加,营销系统的建设和组织资金投入逐步加大	认真学习,领悟企业创新的精髓,提升能力与企业的发展要求相同步,跟不上的,将会有很多管理层要调整	团队能力素质提升,新的需求下的组织建设、职责设定,等等	产品或服务的价值挖掘影响着价值变现,挖掘自身隐藏的价值能够突出效益

续表 9.42

评估指标 企业系统	IQ=m 投资投入	EQ=2 势 (实)	CQ=1 能 (虚)	PQ=1 潜 (虚)
免疫系统 (综合防范和诊治层)	全方位地考虑企业的各维度风险。 根据自身所处的内外部情况进行风险防控的计划制定	环境和趋势的变化是双刃剑:不跟进不行,跟不住、跟不好也不行	企业其实就是经营"不确定性",在这种情况下,要勇于面对风险和挑战,才能有发展潜力和机会	通过调研、论证、用户反馈等来抵御创新风险的发生,防范风险

领军做大/再挖潜

企业生长状态之领军做大/再挖潜如图 9.41 所示。

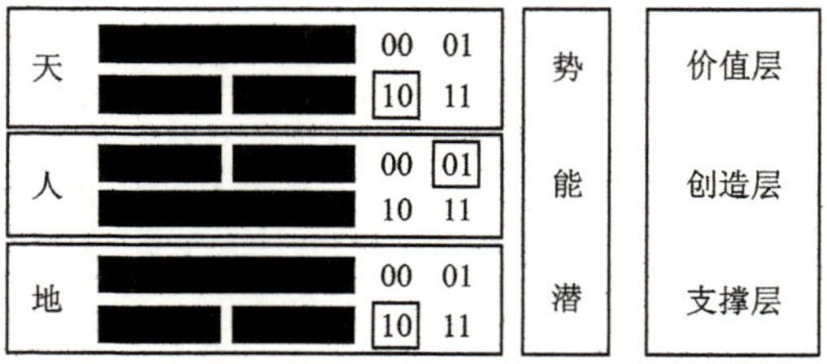

图 9.41 企业生长状态之领军做大/再挖潜 100110

内涵与 100101 基本一致,企业的生长发育处在量变阶段,且聚焦在自身潜力挖掘和打造的环节中。

表 9.43 为企业领军做大/再挖潜的生长状态评估表。

表 9.43 企业领军做大/再挖潜的生长状态评估表

评估指标 企业系统	IQ=m 投资投入	EQ=2 势 (实)	CQ=1 能 (虚)	PQ=2 潜 (实)
决策系统 (领导决策层)	在趋势上、取势上企业做出重大决策。并依据趋势的变化和选择,以及企业新的能力构建的需求,加大在能力升华和构建方面的实质性投入	趋势环境日趋变好,企业对于趋势的把握和跟进效果也非常好,在企业内外部的气势、形势上展现出了良好的状态	在企业进行一轮能力归零的基础上,通过潜力打造、趋势跟进,开始新的能力升华和构建	深入地找到了新的潜力所在或者开始了新的潜力培育。 坚持下去,需要执着和耐心

续表 9.43

评估指标 企业系统	IQ=m 投资投入	EQ=2 势 （实）	CQ=1 能 （虚）	PQ=2 潜 （实）
执行系统 （管理服务层）	改变企业传统的激励机制，创新中上层干部队伍的激励机制，形成企业价值提升与个人价值提升的更好匹配	认真学习，领悟企业创新的精髓，提升能力与企业的发展要求相同步，跟不上的，将会有很多管理层需要调整	干部能力素质提升，新的需求下的组织建设、职责设定，等等	为满足能力的质的提升、趋势的巨大变化和战略调整的要求，执行系统的潜力，特别是人的潜力至关重要
生产系统 （加工研制层）	因为能力增加的目标和需求，逐步加大生产系统的资金投入	原有的生产系统需要转型、需要升级，聚焦的目标就是企业对于趋势把握的战略布局和调整	为了未来发展，需要根据战略目标、趋势指引，逐步更换和引进先进的设备设施	进行产品创新的研发
营销系统 （市场开拓层）	由于产品产出的增加，营销系统的建设和组织资金投入逐步加大	认真学习，领悟企业创新的精髓，提升能力与企业的发展要求相同步，跟不上的，将会有很多管理层需要调整	团队能力素质提升，新的需求下的组织建设、职责设定，等等	产品或服务的价值挖掘影响着价值变现，挖掘自身隐藏的价值能够突出效益
免疫系统 （综合防范和诊治层）	全方位地考虑企业的各维度风险。根据自身所处的内外部情况进行风险防控的计划制定	环境和趋势的变化是双刃剑：不跟进不行，跟不住跟不好也不行	企业其实就是经营“不确定性”，在这种情况下，要勇于面对风险和挑战，才能有发展潜力和机会	通过调研、论证、用户反馈等来抵御创新风险的发生，防范风险

领军做大/升级

企业生长状态之领军做大/升级如图 9.42 所示。

支撑层（潜力 ＝ 11，为满）的量变引起质变状态的出现和发生。这种改变和发生会直接推动企业的“能力（创造层）”发生改变，也即反复说明的“潜力与能力互动”，潜力为基础、能力为展现。

表 9.44 为企业领军做大/升级的生长状态评估表。

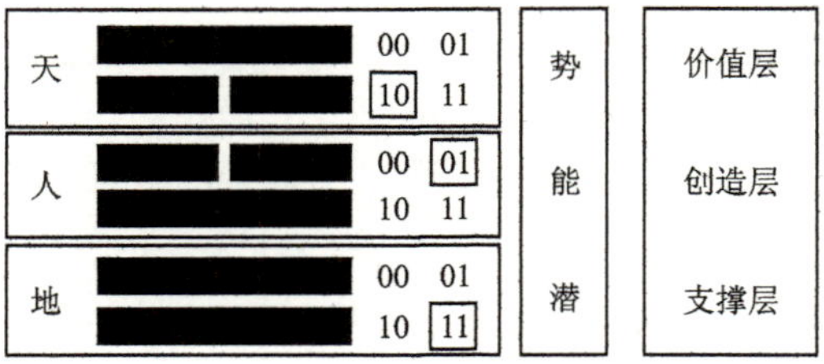

图 9.42　企业生长状态之领军做大/升级　100111

表 9.44　企业领军做大/升级的生长状态评估表

评估指标 企业系统	IQ=m 投资投入	EQ=2 势 （实）	CQ=1 能 （虚）	PQ=3 潜 （满）
决策系统 （领导决策层）	在趋势上、取势上企业做出重大决策。并依据趋势的变化和选择，以及企业新的能力构建的需求，加大在能力升华和构建方面的实质性投入	趋势环境日趋变好，企业对于趋势的把握和跟进效果也非常好，在企业内外部的气势、形势上展现出了良好的状态	在企业进行一轮能力归零的基础上，通过潜力打造、趋势跟进，开始新的能力升华和构建	潜力挖掘到了顶峰、投入产出达到了最高值，不能再进行下去了。需要求变了
执行系统 （管理服务层）	改变企业传统的激励机制，创新中上层干部队伍的激励机制，形成企业价值提升与个人价值提升的更好匹配	认真学习，领悟企业创新的精髓，提升能力与企业的发展要求相同步，跟不上的，将会有很多管理层需要调整	干部能力素质提升，新的需求下的组织建设、职责设定，等等	为满足能力的质的提升、趋势的巨大变化和战略调整的要求，执行系统的潜力，特别是人的潜力至关重要
生产系统 （加工研制层）	因为能力增加的目标和需求，逐步加大生产系统的资金投入	原有的生产系统需要转型、需要升级，聚焦的目标就是企业对于趋势把握的战略布局和调整	为了未来发展，需要根据战略目标、趋势指引，逐步更换和引进先进的设备设施	进行产品创新的研发
营销系统 （市场开拓层）	由于产品产出的增加，营销系统的建设和组织资金投入逐步加大	认真学习，领悟企业创新的精髓，提升能力与企业的发展要求相同步，跟不上的，将会有很多管理层需要调整	团队能力素质提升，新的需求下的组织建设、职责设定，等等	产品或服务的价值挖掘影响着价值变现，挖掘自身隐藏的价值能够突出效益

续表 9.44

评估指标 企业系统	IQ=m 投资投入	EQ=2 势 （实）	CQ=1 能 （虚）	PQ=3 潜 （满）
免疫系统 （综合防范和诊治层）	全方位地考虑企业的各维度风险。 根据自身所处的内外部情况进行风险防控的计划制定	环境和趋势的变化是双刃剑：不跟进不行，跟不住、跟不好也不行	企业其实就是经营“不确定性”，在这种情况下，要勇于面对风险和挑战，才能有发展潜力和机会	通过调研、论证、用户反馈等来抵御创新风险的发生，防范风险

领军强大

企业生长状态之领军强大如图 9.43 所示。

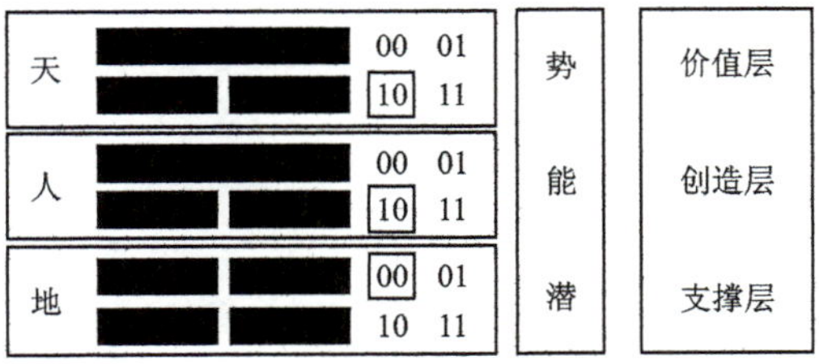

图 9.43　企业生长状态之领军强大　101000

企业生长发育到这个状态，就是领军且强大的企业了。

EQ ＝ 10 为实；价值引领者；

CQ ＝ 10 为实；价值创造者；

PQ ＝ 00 为空；还能做到虚怀若谷、海纳百川，厚积薄发。

表 9.45 为企业领军强大的生长状态评估表。

表 9.45　企业领军强大的生长状态评估表

评估指标 企业系统	IQ=m 投资投入	EQ=2 势 （实）	CQ=2 能 （实）	PQ=0 潜 （空）
决策系统 （领导决策层）	在趋势上、取势上企业做出重大决策，并依据趋势的变化和选择，以及企业新的能力构建的需求，加大在能力升华和构建方面的实质性投入	趋势环境日趋变好，企业对于趋势的把握和跟进效果也非常好，在企业内外部的气势、形势上展现出了良好的状态	企业崭新的能力升华和构建进入到发展的中期，各方面的布局和定位明确	再一次地进行潜力的归零处理，也就意味着再一次启动新的创新历程

续表 9.45

评估指标 / 企业系统	IQ＝m 投资投入	EQ＝2 势 （实）	CQ＝2 能 （实）	PQ＝0 潜 （空）
执行系统 （管理服务层）	改变企业传统的激励机制，创新中上层干部队伍的激励机制，形成企业价值提升与个人价值提升的更好匹配	认真学习，领悟企业创新的精髓，提升能力与企业的发展要求相同步，跟不上的，将会有很多管理层需要调整	干部能力素质提升，新的需求下的组织建设、职责设定，等等	为满足能力的质的提升、趋势的巨大变化和战略调整的要求，执行系统的潜力，特别是人的潜力至关重要
生产系统 （加工研制层）	因为能力增加的目标和需求，逐步加大生产系统的资金投入	原有的生产系统需要转型、需要升级，聚焦的目标就是企业对于趋势把握的战略布局和调整	为了未来发展，需要根据战略目标、趋势指引，逐步更换和引进先进的设备、设施	
营销系统 （市场开拓层）	由于产品产出的增加，营销系统的建设和组织资金投入逐步加大	认真学习，领悟企业创新的精髓，提升能力与企业的发展要求相同步，跟不上的，将会有很多管理层需要调整	团队能力素质提升新的需求下的组织建设、职责设定，等等	产品或服务的价值挖掘影响着价值变现，挖掘自身隐藏的价值能够突出效益
免疫系统 （综合防范和诊治层）	全方位地考虑企业的各维度风险。 根据自身所处的内外部情况进行风险防控的计划制定	环境和趋势的变化是双刃剑：不跟进不行，跟不住、跟不好也不行	企业其实就是经营“不确定性”，在这种情况下，要勇于面对风险和挑战，才能有发展潜力和机会	通过调研、论证、用户反馈等来抵御创新风险的发生，防范风险

领军强大/挖潜

企业生长状态之领军强大/挖潜如图 9.44 所示。

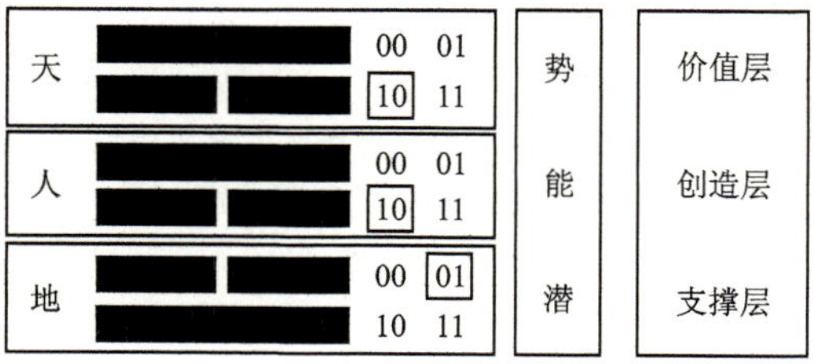

图 9.44　企业生长状态之领军强大/挖潜　101001

循环往复，企业继续处在自身“潜力挖掘和打造”的生长周期里面。所应遵循的：①量变引起质变；②内因为主；③夯实发展的支撑基础；④厚积薄发。

表 9.46 为企业领军强大/挖潜的生长状态评估表。

表 9.46 企业领军强大/挖潜的生长状态评估表

评估指标 企业系统	IQ=m 投资投入	EQ=2 势 （实）	CQ=2 能 （实）	PQ=1 潜 （虚）
决策系统 （领导决策层）	企业决策在趋势应变、能力条件建设、潜力保障建设三个维度采取行动计划，开始全面的企业建设发展	趋势环境日趋变好，企业对于趋势的把握和跟进效果也非常好，在企业内外部的气势、形势上展现出了良好的状态	企业的能力、条件等等蒸蒸日上，不断能够实现提升和完善	在强大能力和趋势把控的指引下，深入地找到了新的潜力所在或者开始了新的潜力培育
执行系统 （管理服务层）	统一认识 充分地执行确定的计划，应认识到企业是全面作战的，各个部分要服务的整体目标是三个维度，互相有意识地做好协调配合	认真学习，领悟企业创新的精髓，提升能力与企业的发展要求相同步，跟不上的，将会有很多管理层需要调整	全力以赴 不加质疑地执行各项决定，做好上传下达，落实监督到位	为满足能力的质的提升、趋势的巨大变化和战略调整的要求，执行系统的潜力，特别是人的潜力至关重要
生产系统 （加工研制层）	因为能力增加的目标和需求，逐步加大生产系统的资金投入	原有的生产系统需要转型、需要升级，聚焦的目标就是企业对于趋势把握的战略布局和调整	控制产品质量，控制库存，提升生产效率，进行有规模的生产创新	进行产品创新的研发
营销系统 （市场开拓层）	由于产品产出的增加，营销系统的建设和组织资金投入逐步加大	企业的趋势变化和把握发生了巨大变化，企业的能力完成了质变，营销系统要面对这种形势和趋势做出适应性改变	团队能力素质提升，新的需求下的组织建设、职责设定，等等	产品或服务的价值挖掘影响着价值变现，挖掘自身隐藏的价值能够突出效益
免疫系统 （综合防范和诊治层）	全方位地考虑企业的各维度风险，根据自身所处的内外部情况进行风险防控的计划制定	环境和趋势的变化是双刃剑：不跟进不行，跟不住、跟不好也不行	关注生产效率、库存周转	通过调研、论证、用户反馈等来抵御创新风险的发生，防范风险

强盛(10 11 00)

强盛/归零

企业生长状态之强盛/归零如图 9.45 所示。

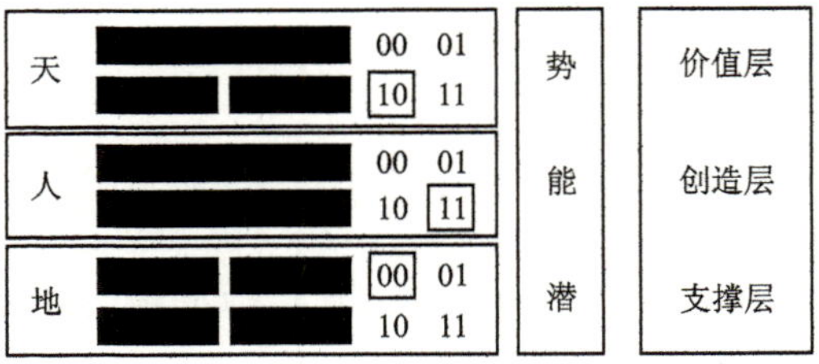

图 9.45　企业生长状态之强盛/归零　101100

从领军企业发展壮大到强盛企业，此时的生长发育状态特征是：

EQ = 10，为实，顺应趋势，能够把握和跟上趋势；

CQ = 11，为满，企业创造价值的能力非常强大；

PQ = 00，为空，归零的心态，重新配置资源、调整支撑，夯实基础。

企业仅仅能力强不足以说明其强盛，还必须同时确认企业在行业、产业乃至社会发展大势的背景下，企业所处的地位、企业发展的定位、用户认可的价值、商业模式等等，若这些都是优秀的，企业就是强盛的。

表 9.47 为企业强盛/归零的生长状态评估表。

表 9.47　企业强盛/归零的生长状态评估表

评估指标 企业系统	IQ=m 投资投入	EQ=2 势 （实）	CQ=3 能 （满）	PQ=0 潜 （空）
决策系统 （领导决策层）	企业决策在趋势应变、能力条件建设、潜力保障建设三个维度采取行动计划，开始全面的企业建设发展	趋势环境日趋变好，企业对于趋势的把握和跟进效果也非常好，在企业内外部的气势、形势上展现出了良好的状态	在巨大的趋势变化、把握、跟进的基础上，企业的能力发展、提升经历了一系列的质的变化，再次发展到顶峰	以极其强大的意念、进取心、归零的心态，再次对自身的潜力进行否定，并开始创新求变，卧薪尝胆，厚积薄发

续表 9.47

评估指标 / 企业系统	IQ=m 投资投入	EQ=2 势 (实)	CQ=3 能 (满)	PQ=0 潜 (空)
执行系统 (管理服务层)	统一认识 确定充分的执行计划,应认识到企业是全面作战的,各个部分要服务的整体目标是三个维度,互相有意识做好协调配合	提高企业能力增强要求下的执行团队的能力要求,加强培训,提升业务水平,不行的就需要淘汰	全力以赴 不加质疑地执行各项决定,做好上传下达,落实监督到位	为满足能力的质的提升、趋势的巨大变化和战略调整,执行系统的潜力,特别是人的潜力至关重要
生产系统 (加工研制层)	因为能力增加的目标和需求,逐步加大生产系统的资金投入	按照新的能力转化要求,培养和组织队伍,改进和提升生产技术水平和工艺等	控制产品质量,控制库存,提升生产效率,进行小规模的生产创新	进一步扩展生产系统的潜力打造和积淀,此时的内涵是多元化或规模化发展
营销系统 (市场开拓层)	由于产品产出的增加,营销系统的建设和组织资金投入逐步加大	企业的趋势变化和把握发生了巨大变化,企业的能力完成了质变,营销系统要面对这种形势和趋势做出适应性改变	营销系统能力随之提升,特别是能够贯彻执行企业统一战略,组建高水平人员队伍,此时的营销要求是引领式地、创造性地开展工作	产品或服务的价值挖掘影响着价值变现,挖掘自身隐藏的价值能够突出效益
免疫系统 (综合防范和诊治层)	全方位地考虑企业的各维度风险。 根据自身所处的内外部情况进行风险防控的计划制定	环境和趋势的变化是双刃剑:不跟进不行,跟不住、跟不好也不行	关注生产效率、库存周转	内在的潜力已经不容易看到,多数人认为企业在领域内无所不能,这种情况需要重视

强盛/挖潜

企业生长状态之强盛/挖潜如图 9.46 所示。

企业强盛,主要是指:EQ=10(趋势,为实)、CQ=11(能力,为满);

企业从领军走向强盛,这个阶段是内涵式升华、壮大,自身的“能力”达到了顶峰。

首先,这里的变化发生在 PQ=1 的维度,即企业在现有条件下对自身“潜力”开始新一轮的挖掘,并付诸行动。

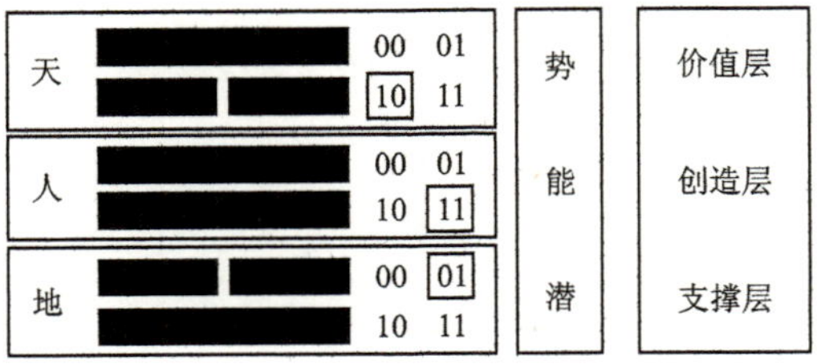

图 9.46　企业生长状态之强盛/挖潜　101101

从 EQ=2 这个指标，我们给出的判断是该类企业在环境、趋势方面的引领远远领先于本行业的普通企业，并且牢牢地抓住了趋势的变化，成为顺应趋势的先行者、先进者。

从 CQ 为 3，我们看到企业决策者远大的发展愿景、巨大的寻求改变的决心和勇气，以及能够在此基础上对自己进行否定的寻求转身发展的能力和意识。并且在此时，能力的形成依然达到了顶峰，并且在 EQ=2 的指引下实现了企业发展的鼎盛状态。

此时，企业在内涵式发展方面达到了鼎盛状态，并展现出了自身积极进取的创新发展意识和行动。

表 9.48 为企业强盛/挖潜的生长状态评估表。

表 9.48　企业强盛/挖潜的生长状态评估表

评估指标 企业系统	IQ=m 投资投入	EQ=2 势 （实）	CQ=3 能 （满）	PQ=1 潜 （虚）
决策系统 （领导决策层）	企业决策在趋势应变、能力条件建设、潜力保障建设三个维度采取行动计划，开始全面的企业建设发展	趋势环境日趋变好，企业对于趋势的把握和跟进效果也非常好，在企业内外部的气势、形势上展现出了良好的状态	在巨大的趋势变化、把握、跟进的基础上，企业的能力发展、提升经历了一系列的质的变化，再次发展到顶峰	首先，这里的变化发生在 PQ=1 的维度，即企业开始在现有条件下，开始新一轮对自身“潜力”的挖掘，并付诸行动
执行系统 （管理服务层）	统一认识 确定充分的执行计划 应认识到企业是全面作战的，各个部分要服务的整体目标是三个维度，互相有意识地做好协调配合	提高企业能力增强要求下的执行团队的能力要求，加强培训，提升业务水平，不行的就需要淘汰	全力以赴 不加质疑地执行各项决定，做好上传下达，落实监督到位	为满足能力的质的提升、趋势的巨大变化和战略调整，执行系统的潜力，特别是人的潜力至关重要

续表 9.48

评估指标 / 企业系统	IQ=m 投资投入	EQ=2 势 （实）	CQ=3 能 （满）	PQ=1 潜 （虚）
生产系统（加工研制层）	因为能力增加的目标和需求，逐步加大生产系统的资金投入	按照新的能力转化要求，培养和组织队伍，改进和提升生产技术水平和工艺等	控制产品质量，控制库存，提升生产效率，进行小规模的生产创新	进行产品创新的研发
营销系统（市场开拓层）	由于产品产出的增加，营销系统的建设和组织资金投入逐步加大	企业的趋势变化和把握发生了巨大变化，企业的能力完成了质变，营销系统要面对这种形势和趋势做出适应性改变	营销系统能力随之提升，特别是能够贯彻执行企业统一战略，组建高水平人员队伍，此时的营销要求是引领式地、创造性地开展工作	产品或服务的价值挖掘影响着价值变现，挖掘自身隐藏的价值能够突出效益
免疫系统（综合防范和诊治层）	全方位地考虑企业的各维度风险。根据自身所处的内外部情况进行风险防控的计划制定	环境和趋势的变化是双刃剑：不跟进不行，跟不住、跟不好也不行	关注生产效率、库存周转	通过调研、论证、用户反馈等来抵御创新风险的发生，防范风险

强盛/再挖潜

企业生长状态之强盛/再挖潜如图 9.47 所示。

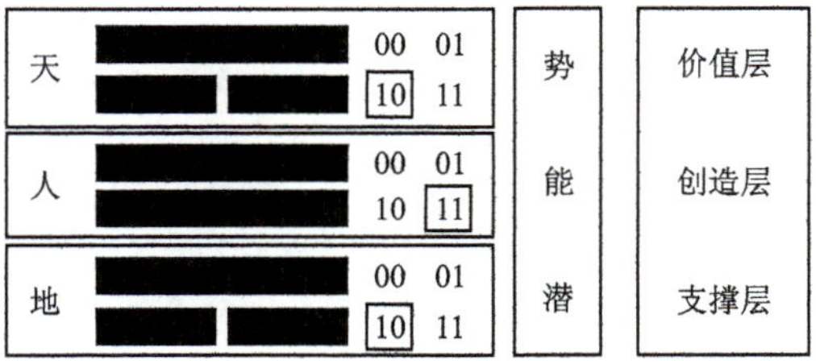

图 9.47　企业生长状态之强盛/再挖潜　101110

前述状态的量变还不足以引起质变的渐进发展。

主要的生长力量来自“支撑层—地—潜力”的挖掘、打造、资源的整合、资本的注入，等等。

表 9.49 为企业强盛/再挖潜的生长状态评估表。

表 9.49 企业强盛/再挖潜的生长状态评估表

评估指标 企业系统	IQ＝m 投资投入	EQ＝2 势 （实）	CQ＝3 能 （满）	PQ＝2 潜 （实）
决策系统 （领导决策层）	企业决策在趋势应变、能力条件建设、潜力保障建设三个维度采取行动计划，开始全面的企业建设发展	趋势环境日趋变好，企业对于趋势的把握和跟进效果也非常好，在企业内外部的气势、形势上展现出了良好的状态	在巨大的趋势变化、把握、跟进的基础上，企业的能力发展、提升经历了一系列的质的变化，再次发展到顶峰	企业开始在现有条件下，在对自身"潜力"挖掘的方面，进入上升阶段，投入和成效开始不断积累和可以感知
执行系统 （管理服务层）	统一认识 确定充分的执行计划 应认识到企业是全面作战的，各个部分要服务的整体目标是三个维度，互相有意识地做好协调配合	提高企业能力增强要求下的执行团队的能力要求，加强培训，提升业务水平，不行的就需要淘汰	全力以赴 不加质疑地执行各项决定，做好上传下达，落实监督到位	为满足能力的质的提升、趋势的巨大变化和战略调整的要求，执行系统的潜力，特别是人的潜力至关重要
生产系统 （加工研制层）	因为能力增加的目标和需求，逐步加大生产系统的资金投入	按照新的能力转化要求，培养和组织队伍，改进和提升生产技术水平和工艺等	控制产品质量，控制库存，提升生产效率，进行小规模的生产创新	进行产品创新的研发
营销系统 （市场开拓层）	由于产品产出的增加，营销系统的建设和组织资金投入逐步加大	企业的趋势变化和把握发生了巨大变化，企业的能力完成了质变，营销系统要面对这种形势和趋势做出适应性改变	营销系统能力随之提升，特别是能够贯彻执行企业统一战略，组建高水平人员队伍，此时的营销要求是引领式、创造性地开展工作	产品或服务的价值挖掘影响着价值变现，挖掘自身隐藏的价值能够突出效益
免疫系统 （综合防范和诊治层）	全方位地考虑企业的各维度风险。 根据自身所处的内外部情况进行风险防控的计划制定	环境和趋势的变化是双刃剑：不跟进不行，跟不住、跟不好也不行	关注生产效率、库存周转	通过调研、论证、用户反馈等来抵御创新风险的发生，防范风险

强盛/升级

企业生长状态之强盛/升级如图 9.48 所示。

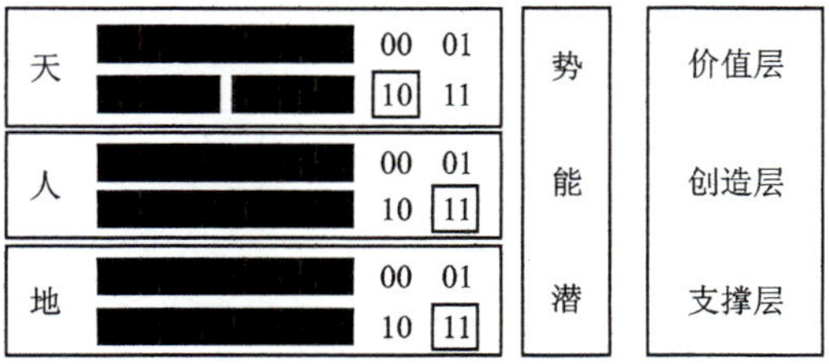

图 9.48　企业生长状态之强盛/升级　101111

随着在“支撑层—地—潜力”维度发生的量变，企业逐步具备了质变的条件，也即升级的条件。

这里的变化发生在 PQ=3 的维度，即企业开始在现有条件下，在对自身“潜力”挖掘的方面达到了顶峰状态，这种判断是企业的创新、潜力的积累，使可以提升的部分投入产出边界开始变小。

此时企业出现比较特殊的发展状态：即在 PQ=3 的同时，CQ=3 的状态也达到了。

从 CQ 为 3，我们看到企业决策者远大的发展愿景、巨大的寻求改变的决心和勇气，以及能够在此基础上对自己进行否定的寻求转身发展的能力和意识。并且在此时，能力的形成依然达到了顶峰，并且在 EQ=2 的指引下实现了企业发展的鼎盛状态。

若企业发展到这个状态，我们的评判定位是企业再一次能够从鼎盛状态向下一个状态进行升级发展，而且升级的要素还在于在环境和趋势方面的改变，也就是乘势而上的升级，是大的升级。

表 9.50 为企业强盛/升级的生长状态评估表。

表 9.50　企业强盛/升级的生长状态评估表

评估指标 企业系统	IQ=m 投资投入	EQ=2 势 （实）	CQ=3 能 （满）	PQ=3 潜 （满）
决策系统 （领导决策层）	企业决策在趋势应变、能力条件建设、潜力保障建设三个维度采取行动，开始全面的企业建设发展	趋势环境日趋变好，企业对于趋势的把握和跟进效果也非常好，在企业内外部的气势、形势上展现出了良好的状态	在巨大的趋势变化、把握、跟进的基础上，企业的能力发展、提升经历了一系列的质的变化，再次发展到顶峰	潜力挖掘到了顶峰，投入产出达到了最高值，不能再进行下去了，需要求变了

续表 9.50

企业系统 \ 评估指标	IQ=m 投资投入	EQ=2 势 （实）	CQ=3 能 （满）	PQ=3 潜 （满）
执行系统 （管理服务层）	统一认识 确定充分的执行计划 应认识到企业是全面作战的，各个部分要服务的整体目标是三个维度，互相有意识地做好协调配合	提高企业能力增强要求下的执行团队的能力要求，加强培训，提升业务水平，不行的就需要淘汰	全力以赴 不加质疑地执行各项决定，做好上传下达，落实监督到位	为满足能力的质的提升、趋势的巨大变化和战略调整的要求，执行系统的潜力，特别是人的潜力至关重要
生产系统 （加工研制层）	因为能力增加的目标和需求，逐步加大生产系统的资金投入	按照新的能力转化要求，培养和组织队伍，改进和提升生产技术水平和工艺等	控制产品质量，控制库存，提升生产效率，进行小规模的生产创新	进行产品创新的研发
营销系统 （市场开拓层）	由于产品产出的增加，营销系统的建设和组织资金投入逐步加大	企业的趋势变化和把握发生了巨大变化，企业的能力完成了质变，营销系统要面对这种形势和趋势做出适应性改变	营销系统能力随之提升，特别是能够贯彻执行企业统一战略，组建高水平人员队伍，此时的营销要求是引领式地、创造性地开展工作	产品或服务的价值挖掘影响着价值变现，挖掘自身隐藏的价值能够突出效益
免疫系统 （综合防范和诊治层）	财务方面，按照现代企业制度，不断提高企业财务管理的水平；外延式发展的过程中，对外投资、投入的盲目性或重大失误，会导致企业发展瞬间下滑	趋势的变化难以捉摸，此时企业依然会面对发展的巨大不确定性，越是向外延求发展，不确定性越是难以控制	企业其实就是经营“不确定性”，在这种情况下，只有勇于面对风险和挑战，才能有发展潜力和机会	内在的潜力已经不容易看到，多数人认为企业在领域内无所不能，这种情况需要重视。

领军强大/再挖潜

企业生长状态之领军强大/再挖潜如图 9.49 所示。

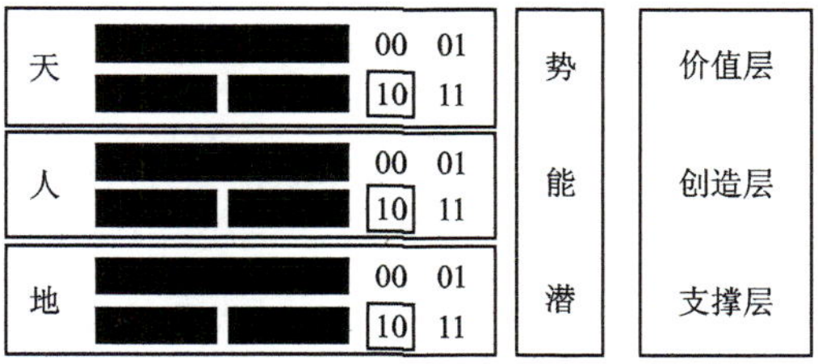

图 9.49　企业生长状态之领军强大/再挖潜　101010

循环往复，企业继续处在自身“潜力挖掘和打造”的生长周期里面。所应遵循的：①量变引起质变；②内因为主；③夯实发展的支撑基础；④厚积薄发。

表 9.51 为企业领军强大/再挖潜的生长状态评估表。

表 9.51　企业领军强大/再挖潜的生长状态评估表

评估指标 企业系统	IQ＝m 投资投入	EQ＝2 势 （实）	CQ＝2 能 （实）	PQ＝2 潜 （实）
决策系统 （领导决策层）	企业决策在趋势应变、能力条件建设、潜力保障建设三个维度采取计划，开始全面的企业建设发展	趋势环境日趋变好，企业对于趋势的把握和跟进效果也非常好，在企业内外部的气势、形势上，展现出了良好的状态	企业的能力、条件等等蒸蒸日上，不断能够实现提升和完善	在能力非常强大和趋势良好把控的基础上，比较深入地开展了新的潜力打造或者开始了新的潜力培育
执行系统 （管理服务层）	统一认识， 确定充分的执行计划 应认识到企业是全面作战的，各个部分要服务的整体目标是三个维度，互相有意识地做好协调配合		全力以赴 不加质疑地执行各项决定，做好上传下达，落实监督到位	为满足能力的质的提升、趋势的巨大变化和战略调整的要求，执行系统的潜力，特别是人的潜力至关重要
生产系统 （加工研制层）	因为能力增加的目标和需求，逐步加大生产系统的资金投入	原有的生产系统需要转型、需要升级，聚焦的目标就是企业对于趋势把握的战略布局和调整	控制产品质量，控制库存，提升生产效率，进行有规模的生产创新	新产品在创新部门进入到中试阶段，生产系统要跟进产品创新的研发

续表 9.51

评估指标 企业系统	IQ＝m 投资投入	EQ＝2 势 （实）	CQ＝2 能 （实）	PQ＝2 潜 （实）
营销系统 （市场开拓层）	由于产品产出的增加，营销系统的建设和组织资金投入逐步加大	企业的趋势变化和把握发生了巨大变化，企业的能力完成了质变，营销系统要面对这种形势和趋势做出适应性改变	营销系统能力随之提升，特别是能够贯彻执行企业统一战略，组建高水平人员队伍，此时的营销要求是引领式地、创造性地开展工作	产品或服务的价值挖掘影响着价值变现，挖掘自身隐藏的价值能够突出效益
免疫系统 （综合防范和诊治层）	全方位地考虑企业的各维度风险。根据自身所处的内外部情况进行风险防控的计划制定		关注生产效率、库存周转	通过调研、论证、用户反馈等来抵御创新风险的发生，防范风险

领军强大/升级

企业生长状态之领军强大/升级如图 9.50 所示。

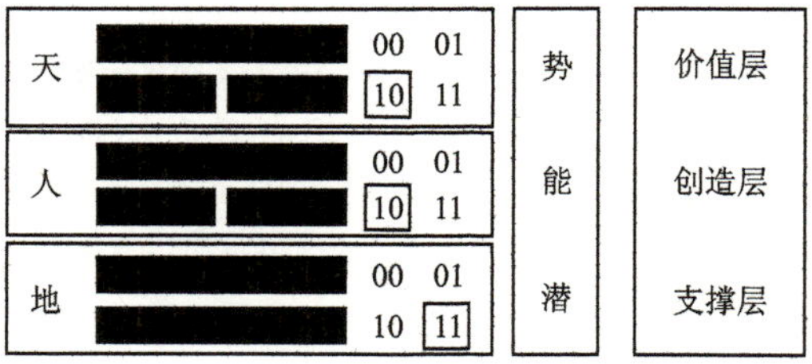

图 9.50　企业生长状态之领军强大/升级　101011

支撑层（潜力 ＝ 11，为满）的量变引起质变的状态出现和发生。这种改变和发生会直接推动企业的“能力（创造层）”发生改变，也即反复说明的“潜力与能力互动”，潜力为基础、能力为展现。

表 9.52 为企业领军强大/升级的生长状态评估表。

表 9.52 企业领军强大/升级的生长状态评估表

评估指标 企业系统	IQ=m 投资投入	EQ=2 势 （实）	CQ=2 能 （实）	PQ=3 潜力 （空）
决策系统 （领导决策层）	企业决策在趋势应变、能力条件建设、潜力保障建设三个维度采取行动，开始全面的企业建设发展	趋势环境日趋变好，企业对于趋势的把握和跟进效果也非常好，在企业内外部的气势、形势上展现出了良好的状态	企业的能力、条件等等蒸蒸日上，不断能够实现提升和完善	在强大趋势把控能力指导下，在强大的生产能力支撑下，企业的潜力挖掘达到顶峰，具备向新的能力转化的条件
执行系统 （管理服务层）	统一认识，确定充分的执行计划 应认识到企业是全面作战的，各个部分要服务的整体目标是三个维度，互相有意识地做好协调配合	提高企业能力增强要求下的执行团队的能力要求，加强培训，提升业务水平，不行的就需要淘汰	全力以赴， 不加质疑地执行各项决定，做好上传下达，落实监督到位	为满足能力的质的提升、趋势的巨大变化和战略调整的要求，执行系统的潜力特别是人的潜力至关重要
生产系统 （加工研制层）	因为能力增加的目标和需求，逐步加大生产系统的资金投入	按照新的能力转化要求，培养和组织队伍，改进和提升生产技术水平和工艺等	控制产品质量，控制库存，提升生产效率，进行有规模的生产创新	新产品在创新部门进入到试制阶段，生产系统要跟进产品创新的研发
营销系统 （市场开拓层）	由于产品产出的增加，营销系统的建设和组织资金投入逐步加大	企业的趋势变化和把握发生了巨大变化，企业的能力完成了质变，营销系统要面对这种形势和趋势做出适应性改变	营销系统能力随之提升，特别是能够贯彻执行企业统一战略，组建高水平人员队伍，此时的营销要求是引领式地、创造性地开展工作	产品或服务的价值挖掘影响着价值变现，挖掘自身隐藏的价值能够突出效益
免疫系统 （综合防范和诊治层）	全方位地考虑企业的各维度风险， 根据自身所处的内外部情况进行风险防控的计划制定	环境和趋势的变化是双刃剑：不跟进不行，跟不住、跟不好也不行	关注生产效率、库存周转	通过调研、论证、用户反馈等来抵御创新风险的发生，防范风险

领袖(11 00 00)

领袖(空)/归零

企业生长状态之领袖(空)/归零如图 9.51 所示。

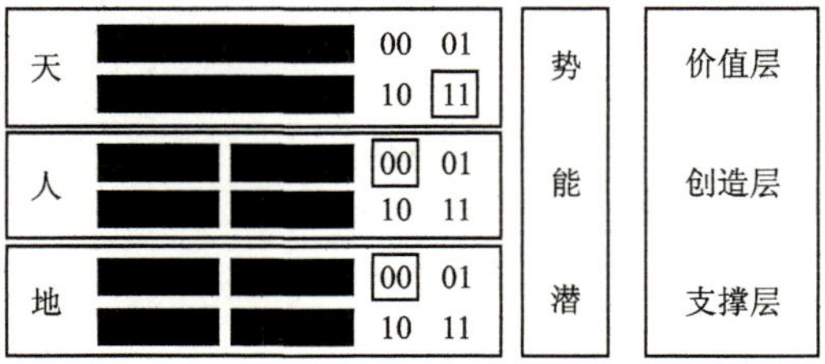

图 9.51　企业生长状态之领袖(空)/归零　110000

EQ = 11,为满,价值层引领、趋势、形势、势能达到了极致;

CQ = 00,为空,放空自己、归零心态;

PQ = 00,为空,归零心态,重新起步、创新发展。

领袖企业的本质是由 EQ 定义和定量的,当前状态下,企业可以说顺风顺水、引领市场、引领价值,乃至引领客户的需求。

当然,企业也是从“不破不立”的层级上发展过来的。所谓“破”就是打破了企业自身传统的“创造层”能力的部分,按照趋势指引归零发展、再次创新起航。一个强盛的企业,不止会经历一次的“不破不立”的,有时是社会发展出现了战略转折点,有时是企业自身发展出现了战略转折点(或者是重大危机),从这种状况下走出来的企业是成就强盛的基础。

表 9.53 为企业领袖(空)/归零的生长状态评估表。

表 9.53　企业领袖(空)/归零的生长状态评估表

评估指标 企业系统	IQ=m 投资投入	EQ=3 势 (满)	CQ=0 能 (空)	PQ=0 潜 (空)
决策系统 (领导决策层)	企业决策在趋势应变、能力条件建设、潜力保障建设三个维度采取行动,开始全面的企业建设发展	趋势环境日趋变好,企业对于趋势的把握和跟进效果也非常好,在企业内外部的气势、形势上展现出了良好的状态	以“归零”的心态和意识把企业目前具备的能力放在一旁,重新审视和规划新的能力发展目标	潜力方面创新求变,卧薪尝胆,厚积薄发,追求潜力的发展和积淀,对于1到N的企业尤为重要

续表 9.53

评估指标 企业系统	IQ=m 投资投入	EQ=3 势 （满）	CQ=0 能 （空）	PQ=0 潜 （空）
执行系统 （管理服务层）	统一认识 确定充分的执行计划 应认识到企业是全面作战的，各个部分要服务的整体目标是三个维度，互相有意识地做好协调配合 资本驱动企业发展的特征越来越明显	提高企业能力增强要求下的执行团队的能力要求，加强培训，提升业务水平，不行的就需要淘汰	执行系统具备良好的思想认识水平，具备积极进取的工作状态，能够跟上决策层面的指挥，能够做好执行和落实；否则，做不到的就需要淘汰或调岗	可研、可行论证，方案规划研究。 战略规划部门的引领作用、企业创新实施部门的职责和建设，这些是很关键的
生产系统 （加工研制层）	逐步加大资金投入	按照新的能力转化要求，培养和组织队伍，改进和提升生产技术水平和工艺等	为了未来发展，需要根据战略目标、趋势指引，逐步更换和引进先进的设备、设施	参与企业潜力创新的论证和决定
营销系统 （市场开拓层）	市场战略、营销战略配合企业资本运作、产业发展与金融资本相融合，企业的营销已经变为战略和战术两个层面的投入和发展	企业的趋势变化和把握发生了巨大变化，企业的能力完成了质变，营销系统要面对这种形势和趋势做出适应性改变	营销系统能力随之提升，特别是能够贯彻执行企业统一战略，组建高水平人员队伍，此时的营销要求是引领式地、创造性地开展工作	产品或服务的价值挖掘影响着价值变现，挖掘自身隐藏的价值能够突出效益
免疫系统 （综合防范和诊治层）	财务方面，按照现代企业制度，不断提高企业财务管理的水平；外延式发展的过程中对外投资、投入的盲目性或重大失误，会导致企业发展瞬间下滑	趋势的变化难以捉摸，此时企业依然会面对发展的巨大不确定性，越是向外延求发展，不确定性越是难以控制	企业其实就是经营“不确定性”，在这种情况下，只有勇于面对风险和挑战，才能有发展潜力和机会	内在的潜力已经不容易看到，多数人认为企业在领域内无所不能，这种情况需要重视

领袖(空)/挖潜

企业生长状态之领袖(空)/挖潜如图 9.52 所示。

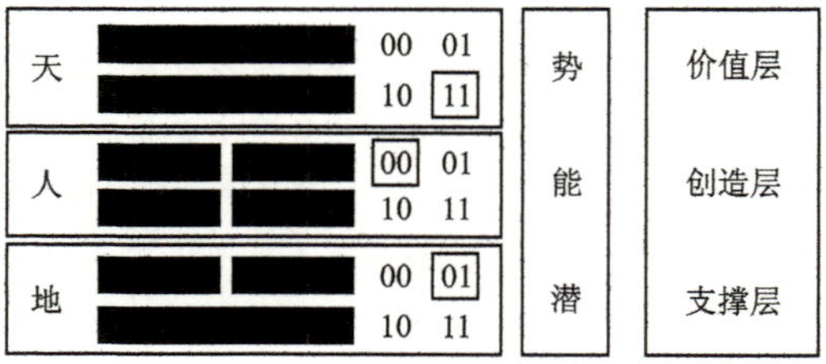

图 9.52　企业生长状态之领袖(空)/挖潜　110001

企业在这个时候能够做归零处理,再次寻找潜力源泉、打造更为坚实的支撑层,尤为可贵、难得。就支持层而言,也包括资本、股东等变动,也包括并购等,乃至上市 IPO,这些都是夯实发展基础的支撑举措。

看起来风风光光的企业,风险往往会出现在企业的内部。

所以 PQ ＝ 01 揭示,企业此时还需要进一步挖掘自身内部的潜力,发现问题,打造自身发展的潜力,整合和合理利用资源等。

表 9.54 为企业领袖(空)/挖潜的生长状态评估表。

表 9.54　企业领袖(空)/挖潜的生长状态评估表

评估指标 企业系统	IQ＝m 投资投入	EQ＝3 势 (满)	CQ＝0 能 (空)	PQ＝1 潜 (虚)
决策系统 (领导决策层)	企业决策在趋势应变、能力条件建设、潜力保障建设三个维度采取行动计划,开始全面的企业建设发展	趋势环境日趋变好,企业对于趋势的把握和跟进效果也非常好,在企业内外部的气势、形势上展现出了良好的状态	以“归零”的心态和意识把企业目前具备的能力放在一旁,重新审视和规划新的能力发展目标	潜力方面创新求变,卧薪尝胆,厚积薄发,追求潜力的发展和积淀,对于 1 到 N 的企业尤为重要

续表 9.54

企业系统＼评估指标	IQ=m 投资投入	EQ=3 势 （满）	CQ=0 能 （空）	PQ=1 潜 （虚）
执行系统 （管理服务层）	统一认识 确定充分的执行计划 应认识到企业是全面作战的，各个部分要服务的整体目标是三个维度，互相有意识做好协调配合。 资本驱动企业发展的特征越来越明显	提高企业能力增强要求下的执行团队的能力要求，加强培训，提升业务水平，不行的就需要淘汰	执行系统具备良好的思想认识水平，具备积极进取的工作状态，能够跟上决策层面的指挥，能够做好执行和落实；否则，做不到的就要淘汰或调岗	可研、可行论证，方案规划研究。 战略规划部门的引领作用、企业创新实施部门的职责和建设，这些是很关键的
生产系统 （加工研制层）	逐步加大资金投入	按照新的能力转化要求，培养和组织队伍，改进和提升生产技术水平和工艺等	为了未来发展，需要根据战略目标、趋势指引，逐步更换和引进先进的设备、设施	参与企业的潜力创新的论证和决定
营销系统 （市场开拓层）	市场战略、营销战略配合企业资本运作、产业发展与金融资本相融合，企业的营销已经变为战略和战术两个层面的投入和发展	市场的开拓已经转变为营销战略的制定	营销系统能力随之提升，特别是能够贯彻执行企业统一战略，组建高水平人员队伍，此时的营销要求是引领式地、创造性地开展工作	产品或服务的价值挖掘影响着价值变现，挖掘自身隐藏的价值能够突出效益
免疫系统 （综合防范和诊治层）	财务方面，按照现代企业制度，不断提高企业财务管理的水平；外延式发展的过程中对外投资、投入的盲目性或重大失误，会导致企业发展瞬间下滑	趋势的变化难以捉摸，此时企业依然会面对发展的巨大不确定性，越是向外延求发展，不确定性越是难以控制	企业其实就是经营“不确定性”，在这种情况下，只有勇于面对风险和挑战，才能有发展潜力和机会	内在的潜力已经不容易看到，多数人认为企业在领域内无所不能，这种情况需要重视

领袖(空)/再挖潜

企业生长状态之领袖(空)/再挖潜如图 9.53 所示。

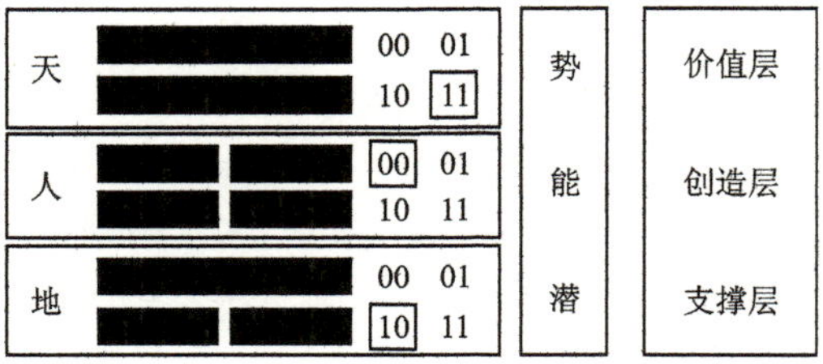

图 9.53 企业生长状态之领袖(空)/再挖潜 110010

领袖企业就是能够掌握和把握住方向的企业,并且是引领产业或行业发展方向的企业,自身的影响力产生的企业价值提升作用非常明显。

此时,虽然 CQ=00(为空),但是按照我们的"归零"的定义,这时的现象表现出企业还能够做到韬光养晦,不以自身取得的成就为老本、为包袱,愿意以归零的心态对待取得的成就,也愿意启动新一轮的"创新"历程。

此时,PQ=10(为实),内部的潜力挖掘、内涵式的创新驱动发展,再次启动并深化。我们要解释一下每一次的内涵式潜力挖掘:它随着能力和环境的变化会发生新的变化,抓住和应对这些变化,反映在内部潜力的挖掘方面,核心是企业创新的维度,通过尝试和探索,总能够不断驱动企业的积淀和升华。

这对于企业而言非常不容易做出决策,也非常不容易改变自己,并且整个团队还是处在积极向上、能动进取的思想认识层面。

表 9.55 为企业领袖(空)/再挖潜的生长状态评估表。

表 9.55 企业领袖(空)/再挖潜的生长状态评估表

评估指标 企业系统	IQ=m 投资投入	EQ=3 势 (满)	CQ=0 能 (空)	PQ=2 潜 (实)
决策系统 (领导决策层)	企业决策在趋势应变、能力条件建设、潜力保障建设三个维度采取行动计划,开始全面的企业建设发展	趋势环境日趋变好,企业对于趋势的把握和跟进效果也非常好,在企业内外部的气势、形势上展现出了良好的状态	以"归零"的心态和意识把企业目前具备的能力放在一旁,重新审视和规划新的能力发展目标	潜力方面创新求变,卧薪尝胆,厚积薄发,追求潜力的发展和积淀,对于1到N的企业尤为重要

续表 9.55

评估指标 / 企业系统	IQ=m 投资投入	EQ=3 势 （满）	CQ=0 能 （空）	PQ=2 潜 （实）
执行系统 （管理服务层）	统一认识 确定充分的执行计划 应认识到企业是全面作战的，各个部分要服务的整体目标是三个维度，互相有意识地做好协调配合。 资本驱动企业发展的特征越来越明显	提高企业能力增强要求下的执行团队的能力要求，加强培训，提升业务水平，不行的就要淘汰	执行系统具备良好的思想认识水平，具备积极进取的工作状态，能够跟上决策层面的指挥，能够做好执行和落实；否则，做不到的就要淘汰或调岗	可研、可行论证，方案规划研究。 战略规划部门的引领作用、企业创新实施部门的职责和建设，这些是很关键的
生产系统 （加工研制层）	逐步加大资金投入	按照新的能力转化要求，培养和组织队伍，改进和提升生产技术水平和工艺等	为了未来发展，需要根据战略目标、趋势指引，逐步更换和引进先进的设备、设施	参与企业的潜力创新的论证和决定
营销系统 （市场开拓层）	市场战略、营销战略配合企业资本运作、产业发展与金融资本相融合，企业的营销已经变为战略和战术两个层面的投入和发展	企业的趋势变化和把握发生了巨大变化，企业的能力完成了质变，营销系统要面对这种形势和趋势做出适应性改变	营销系统能力随之提升，特别是能够贯彻执行企业统一战略，组建高水平人员队伍，此时的营销要求是引领式的、创造性地开展工作	产品或服务的价值挖掘影响着价值变现，挖掘自身隐藏的价值能够突出效益
免疫系统 （综合防范和诊治层）	财务方面，按照现代企业制度，不断提高企业财务管理的水平；外延式发展的过程中对外投资、投入的盲目性或重大失误，会导致企业发展瞬间下滑	趋势的变化难以捉摸，此时企业依然会面对发展的巨大不确定性，越是向外延求发展，不确定性越是难以控制	企业其实就是经营“不确定性”，在这种情况下，只有勇于面对风险和挑战，才能有发展潜力和机会	内在的潜力已经不容易看到，多数人认为企业在领域内无所不能，这种情况需要重视

领袖(空)/升级

企业生长状态之领袖(空)/升级如图 9.54 所示。

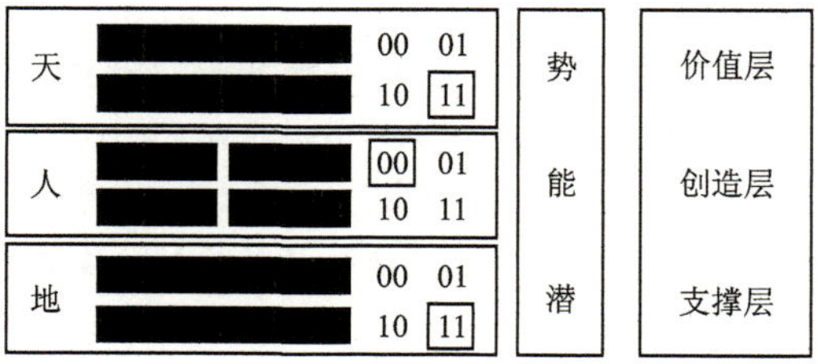

图 9.54　企业生长状态之领袖(空)/升级　110011

领袖企业如何升级?

答案就是扩张。一是市场的扩展,二是产业多元化的扩张。这缘于和依赖于 PQ 的层面,即支撑层的基础如何,特别是创新资源的积累如何。

此时,PQ=11(为满),具备了升级的基础条件。内部的潜力挖掘、内涵式的创新驱动发展,再次深化并达到顶峰,这意味着企业的创新能力十分强大,这是核心竞争力彰显的部分。

这对于企业而言非常不容易做出决策,也非常不容易改变自己,并且整个团队还处在积极向上、能动进取的思想认识层面。

作为领袖,不是要强调能力和潜力,而是要强调在趋势引领方面的地位和能力。

表 9.56 为企业领袖(空)/升级的生长状态评估表。

表 9.56　企业领袖(空)/升级的生长状态评估表

评估指标 企业系统	IQ=m 投资投入	EQ=3 势 (满)	CQ=0 能 (空)	PQ=3 潜 (满)
决策系统 (领导决策层)	企业决策在趋势应变、能力条件建设、潜力保障建设三个维度采取行动,开始全面的企业建设发展	趋势环境日趋变好,企业对于趋势的把握和跟进效果也非常好,在企业内外部的气势、形势上,展现出了良好的状态	以"归零"的心态和意识把企业目前具备的能力放在一旁,重新审视和规划新的能力发展目标	潜力方面创新求变,卧薪尝胆,厚积薄发,追求潜力的发展和积淀,对于从 1 到 N 的企业尤为重要

续表 9.56

评估指标 / 企业系统	IQ=m 投资投入	EQ=3 势 （满）	CQ=0 能 （空）	PQ=3 潜 （满）
执行系统 （管理服务层）	统一认识 确定充分的执行计划 应认识到企业是全面作战的，各个部分要服务的整体目标是三个维度，互相有意识地做好协调配合。 资本驱动企业发展的特征越来越明显	提高企业能力增强要求下的执行团队的能力要求，加强培训，提升业务水平，不行的就要淘汰	执行系统具备良好的思想认识水平，具备积极进取的工作状态，能够跟上决策层面的指挥，能够做好执行和落实。否则，做不到的就要淘汰或调岗	可研、可行论证，方案规划研究。 战略规划部门的引领作用、企业创新实施部门的职责和建设，这些是很关键的
生产系统 （加工研制层）	逐步加大资金投入	按照新的能力转化要求，培养和组织队伍，改进和提升生产技术水平和工艺等	为了未来发展，需要根据战略目标、趋势指引，逐步更换和引进先进的设备、设施	参与企业的潜力创新的论证和决定
营销系统 （市场开拓层）	市场战略、营销战略配合企业资本运作、产业发展与金融资本相融合，企业的营销已经变为战略和战术两个层面的投入和发展	企业的趋势变化和把握发生了巨大变化，企业的能力完成了质变，营销系统要面对这种形势和趋势做出适应性改变	营销系统能力随之提升，特别是能够贯彻执行企业统一战略，组建高水平人员队伍，此时的营销要求是引领式地、创造性地开展工作	产品或服务的价值挖掘影响着价值变现，挖掘自身隐藏的价值能够突出效益
免疫系统 （综合防范和诊治层）	财务方面，按照现代企业制度，不断提高企业财务管理的水平；外延式发展的过程中对外投资、投入的盲目性或重大失误，会导致企业发展瞬间下滑	趋势的变化难以捉摸，此时企业依然会面对发展的巨大不确定性，越是向外延求发展，不确定性越是难以控制	企业其实就是经营“不确定性”，在这种情况下，只有勇于面对风险和挑战，才能有发展潜力和机会。	内在的潜力已经不容易看到，多数人认为企业在领域内无所不能，这种情况需要重视

领袖(虚)/归零

企业生长状态之领袖(虚)/归零如图 9.55 所示。

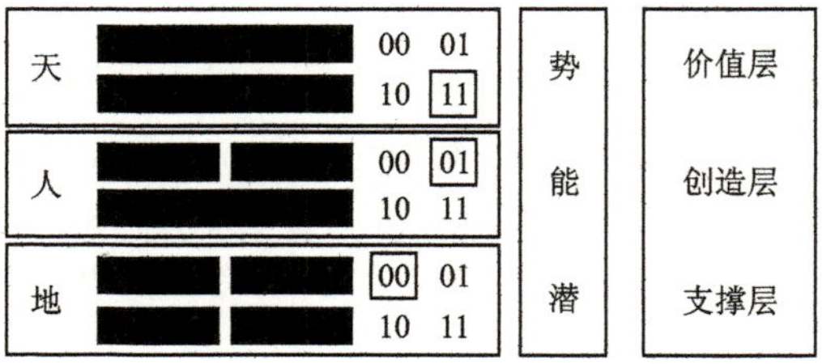

图 9.55　企业生长状态之领袖(虚)/归零　110100

领袖企业向新的市场、新的行业扩张。

CQ ＝ 01(**为虚**)，意味着任何的扩张都是有风险的；

PQ ＝ 00(**为空**)，意味着企业的扩张基础是不牢固的，需要夯实基础、积累资源、做好充分的支撑保障。

所以，量变的发生、驱动的力量源泉，还是在此“支撑层—地—潜力”维度。

此时，PQ＝0，按照我们的“归零”的定义，此时的现象表现出企业还能够做到韬光养晦，不以自身取得的成就为老本、为包袱，愿意以归零的心态对待取得的成就，也愿意启动新一轮的“创新”历程。内部的潜力挖掘、内涵式的创新驱动发展，再次启动企业创新部分的潜力挖掘。

表 9.57 为企业领袖(虚)/归零的生长状态评估表。

表 9.57　企业领袖(虚)/归零的生长状态评估表

评估指标 / 企业系统	IQ＝m 投资投入	EQ＝3 势 (满)	CQ＝1 能 (虚)	PQ＝0 潜 (空)
决策系统 (领导决策层)	企业决策在趋势应变、能力条件建设、潜力保障建设三个维度采取行动，开始全面的企业建设发展	趋势环境日趋变好，企业对于趋势的把握和跟进效果也非常好，在企业内外部的气势、形势上展现出了良好的状态	以“归零”的心态和意识把企业目前具备的能力放在一旁，重新审视和规划新的能力发展目标	潜力方面创新求变，卧薪尝胆，厚积薄发，追求潜力的发展和积淀，对于 1 到 N 的企业尤为重要

续表 9.57

评估指标 企业系统	IQ=m 投资投入	EQ=3 势 （满）	CQ=1 能 （虚）	PQ=0 潜 （空）
执行系统 （管理服务层）	统一认识 确定充分的执行计划 应认识到企业是全面作战的，各个部分要服务的整体目标是三个维度，互相有意识地做好协调配合。 资本驱动企业发展的特征越来越明显	提高企业能力增强要求下的执行团队的能力要求，加强培训，提升业务水平，不行的就要淘汰	执行系统具备良好的思想认识水平，具备积极进取的工作状态，能够跟上决策层面的指挥，能够做好执行和落实；否则，做不到的就要淘汰或调岗	可研、可行论证，方案规划研究。 战略规划部门的引领作用、企业创新实施部门的职责和建设，这些是很关键的
生产系统 （加工研制层）	围绕企业的产能逐步增加，特别是质量上的变化，逐步加大生产系统的预算资金投入	按照新的能力转化要求，培养和组织队伍，改进和提升生产技术水平和工艺等	为了未来发展，需要根据战略目标、趋势指引，逐步更换和引进先进的设备、设施	参与企业的潜力创新的论证和决定
营销系统 （市场开拓层）	市场战略、营销战略配合企业资本运作、产业发展与金融资本相融合，企业的营销已经变为战略和战术两个层面的投入和发展	企业的趋势变化和把握发生了巨大变化，企业的能力完成了质变，营销系统要面对这种形势和趋势做出适应性改变	营销系统能力随之提升，特别是能够贯彻执行企业统一战略，组建高水平人员队伍，此时的营销要求是引领式地、创造性地开展工作	产品或服务的价值挖掘影响着价值变现，挖掘自身隐藏的价值能够突出效益
免疫系统 （综合防范和诊治层）	财务方面，按照现代企业制度，不断提高企业财务管理的水平；外延式发展的过程中，对外投资、投入的盲目性或重大失误，会导致企业发展瞬间下滑	趋势的变化难以捉摸，此时企业依然会面对发展的巨大不确定性，越是向外延求发展，不确定性越是难以控制	企业其实就是经营“不确定性”，在这种情况下，只有勇于面对风险和挑战，才能有发展潜力和机会	内在的潜力已经不容易看到，多数人认为企业在领域内无所不能，这种情况需要重视

领袖(虚)/挖潜

企业生长状态之领袖(虚)/挖潜如图 9.56 所示。

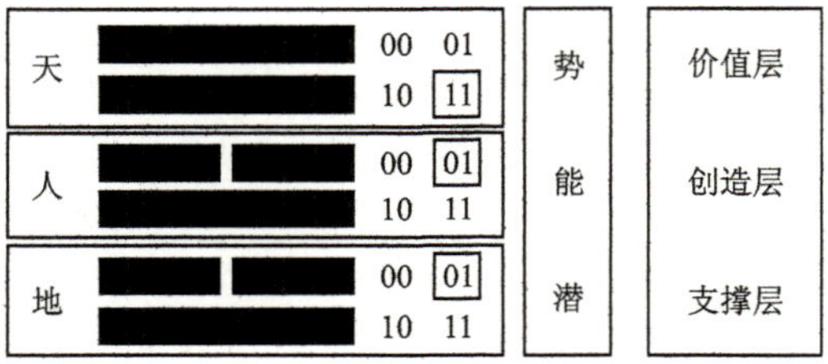

图 9.56　企业生长状态之领袖(虚)/挖潜　110101

遵循事物由内而外决定其发展的基本规律,企业在扩展过程中循环往复地需要从支撑层(潜力)处着手,挖掘和打造、整合与积淀,没有支撑保障的发展是无根之木。

表 9.58 为企业领袖(虚)/挖潜的生长状态评估表。

表 9.58　企业领袖(虚)/挖潜的生长状态评估表

评估指标 企业系统	IQ=m 投资投入	EQ=3 势 (满)	CQ=1 能 (虚)	PQ=1 潜 (虚)
决策系统 (领导决策层)	企业决策在趋势应变、能力条件建设、潜力保障建设三个维度采取行动,开始全面的企业建设发展	趋势环境日趋变好,企业对于趋势的把握和跟进效果也非常好,在企业内外部的气势、形势上展现出了良好的状态	针对新的发展需求目标,构建能力	潜力方面创新求变,卧薪尝胆,厚积薄发,新产品进入初试阶段,追求潜力的发展和积淀,对于从 1 到 N 的企业尤为重要
执行系统 (管理服务层)	统一认识, 确定充分的执行计划,应认识到企业是全面作战的,各个部分要服务的整体目标是三个维度,互相有意识地做好协调配合。 资本驱动企业发展的特征越来越明显	提高企业能力增强要求下的执行团队的能力要求,加强培训,提升业务水平,不行的就要淘汰	执行系统具备良好的思想认识水平,具备积极进取的工作状态,能够跟上决策层面的指挥,能够做好执行和落实。否则,做不到的就要淘汰或调岗	可研、可行论证,方案规划研究。 战略规划部门的引领作用、企业创新实施部门的职责和建设,这些是很关键的

续表 9.58

企业系统 \ 评估指标	IQ=m 投资投入	EQ=3 势 (满)	CQ=1 能 (虚)	PQ=1 潜 (虚)
生产系统 (加工研制层)	围绕企业产能的逐步增加，特别是质量上的变化，逐步加大生产系统的预算资金投入	按照新的能力转化要求，培养和组织队伍，改进和提升生产技术水平和工艺等	为了未来发展，需要根据战略目标、趋势指引，逐步更换和引进先进的设备、设施	配合新产品达到初试的阶段，制定生产系统的适应性发展规划
营销系统 (市场开拓层)	市场战略、营销战略配合企业资本运作、产业发展与金融资本相融合，企业的营销已经变为战略和战术两个层面的投入和发展	企业的趋势变化和把握发生了巨大变化，企业的能力完成了质变，营销系统要面对这种形势和趋势做出适应性改变	营销系统能力随之提升，特别是能够贯彻执行企业统一战略，组建高水平人员队伍，此时的营销要求是引领式地、创造性地开展工作	产品或服务的价值挖掘影响着价值变现，挖掘自身隐藏的价值能够突出效益
免疫系统 (综合防范和诊治层)	财务方面，按照现代企业制度，不断提高企业财务管理的水平；外延式发展的过程中对外投资、投入的盲目性或重大失误，会导致企业发展瞬间下滑	趋势的变化难以捉摸，此时企业依然会面对发展的巨大不确定性，越是向外延求发展，不确定性越是难以控制	企业其实就是经营“不确定性”，在这种情况下，只有勇于面对风险和挑战，才能有发展潜力和机会	内在的潜力已经不容易看到，多数人认为企业在领域内无所不能，这种情况需要重视

领袖(虚)/再挖潜

企业生长状态之领袖(虚)/再挖潜如图 9.57 所示。

在扩张的过程中，通过支撑层的挖掘、投入、建设，逐步提升事情成功的可能性，提升保障新产品、新业务、新产业的成功的概率。

遵循量变引起质变的原则，在夯实基础的情况下，企业会顺其自然地发生质变——创造价值核心能力的提升。

表 9.59 为企业领袖(虚)/再挖潜的生长状态评估表。

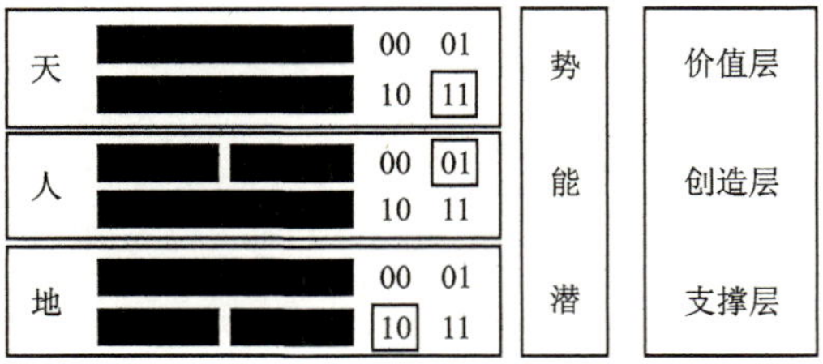

图 9.57 企业生长状态之领袖(虚)/再挖潜 110110

表 9.59 企业领袖(虚)/再挖潜的生长状态评估表

评估指标 企业系统	IQ=m 投资投入	EQ=3 势 (满)	CQ=1 能 (虚)	PQ=2 潜 (实)
决策系统 (领导决策层)	企业决策在趋势应变、能力条件建设、潜力保障建设三个维度采取行动,开始全面的企业建设发展	趋势环境日趋变好,企业对于趋势的把握和跟进效果也非常好,在企业内外部的气势、形势上展现出了良好的状态	以“归零”的心态和意识把企业目前具备的能力放在一旁,重新审视和规划新的能力发展目标	潜力方面创新求变,卧薪尝胆,厚积薄发,新产品研制进入到中试阶段,追求潜力的发展和积淀,对于从 1 到 N 的企业尤为重要
执行系统 (管理服务层)	统一认识,确定充分的执行计划 应认识到企业是全面作战的,各个部分要服务的整体目标是三个维度,互相有意识地做好协调配合。 资本驱动企业发展的特征越来越明显	提高企业能力增强要求下的执行团队的能力要求,加强培训,提升业务水平,不行的就要淘汰	执行系统具备良好的思想认识水平,具备积极进取的工作状态,能够跟上决策层面的指挥,能够做好执行和落实;否则,做不到的就要淘汰或调岗	可研、可行论证,方案规划研究。 战略规划部门的引领作用、企业创新实施部门的职责和建设,这些是很关键的
生产系统 (加工研制层)	围绕企业的产能逐步增加,特别是质量上的变化,逐步加大生产系统的预算资金投入	按照新的能力转化要求,培养和组织队伍,改进和提升生产技术水平和工艺等	为了未来发展,需要根据战略目标、趋势指引,逐步更换和引进先进的设备、设施	配合新产品达到中试的阶段,制定生产系统的适应性发展规划

续表 9.59

评估指标 企业系统	IQ=m 投资投入	EQ=3 势 （满）	CQ=1 能 （虚）	PQ=2 潜 （实）
营销系统 （市场开拓层）	市场战略、营销战略配合企业资本运作、产业发展与金融资本相融合，企业的营销已经变为战略和战术两个层面的投入和发展	企业的趋势变化和把握发生了巨大变化，企业的能力完成了质变，营销系统要面对这种形势和趋势做出适应性改变	营销系统能力随之提升，特别是能够贯彻执行企业统一战略，组建高水平人员队伍，此时的营销要求是引领式地、创造性地开展工作	产品或服务的价值挖掘影响着价值变现，挖掘自身隐藏的价值能够突出效益
免疫系统 （综合防范和诊治层）	财务方面，按照现代企业制度，不断提高企业财务管理的水平；外延式发展的过程中对外投资、投入的盲目性或重大失误，会导致企业发展瞬间下滑	趋势的变化难以捉摸，此时企业依然会面对发展的巨大的不确定性，越是向外延求发展，不确定性越是难以控制	企业其实就是经营“不确定性”，在这种情况下，只有勇于面对风险和挑战，才能有发展潜力和机会	内在的潜力已经不容易看到，多数人认为企业在领域内无所不能，这种情况需要重视

领袖(虚)/升级

企业生长状态之领袖(虚)/升级如科 9.58 所示。

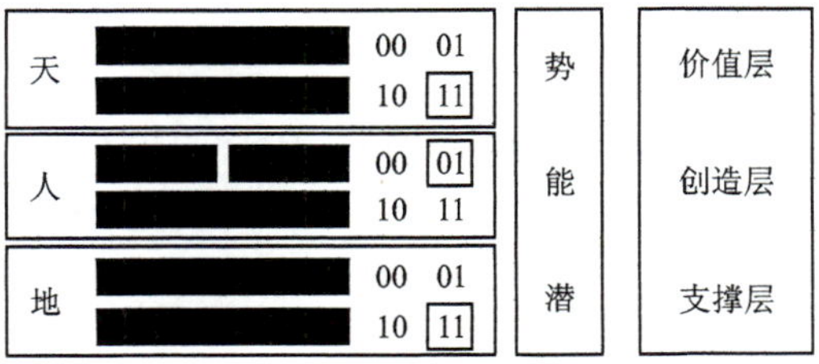

图 9.58　企业生长状态之领袖(虚)/升级　110111

在 CQ = 01 的状态下，能力为“虚”，扩张的风险是很高的。通过支撑层的生长、积累，实现厚积薄发后的良好基础。这样就具备了提升企业创造层能力的前提条件，也支持企业对于能力提升的更大投入和更多改造完善。

在 PQ = 11 的状态下,潜力为“满”,具备“潜力向能力”转化的最佳条件了。所以此时是升级状态。

表 9.60 为企业领袖(虚)/升级的生长状态评估表。

表 9.60 企业领袖(虚)/升级的生长状态评估表

企业系统 \ 评估指标	IQ=m 投资投入	EQ=3 势 (满)	CQ=1 能 (虚)	PQ=3 潜 (满)
决策系统 (领导决策层)	企业决策在趋势应变、能力条件建设、潜力保障建设三个维度采取行动,开始全面的企业建设发展	趋势环境日趋变好,企业对于趋势的把握和跟进效果也非常好,在企业内外部的气势、形势上展现出了良好的状态	以“归零”的心态和意识把企业目前具备的能力放在一旁,重新审视和规划新的能力发展目标	潜力方面创新求变,卧薪尝胆,厚积薄发,追求潜力的发展和积淀,对于1到N的企业尤为重要
执行系统 (管理服务层)	统一认识,确定充分的执行计划 应认识到企业是全面作战的,各个部分要服务的整体目标是三个维度,互相有意识地做好协调配合。 资本驱动企业发展的特征越来越明显	提高企业能力增强要求下的执行团队的能力要求,加强培训,提升业务水平,不行的就要淘汰	执行系统具备良好的思想认识水平,具备积极进取的工作状态,能够跟上决策层面的指挥,能够做好执行和落实;否则,做不到的就要淘汰或调岗	可研、可行论证,方案规划研究。 战略规划部门的引领作用、企业创新实施部门的职责和建设,这些是很关键的
生产系统 (加工研制层)	围绕企业的产能逐步增加,特别是质量上的变化,逐步加大生产系统的预算资金投入	按照新的能力转化要求,培养和组织队伍,改进和提升生产技术水平和工艺等	为了未来发展,需要根据战略目标、趋势指引,逐步更换和引进先进的设备、设施	配合新产品达到试制的阶段,制定生产系统的适应性发展规划

续表 9.60

评估指标 / 企业系统	IQ＝m 投资投入	EQ＝3 势 （满）	CQ＝1 能 （虚）	PQ＝3 潜 （满）
营销系统 （市场开拓层）	市场战略、营销战略配合企业资本运作、产业发展与金融资本相融合，企业的营销已经变为战略和战术两个层面的投入和发展	企业的趋势变化和把握发生了巨大变化，企业的能力完成了质变，营销系统要面对这种形势和趋势做出适应性改变	营销系统能力随之提升，特别是能够贯彻执行企业统一战略，组建高水平人员队伍，此时的营销要求是引领式地、创造性地开展工作	产品或服务的价值挖掘影响着价值变现，挖掘自身隐藏的价值能够突出效益
免疫系统 （综合防范和诊治层）	财务方面，按照现代企业制度，不断提高企业财务管理的水平；外延式发展的过程中对外投资、投入的盲目性或重大失误，会导致企业发展瞬间下滑	趋势的变化难以捉摸，此时企业依然会面对发展的巨大不确定性，越是向外延求发展，不确定性越是难以控制	企业其实就是经营“不确定性”，在这种情况下，只要勇于面对风险和挑战，才能有发展潜力和机会	内在的潜力已经不容易看到，多数人认为企业在领域内无所不能，这种情况需要重视

领袖(实)/归零

企业生长状态之领袖(实)/归零如图 9.59 所示。

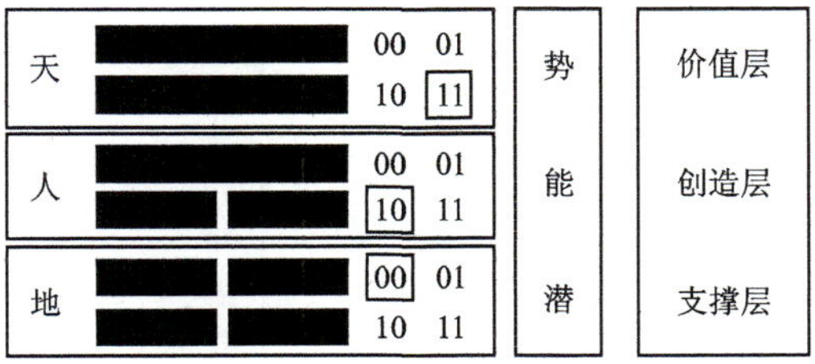

图 9.59　企业生长状态之领袖(实)/归零　111000

作为领袖级别的企业，成功地扩张/突破也不是想象中的那么简单，同样是高风险的创新活动，所以，也需要一步一步扎实地推进。虽然，时间和效率像利剑一样高悬，但是无谓的失败也非常的致命。

所以，从企业生长状态渐变的发展过程中可以清晰地看到着力点、问题点和突破点。

表9.61为企业领袖(实)/归零的生长状态评估表。

表9.61　企业领袖(实)/归零的生长状态评估表

评估指标 企业系统	IQ=m 投资投入	EQ=3 势 (满)	CQ=2 能 (实)	PQ=0 潜 (空)
决策系统 (领导决策层)	企业决策在趋势应变、能力条件建设、潜力保障建设三个维度采取行动计划，开始全面的企业建设发展	趋势环境日趋变好，企业对于趋势的把握和跟进效果也非常好，在企业内外部的气势、形势上展现出了良好的状态	以“归零”的心态和意识把企业目前具备的能力放在一旁，重新审视和规划新的能力发展目标	潜力方面创新求变，卧薪尝胆，厚积薄发，追求潜力的发展和积淀，对于1到N的企业尤为重要
执行系统 (管理服务层)	统一认识，确定充分的执行计划 应认识到企业是全面作战的，各个部分要服务的整体目标是三个维度，互相有意识地做好协调配合。 资本驱动企业发展的特征越来越明显	提高企业能力增强要求下的执行团队的能力要求，加强培训，提升业务水平，不行的就要淘汰	执行系统具备良好的思想认识水平，具备积极进取的工作状态，能够跟上决策层面的指挥，能够做好执行和落实；否则，做不到的就要淘汰或调岗	可研、可行论证，方案规划研究。 战略规划部门的引领作用、企业创新实施部门的职责和建设，这些是很关键的
生产系统 (加工研制层)	围绕企业产能的逐步增加，特别是质量上的变化，逐步加大生产系统的预算资金投入	按照新的能力转化要求，培养和组织队伍，改进和提升生产技术水平和工艺等	为了未来发展，需要根据战略目标、趋势指引，逐步更换和引进先进的设备、设施	配合企业潜力的归零处理，参与全局的战略制定和论证，制定生产系统的适应性发展规划

续表 9.61

企业系统＼评估指标	IQ=m 投资投入	EQ=3 势 （满）	CQ=2 能 （实）	PQ=0 潜 （空）
营销系统 （市场开拓层）	市场战略、营销战略配合企业资本运作、产业发展与金融资本相融合，企业的营销已经变为战略和战术两个层面的投入和发展	企业的趋势变化和把握发生了巨大变化，企业的能力完成了质变，营销系统要面对这种形势和趋势做出适应性改变	营销系统能力随之提升，特别是能够贯彻执行企业统一战略，组建高水平人员队伍，此时的营销要求是引领式地、创造性地开展工作	产品或服务的价值挖掘影响着价值变现，挖掘自身隐藏的价值能够突出效益
免疫系统 （综合防范和诊治层）	财务方面，按照现代企业制度，不断提高企业财务管理的水平；外延式发展的过程中对外投资、投入的盲目性或重大失误，会导致企业发展瞬间下滑	趋势的变化难以捉摸，此时企业依然会面对发展的巨大不确定性，越是向外延求发展，不确定性越是难以控制	企业其实就是经营“不确定性”，在这种情况下，只有勇于面对风险和挑战，才能有发展潜力和机会	内在的潜力已经不容易看到，多数人认为企业在领域内无所不能，这种情况需要重视

领袖(实)/挖潜

企业生长状态之领袖(实)/挖潜如图 9.60 所示。

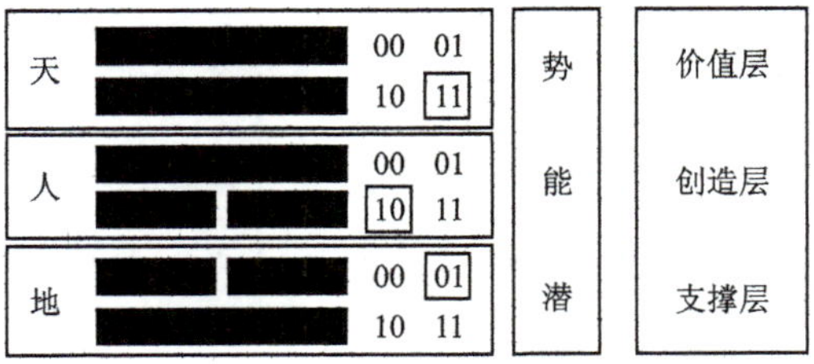

图 9.60　企业生长状态之领袖(实)/挖潜　111001

PQ 由 00 逐渐量变到 01 的过程，前文已反复叙述，这里不再赘述。需要读者重视的就是：厚积薄发、量变引起质变、能力来源于潜力；若基础不牢，地动山摇。

表 9.62 为企业领袖(实)/挖潜的生长状态评估表。

表 9.62　企业领袖(实)/挖潜的生长状态评估表

评估指标 企业系统	IQ＝m 投资投入	EQ＝3 势 （满）	CQ＝2 能 （实）	PQ＝1 潜 （虚）
决策系统 （领导决策层）	企业决策在趋势应变、能力条件建设、潜力保障建设三个维度采取行动计划，开始全面的企业建设发展	趋势环境日趋变好，企业对于趋势的把握和跟进效果也非常好，在企业内外部的气势、形势上展现出了良好的状态	以“归零”的心态和意识把企业目前具备的能力放在一旁，重新审视和规划新的能力发展目标	潜力方面创新求变，卧薪尝胆，厚积薄发，追求潜力的发展和积淀，对于从 1 到 N 的企业尤为重要
执行系统 （管理服务层）	统一认识，确定充分的执行计划 应认识到企业是全面作战的，各个部分要服务的整体目标是三个维度，互相有意识地做好协调配合。 资本驱动企业发展的特征越来越明显	提高企业能力增强要求下的执行团队的能力要求，加强培训，提升业务水平，不行的就需要淘汰	执行系统具备良好的思想认识水平，具备积极进取的工作状态，能够跟上决策层面的指挥，能够做好执行和落实；否则，做不到的就要淘汰或调岗	可研、可行论证，方案规划研究。 战略规划部门的引领作用、企业创新实施部门的职责和建设，这些是很关键的
生产系统 （加工研制层）	围绕企业的产能逐步增加，特别是质量上的变化，逐步加大生产系统的预算资金投入	按照新的能力转化要求，培养和组织队伍，改进和提升生产技术水平和工艺等	为了未来发展，需要根据战略目标、趋势指引，逐步更换和引进先进的设备、设施	配合企业的新产品研制进入到初试阶段，制定生产系统的适应性发展规划
营销系统 （市场开拓层）	市场战略、营销战略配合企业资本运作、产业发展与金融资本相融合，企业的营销已经变为战略和战术两个层面的投入和发展	企业的趋势变化和把握发生了巨大变化，企业的能力完成了质变，营销系统要面对这种形势和趋势做出适应性改变	营销系统能力随之提升，特别是能够贯彻执行企业统一战略，组建高水平人员队伍，此时的营销要求是引领式地、创造性地开展工作	产品或服务的价值挖掘影响着价值变现，挖掘自身隐藏的价值能够突出效益

续表 9.62

评估指标 / 企业系统	IQ=m 投资投入	EQ=3 势 （满）	CQ=2 能 （实）	PQ=1 潜 （虚）
免疫系统 （综合防范和诊治层）	在财务方面，按照现代企业制度，不断提高企业财务管理的水平；外延式发展的过程中对外投资、投入的盲目性或重大失误，会导致企业发展瞬间下滑	趋势的变化难以捉摸，此时企业依然会面对发展的巨大不确定性，越是向外延求发展，不确定性越是难以控制	企业其实就是经营“不确定性”，在这种情况下，只有勇于面对风险和挑战，才能有发展潜力和机会	内在的潜力已经不容易看到，多数人认为企业在领域内无所不能，这种情况需要重视

领袖（实）/再挖潜

企业生长状态之领袖（实）/再挖潜如图 9.61 所示。

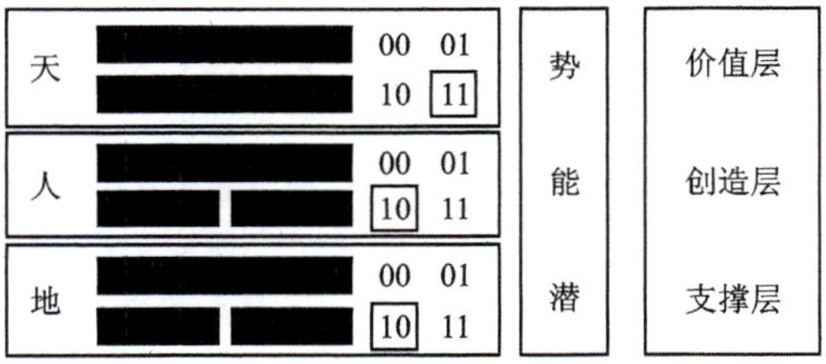

图 9.61　企业生长状态之领袖（实）/再挖潜　111010

PQ 由 00 逐渐量变到 10 的过程，前文已反复叙述，这里不再赘述。需要读者重视的就是：厚积薄发、量变引起质变、能力来源于潜力；若基础不牢，地动山摇。

表 9.63 为企业领袖（实）/再挖潜的生长状态评估表。

表 9.63　企业领袖（实）/再挖潜的生长状态评估表

评估指标 / 企业系统	IQ=m 投资投入	EQ=3 势 （满）	CQ=2 能 （实）	PQ=2 潜 （实）
决策系统 （领导决策层）	企业决策在趋势应变、能力条件建设、潜力保障建设三个维度采取行动计划，开始全面的企业建设发展	趋势环境日趋变好，企业对于趋势的把握和跟进效果也非常好，在企业内外部的气势、形势上展现出了良好的状态	以“归零”的心态和意识把企业目前具备的能力放在一旁，重新审视和规划新的能力发展目标	潜力方面创新求变，卧薪尝胆，厚积薄发，追求潜力的发展和积淀，对于 1 到 N 的企业尤为重要

续表 9.63

评估指标 / 企业系统	IQ=m 投资投入	EQ=3 势 (满)	CQ=2 能 (实)	PQ=2 潜 (实)
执行系统 (管理服务层)	统一认识,确定充分的执行计划, 应认识到企业是全面作战的,各个部分要服务的整体目标是三个维度,互相有意识地做好协调配合。 资本驱动企业发展的特征越来越明显	提高企业能力增强要求下的执行团队的能力要求,加强培训,提升业务水平,不行的就要淘汰	执行系统具备良好的思想认识水平,具备积极进取的工作状态,能够跟上决策层面的指挥,能够做好执行和落实;否则,做不到的就要淘汰或调岗	可研、可行论证,方案规划研究。 战略规划部门的引领作用、企业创新实施部门的职责和建设,这些是很关键的
生产系统 (加工研制层)	围绕企业的产能逐步增加,特别是质量上的变化,逐步加大生产系统的预算资金投入	按照新的能力转化要求,培养和组织队伍,改进和提升生产技术水平和工艺等	为了未来发展,需要根据战略目标、趋势指引,逐步更换和引进先进的设备、设施	配合企业的新产品研制进入到中试阶段,制定生产系统的适应性发展规划
营销系统 (市场开拓层)	市场战略、营销战略配合企业资本运作、产业发展与金融资本相融合,企业的营销已经变为战略和战术两个层面的投入和发展	企业的趋势变化和把握发生了巨大变化,企业的能力完成了质变,营销系统要面对这种形势和趋势做出适应性改变	营销系统能力随之提升,特别是能够贯彻执行企业统一战略,组建高水平人员队伍,此时的营销要求是引领式地、创造性地开展工作	产品或服务的价值挖掘影响着价值变现,挖掘自身隐藏的价值能够突出效益
免疫系统 (综合防范和诊治层)	在财务方面,按照现代企业制度,不断提高企业财务管理的水平;外延式发展的过程中对外投资、投入的盲目性或重大失误,会导致企业发展瞬间下滑	趋势的变化难以捉摸,此时企业依然会面对发展的巨大不确定性,越是向外延求发展,不确定性越是难以控制	企业其实就是经营“不确定性”,在这种情况下,只有勇于面对风险和挑战,才能有发展潜力和机会	内在的潜力已经不容易看到,多数人认为企业在领域内无所不能,这种情况需要重视

领袖(实)/升级

企业生长状态之领袖(实)/升级如图 9.62 所示。

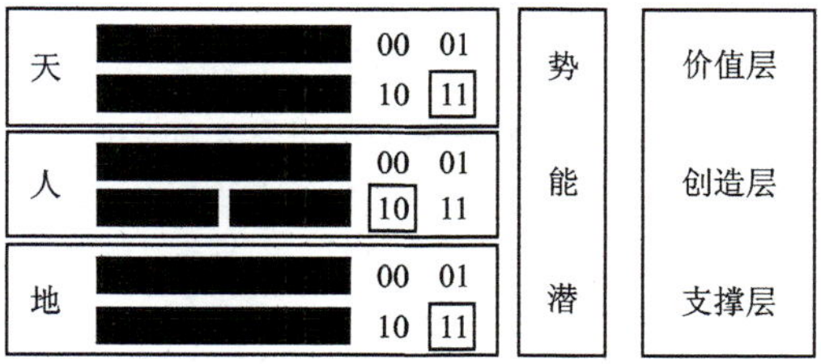

图 9.62 企业生长状态之领袖(实)/升级 111011

企业生长发育状态中,PQ = 11(为满),具备了升级的条件和保障,并且潜力可以转化为生产力,可提升创造价值的能力了。

表 9.64 为企业领袖(实)/升级的生长状态评估表。

表 9.64 企业领袖(实)/升级的生长状态评估表

评估指标 企业系统	IQ=m 投资投入	EQ=3 势 (满)	CQ=2 能 (实)	PQ=3 潜 (满)
决策系统 (领导决策层)	企业决策在趋势应变、能力条件建设、潜力保障建设三个维度采取行动计划,开始全面的企业建设发展	趋势环境日趋变好,企业对于趋势的把握和跟进效果也非常好,在企业内外部的气势、形势上展现出了良好的状态	以"归零"的心态和意识把企业目前具备的能力放在一旁,重新审视和规划新的能力发展目标	潜力方面创新求变,卧薪尝胆,厚积薄发,追求潜力的发展和积淀,对于从1到N的企业尤为重要
执行系统 (管理服务层)	统一认识,确定充分的执行计划。 应认识到企业是全面作战的,各个部分要服务的整体目标是三个维度,互相有意识地做好协调配合。 资本驱动企业发展的特征越来越明显	提高企业能力增强要求下的执行团队的能力要求,加强培训,提升业务水平,不行的就要淘汰	执行系统具备良好的思想认识水平,具备积极进取的工作状态,能够跟上决策层面的指挥,能够做好执行和落实;否则,做不到的就要淘汰或调岗	可研、可行论证,方案规划研究。 战略规划部门的引领作用、企业创新实施部门的职责和建设,这些是很关键的

续表 9.64

评估指标 企业系统	IQ=m 投资投入	EQ=3 势 （满）	CQ=2 能 （实）	PQ=3 潜 （满）
生产系统 （加工研制层）	围绕企业的产能逐步增加，特别是质量上的变化，逐步加大生产系统的预算资金投入	按照新的能力转化要求，培养和组织队伍，改进和提升生产技术水平和工艺等	为了未来发展，需要根据战略目标、趋势指引，逐步更换和引进先进的设备、设施	配合企业的新产品研制进入到试制阶段，制定生产系统的适应性发展规划
营销系统 （市场开拓层）	市场战略、营销战略配合企业资本运作、产业发展与金融资本相融合，企业的营销已经变为战略和战术两个层面的投入和发展	企业的趋势变化和把握发生了巨大变化，企业的能力完成了质变，营销系统要面对这种形势和趋势做出适应性改变	营销系统能力随之提升，特别是能够贯彻执行企业统一战略，组建高水平人员队伍，此时的营销要求是引领式地、创造性地开展工作	产品或服务的价值挖掘影响着价值变现，挖掘自身隐藏的价值能够突出效益
免疫系统 （综合防范 和诊治层）	财务方面，按照现代企业制度，不断提高企业财务管理的水平；外延式发展的过程中对外投资、投入的盲目性或重大失误，会导致企业发展瞬间下滑	趋势的变化难以捉摸，此时企业依然会面对发展的巨大不确定性，越是向外延求发展，不确定性越是难以控制	企业其实就是经营“不确定性”，在这种情况下，只有勇于面对风险和挑战，才能有发展潜力和机会	内在的潜力已经不容易看到，多数人认为企业在领域内无所不能，这种情况需要重视

领导(11 11 00)

领导/孕育

企业生长状态之领导/孕育如图 9.63 所示。

这是一个与众不同的生长发育状态。天时占尽、人和占尽、潜力归零。此时，企业真正成为领导级别的企业了。

此时的生长发育状态预示着企业达到了行业领导地位，也就是在内外部环境、行业发展趋势、产业发展趋势方面的跟进和影响力达到了一流的水平，同时能力水平达

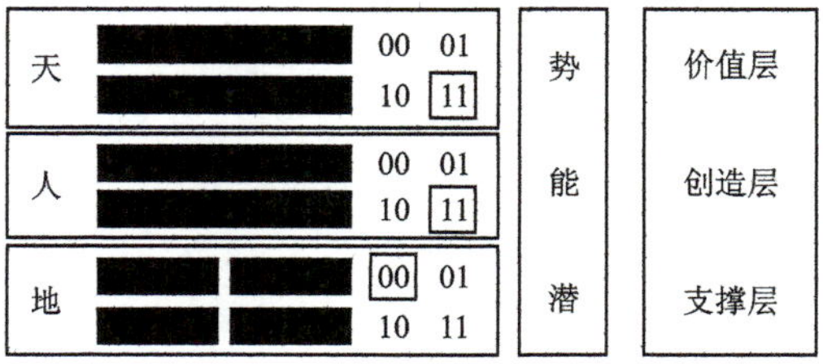

图 9.63　企业生长状态之领导/孕育　111100

到了较高的状态，比如产能、市场占有率，等等，这些就是成为“领导”的标志。

领导企业就是掌握和把握住方向的企业，并且是引领产业或行业发展方向的企业，同时自身的产能和产品在市场中处于绝对的竞争优势，此时就是整个行业、产业的领导者。

同时，我们始终把**潜力巨大的企业定位为“强”，把能力不断增长的企业定义为“大”**。

此时，CQ=3，PQ=0。在 EQ=3 的指引下，我们把企业的状态定义为“领导/孕育”，实质就是领导地位。从状态中我们可以看到，下面又发生了很多的创新变化（支持层深藏不露、厚积薄发），自底向上的企业创新、潜力打造的部分已经开始启动。

此时，PQ=0。内部的潜力挖掘、内涵式的创新驱动发展再一次在企业内部发生、孕育了。每一次的内涵式潜力挖掘，我们要解释一下：它随着能力和环境的变化会发生新的变化，抓住和应对这些变化，反映在内部潜力的挖掘方面，核心是企业创新的维度，通过尝试和探索，总能够不断驱动企业积淀和升华。

此时，CQ=3。这说明企业的能力非常强悍，并配合企业的领导地位，这样的企业在市场上难逢敌手。

表 9.65 为企业领导/孕育的生长状态评估表。

表 9.65　企业领导/孕育的生长状态评估表

评估指标 企业系统	IQ=m 投资投入	EQ=3 势 （满）	CQ=3 能 （满）	PQ=0 潜 （空）
决策系统 （领导决策层）	企业决策在趋势应变、能力条件建设、潜力保障建设三个维度采取行动，开始全面的企业建设发展	趋势环境日趋变好，企业对于趋势的把握和跟进效果也非常好，在企业内外部的气势、形势上展现出了良好的状态	在巨大的趋势变化、把握、跟进的基础上，企业的能力发展、提升经历了一系列的质的变化，再次发展到顶峰	潜力方面创新求变，卧薪尝胆，厚积薄发，追求潜力的发展和积淀，对于 1 到 N 的企业尤为重要

续表 9.65

评估指标 企业系统	IQ=m 投资投入	EQ=3 势 (满)	CQ=3 能 (满)	PQ=0 潜 (空)
执行系统 (管理服务层)	统一认识,确定充分的执行计划。 应认识到企业是全面作战的,各个部分要服务的整体目标是三个维度,互相有意识地做好协调配合。 资本驱动企业发展的特征越来越明显	提高企业能力增强要求下的执行团队的能力要求,加强培训,提升业务水平,不行的就要淘汰	执行系统具备良好的思想认识水平,具备积极进取的工作状态,能够跟上决策层面的指挥,能够做好执行和落实。否则,做不到的就要淘汰或调岗	可研、可行论证,方案规划研究。 战略规划部门的引领作用、企业创新实施部门的职责和建设,这些是很关键的
生产系统 (加工研制层)	围绕企业的产能逐步增加,特别是质量上的变化,逐步加大生产系统的预算资金投入	按照新的能力转化要求,培养和组织队伍,改进和提升生产技术水平和工艺等	为了未来发展,需要根据战略目标、趋势指引,逐步更换和引进先进的设备、设施	配合企业潜力的归零处理,参与全局的战略制定和论证。制定生产系统的适应性发展规划
营销系统 (市场开拓层)	市场战略、营销战略配合企业资本运作、产业发展与金融资本相融合,企业的营销已经变为战略和战术两个层面的投入和发展	企业的趋势变化和把握发生了巨大变化,企业的能力完成了质变,营销系统要面对这种形势和趋势做出适应性改变	营销系统能力跟随提升,特别是能够贯彻执行企业统一战略,组建高水平人员队伍,此时的营销要求是引领式地、创造性地开展工作	产品或服务的价值挖掘影响着价值变现,挖掘自身隐藏的价值能够突出效益
免疫系统 (综合防范和诊治层)	财务方面,按照现代企业制度,不断提高企业财务管理的水平;外延式发展的过程中对外投资、投入的盲目性或重大失误会导致企业发展瞬间下滑	趋势的变化难以捉摸,此时企业依然会面对发展的巨大不确定性,越是向外延求发展,不确定性越是难以控制	企业其实就是经营“不确定性”,在这种情况下,只有勇于面对风险和挑战,才能有发展潜力和机会	内在的潜力已经不容易看到,多数人认为企业在领域内无所不能,这种情况需要重视

领导/挖潜

企业生长状态之领导/挖潜如图 9.64 所示。

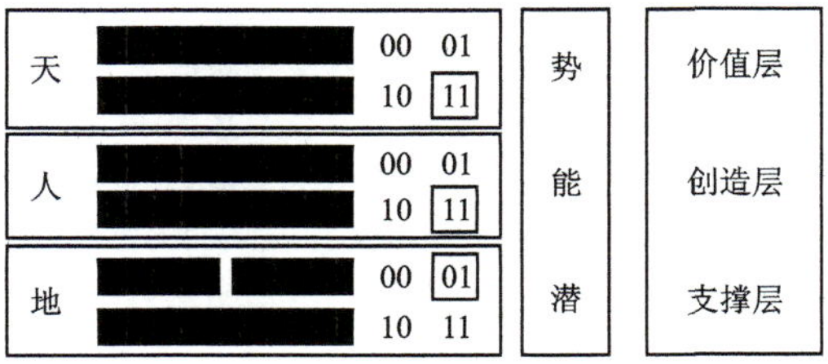

图 9.64 企业生长状态之领导/挖潜 111101

万物生生不息，需依托肥沃的土壤。对于企业而言，支撑层就是其生生不息所依托的土壤，就是其攻坚克难的法宝。

所以，企业在发展到每一个关键节点之后，需要一个休生养息的小阶段，这个阶段在前文反复出现并进行阐述。按照指标体系，这个过程就是通过量变引出质变，即 PQ 从 00(为空)发展到 11(为满)的积淀过程。这个过程，对于从小到大、从大到强的任何一个企业都不可或缺、都不可忽视。否则，问题往往从内部出现，而且就是从“支撑层—地—潜力”部分出现问题，逐步成为企业发展的大患。

PQ 由 00 逐渐量变到 01 的过程，前文已反复叙述，这里不再赘述。需要读者重视的就是：厚积薄发，量变引起质变，能力来源于潜力，基础不牢，地动山摇。

此时，PQ=1。内部的潜力挖掘、内涵式的创新驱动发展，再一次在企业内部发生、孕育了。每一次的内涵式潜力挖掘，我们要解释一下：它随着能力和环境的变化会发生新的变化，抓住和应对这些变化，反映在内部潜力的挖掘方面，核心是企业创新的维度，通过尝试和探索，总能够不断驱动企业积淀和升华。

此时，CQ=3。这说明企业的能力非常强悍，并配合企业的领导地位，这样的企业在市场上难逢敌手。

作为领导企业，既要强调能力，又要在环境和趋势变化的过程中具有一流的应变和把握能力。

表 9.66 为企业领导/挖潜的生长状态评估表。

表 9.66 企业领导/挖潜的生长状态评估表

评估指标 企业系统	IQ=m 投资投入	EQ=3 势 (满)	CQ=3 能 (满)	PQ=1 潜 (虚)
决策系统 (领导决策层)	企业决策在趋势应变、能力条件建设、潜力保障建设三个维度采取行动计划,开始全面的企业建设发展	趋势环境日趋变好,企业对于趋势的把握和跟进效果也非常好,在企业内外部的气势、形势上展现出了良好的状态	在巨大的趋势变化、把握、跟进的基础上,企业的能力发展、提升经历了一系列的质的变化,再次发展到顶峰	潜力方面创新求变,卧薪尝胆,厚积薄发,追求潜力的发展和积淀,对于1到N的企业尤为重要
执行系统 (管理服务层)	统一认识,确定充分的执行计划 应认识到企业是全面作战的,各个部分要服务的整体目标是三个维度,互相有意识地做好协调配合。 资本驱动企业发展的特征越来越明显	提高企业能力增强要求下的执行团队的能力要求,加强培训,提升业务水平,不行的就要淘汰	执行系统具备良好的思想认识水平,具备积极进取的工作状态,能够跟上决策层面的指挥,能够做好执行和落实;否则,做不到的就要淘汰或调岗	可研、可行论证,方案规划研究。 战略规划部门的引领作用、企业创新实施部门的职责和建设,这些是很关键的
生产系统 (加工研制层)	围绕企业产能的逐步增加,特别是质量上的变化,逐步加大生产系统的预算资金投入	按照新的能力转化要求,培养和组织队伍,改进和提升生产技术水平和工艺等	为了未来发展,需要根据战略目标、趋势指引,逐步更换和引进先进的设备、设施	配合企业新产品的研制进入到初试阶段,制定生产系统的适应性发展规划
营销系统 (市场开拓层)	市场战略、营销战略配合企业资本运作、产业发展与金融资本相融合,企业的营销已经变为战略和战术两个层面的投入和发展	企业的趋势变化和把握发生了巨大变化,企业的能力完成了质变,营销系统要面对这种形势和趋势做出适应性改变	营销系统能力随之提升,特别是能够贯彻执行企业统一战略,组建高水平人员队伍,此时的营销要求是引领式地、创造性地开展工作	产品或服务的价值挖掘影响着价值变现,挖掘自身隐藏的价值能够突出效益

续表 9.66

评估指标 / 企业系统	IQ=m 投资投入	EQ=3 势 (满)	CQ=3 能 (满)	PQ=1 潜 (虚)
免疫系统 (综合防范和诊治层)	在财务方面,按照现代企业制度,不断提高企业财务管理的水平;外延式发展的过程中对外投资、投入的盲目性或重大失误会导致企业发展瞬间下滑	趋势的变化难以捉摸,此时企业依然会面对发展的巨大不确定性,越是向外延求发展,不确定性越是难以控制	企业其实就是经营"不确定性",在这种情况下,只有勇于面对风险和挑战,才能有发展潜力和机会	内在的潜力已经不容易看到,多数人认为企业在领域内无所不能,这种情况需要重视

领导/再挖潜

企业生长状态之领导/再挖潜如图 9.65 所示。

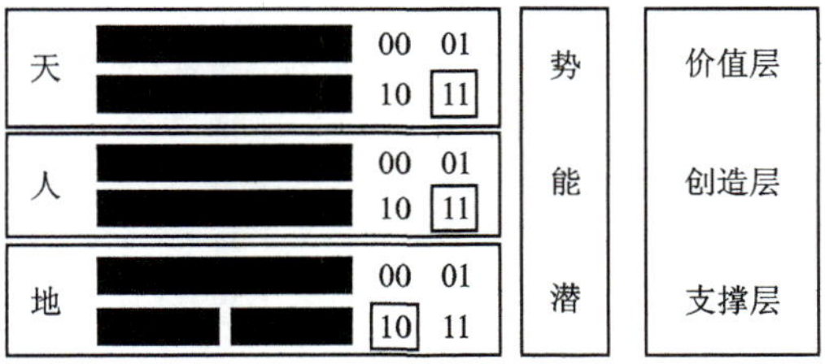

图 9.65　企业生长状态之领导/再挖潜　111110

PQ 由 00 逐渐量变到 10 的过程,前文已反复叙述,这里不再赘述。需要读者重视的就是:厚积薄发、量变引起质变、能力来源于潜力;基础不牢,地动山摇。

表 9.67 为企业领导/再挖潜的生长状态评估表。

表 9.67　企业领导/再挖潜的生长状态评估表

评估指标 / 企业系统	VQ=m 投资投入	EQ=3 势 (满)	CQ=3 能 (满)	PQ=2 潜 (实)
决策系统 (领导决策层)	企业决策在趋势应变、能力条件建设、潜力保障建设三个维度采取行动计划,开始全面的企业建设发展	趋势环境日趋变好,企业对于趋势的把握和跟进效果也非常好,在企业内外部的气势、形势上展现出了良好的状态	在巨大的趋势变化、把握、跟进的基础上,企业的能力发展、提升经历了一系列的质的变化,再次发展到顶峰	潜力方面创新求变,卧薪尝胆,厚积薄发,追求潜力的发展和积淀,对于1到N的企业尤为重要

续表 9.69

评估指标 企业系统	VQ=m 投资投入	EQ=3 势 （满）	CQ=3 能 （满）	PQ=2 潜 （实）
执行系统 （管理服务层）	统一认识，确定充分的执行计划 应认识到企业是全面作战的，各个部分要服务的整体目标是三个维度，互相有意识地做好协调配合。 资本驱动企业发展的特征越来越明显	提高企业能力增强要求下的执行团队的能力要求，加强培训，提升业务水平，不行的就需要淘汰	执行系统具备良好的思想认识水平，具备积极进取的工作状态，能够跟上决策层面的指挥，能够做好执行和落实；否则，做不到的就要淘汰或调岗	可研、可行论证，方案规划研究。 战略规划部门的引领作用、企业创新实施部门的职责和建设，这些是很关键的
生产系统 （加工研制层）	围绕企业产能的逐步增加，特别是质量上的变化，逐步加大生产系统的预算资金投入	按照新的能力转化要求，培养和组织队伍，改进和提升生产技术水平和工艺等	为了未来发展，需要根据战略目标、趋势指引，逐步更换和引进先进的设备、设施	配合企业新产品的研制进入到中试阶段，制定生产系统的适应性发展规划
营销系统 （市场开拓层）	市场战略、营销战略配合企业资本运作、产业发展与金融资本相融合，企业的营销已经变为战略和战术两个层面的投入和发展	企业的趋势变化和把握发生了巨大变化，企业的能力完成了质变，营销系统要面对这种形势和趋势做出适应性改变	营销系统能力随之提升，特别是能够贯彻执行企业统一战略，组建高水平人员队伍，此时的营销要求是引领式地、创造性地开展工作	产品或服务的价值挖掘影响着价值变现，挖掘自身隐藏的价值能够突出效益
免疫系统 （综合防范和诊治层）	在财务方面，按照现代企业制度，不断提高企业财务管理的水平；外延式发展的过程中，对外投资、投入的盲目性或重大失误，会导致企业发展瞬间下滑	趋势的变化难以捉摸，此时企业依然会面对发展的巨大不确定性，越是向外延求发展，不确定性越是难以控制	企业其实就是经营“不确定性”，在这种情况下，只有勇于面对风险和挑战，才能有发展潜力和机会	内在的潜力已经不容易看到，多数人认为企业在领域内无所不能，这种情况需要重视

领导(满)/天花板

企业生长状态之领导(满)/天花板如图 9.66 所示。

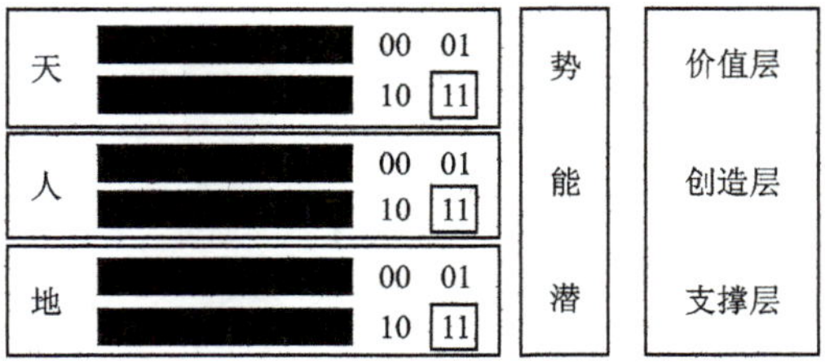

图 9.66　企业生长状态之领导(满)/天花板　111111

企业生长发育的这个状态不论在理论上还是在现实中都很难达到。作为逻辑上的状态，这既是企业发展的顶峰，也是终点，又是归零点。

在前面，我们把“11”定义为“满”。

满招损，谦受益。若企业即便自身能够达到处处“满”的状态，也不是可持续的，很快会出现状态的下滑。

所以，很多时候，就是辩证地看：一心希望企业发展得完美无瑕，但实际上完美无瑕也是最大的不完美——没有事情可以做了。

第十章 一切都是有成本的

成本是企业的一切

我们在百度百科得到一个关于成本的定义，实际上是企业私人成本定义：

“成本是生产和销售一定种类与数量产品以耗费资源用货币计量的经济价值。企业进行产品生产需要消耗生产资料和劳动力，这些消耗在成本中用货币计量，就表现为材料费用、折旧费用、工资费用等。企业的经营活动不仅包括生产活动，也包括销售活动，因此在销售活动中所发生的费用，也应计入成本；为了管理生产所发生的费用，也应计入成本；为了管理生产经营活动所发生的费用也具有形成成本的性质。”

我们同样在百度百科得到一个关于社会成本的定义：

“社会成本是指由全社会各个生产部门汇总起来的总成本，也可以指某一种产品的社会平均成本。社会成本一词是著名经济学家庇古在分析外部性侵害时首先提出来的。社会成本是产品生产的**私人成本**和生产的外部性给社会带来的**额外成本**之和。社会成本的分担与补偿的目的是促进社会公平。明确社会平均成本概念以为了解整个社会和本企业的成本管理水平提供了依据。社会成本还可以看成一种机会成本，即把社会的经济资源用于某一种用途而必须放弃的该经济资源最有利可图的其他机会。”

引用上面两段话不是必然的需要，只是为方便阅读的需要。理解了成本的深刻内涵，我们便得出了一个简单的结论：“成本是企业的一切。”

我不想从企业成本的理论视角来写这一章，而只是从观察企业运行的旁观者的角度来给出感受到的结论。

首先，我们在前文中提到了“企业生长的五个生命要素”。企业的生存发展是依靠一个反复发动的模式来实现的，这个模式就是：**“投入—产出—获利—投入。”**无论如何，企业的行动始于“投入”，投入产生成本。成本是第一个生命要素，包括两个内涵：其一，有本钱才能投入；其二，成本控制才是好的投入。如果没有本钱，就办不了企业；如果控制不好成本，就会消耗掉本钱，导致办不成企业。

其次，企业因为投入而产生的成本是覆盖企业每个细胞的。什么都是成本，这是企业主最头疼的事，甚至没有之一。企业的成本损失掉的是企业的利润，当这种损失不论由于什么原因发生在企业的任何一个环节（不仅仅是生产环节）、任何一个维度时，企业因为利润被成本侵蚀，就会不断失血。不断失血的企业就会危及其生命。

再次，企业要冒险、要创新、要跟上趋势，这些都需要成本。一种是机会成本，选择冒险有成本、选择不冒险也有成本，互为机会成本。就人的认知和人性的特点而言，比如：趋利避害，做出的决策往往偏于保守，从而失去的多是“守成造成的机会成本”。因为机会成本当期不容易衡量，而当期的风险成本、创新成本是容易衡量的，在确定性和不确定性之间，不确定性高的选择容易被抛弃。同样的逻辑，确定性的选择本身也有成本，机会成本是相互成立的。

最后，我们通篇描述企业为生物物种，有时类比为人体，有时类比为树木，那么企业的生长需要必然的消耗，能够供给和满足这种消耗的企业才能够保持生存、保障生命。比作树木，企业需要如同树木一样吸收阳光、雨水、营养；比作人体，企业需要像人一样吃喝、排泄、保健、免疫。所有的这些过程都是先“消耗”，后“获得”，即所谓“阴消阳长”。消耗会造成亏空，所以企业必须有一种能力和机制，以持续补充因为消耗而产生的“亏空”。补充这种亏空的过程，也会再次产生成本，这个成本如果不经济，那么企业就没有可供自身生长支持不断消耗的能力了，企业自然会倒闭，也就是死亡。

成本是市场自然选择的基础约束

自然选择是生物进化论的法则之一，而我们借用这个法则来描述企业生物界的现象，也是符合逻辑法则的。

任何企业在进化过程中，首先面对的也是自然选择。

企业之所以能够生存和发展，本质上是被需要和被选择。企业能够被需要，说明企业提供的产品和服务有市场；企业能够被选择，说明选择者认为企业提供的产品或者服务好。而什么是消费者眼中的好产品和好服务呢？成本低的产品和服务有绝对的被选择优势。当然，这里面有一个潜台词：可供选择的产品或者服务处于同一个功能、性能水平。如果把性能考虑进来，性价比高的产品和服务有绝对的被选择的优势。因为成本是分母，所以，成本是市场自然选择的基础约束的结论也是成立的。

所谓基础约束，这里的内涵就是成本对于企业生长生存生命的绝对性和决定性。

一个企业在生产产品和提供服务的过程中，控制和降低成本的费用额度是绝对性的，也是决定性的。只有拥有了成本优势，才能谈利润空间，才能谈市场竞争，也才能谈性能提升，甚至也才能投入到企业其他需要成本覆盖的改革创新环节上去。

所以，我们不难理解，也将有机会深刻认识“为什么每个企业家都如此疯狂地要控制成本”，也许他们不是从什么经济学理论上学来的，而只是他们日复一日的工作经验要求他们必须如此去做，不然，倒闭的是自己的企业。这也凸显了成本的绝对性和决定性。

成本是生存竞争的核心手段

我记得曾经在一本经济学书上看到一句话，大体上的意思就是，企业获得利润只有两个手段；一个是垄断，另一个是低成本。两个手段会衍生出其他一些次级的手段，比如：技术垄断、政策垄断、免费试用（成本为零）、转嫁成本，等等。

所以，不出意外，对于绝大多数企业而言，它们不具有形成垄断的能力，而且即使一旦形成垄断的能力，也会面临政策法律的调整，因此唯一的出路就是“低成本”。从这里不难看出，成本也是企业面对生存竞争的核心手段。

在企业竞争中先不要谈“人无我有、人有我好、人好我优”的豪言壮语，从大道至简的法则，只要做到了“低成本”，企业就能够拥有竞争优势，并很有可能获得高于行业平均利润的收益。

必须说明的是，遵循“一切皆有成本”的法则，“低成本”本身也有成本，比如：它会损伤高成本的创新投入。而用系统论、全局观来看，“低成本”不应只是狭义的产品投入的低成本，作为企业家，我们这里建议“低成本”，还应该包括“低机会成本”。也就是说，当企业做出一个选择而放弃另外一个选择的时候，要考虑机会成本的负担，要考虑选择或者放弃过程中产生的机会成本与做出选择的投入成本的总和是否是“低”的，这样才是全局的和战略的。

谁对企业的生死负责，谁将担负起“低成本”控制的使命，也必须有能力算得清楚企业的投入成本和选择成本，做好投入和选择的平衡。

成本是跟随趋势的主要限制

承接前文，我们提到了“机会成本”，而对于企业而言，最大的最致命的机会成本则是“跟随趋势”的选择成本。

“跟随”有跟随的成本，“不跟随”有不跟随的成本，这毋庸置疑。

选择“跟随”，负担的是现实当期投入的成本；选择“不跟随”，减负的是当前投入的成本，负担的是未来趋势形成后企业跟不上而造成的机会成本，这个损失不好计算，具有非常高的不确定性。

无论如何，是成本限制了企业对趋势的跟随，而不是企业家不知道趋势跟随的重要性。如果一个企业有无数可以投入的资金，那么该企业会做出对任何一个可能的趋势进行跟随的投入行动——没有生存的风险。

现实中，因为有无数的限制而不是有无数的资金，所以企业是否被趋势抛弃了，是否被用户抛弃、不需要了，从本质上而言是成本控制限制了企业的发展和想象空间。

要做出对企业生长生存生命最有利的选择，需要预算一个“机会成本”科目，我想这个建议也许不久的将来会在企业中实现——它的范畴高于企业科研或技术创新的成本预算。如果，能够把机会成本投入或者负担作为一个专有财务科目列入企业资产负债表，那么跟随趋势需要进行的资金投入就变成为常规事项而不是特殊特例事项了。一旦成为常规事项，则也将机会成本纳入到企业生长发育的要素集合了。

因为趋势是企业的天，跟上趋势是企业生长生存生命唯一的正确方向和选择，所以不能因为“成本”限制而把企业自身向正确方向前进的路途给堵上。

变与不变都有成本

从“一切都有成本”的规律法则可以推出，企业发生改变或者不改变，都要付出成本，而最高的成本就是企业的生命。

企业为什么要变或者不变，道理和阐述目前看已经充分了，限制性条件还有一个，那就是在最后本节要做出的补充说明。

企业作为生命体，企业命运不是由“自身”来把握的。企业的生命包含三个基本要素，我们前面已经总结过，一是天时，二是地利，三是人和。对应于企业界，一是企业的价值，二是企业的创造，三是资源。

在所有要素里面必须挑出来再重点说明的是“资源之创新资源”。

资源是保障企业生生不息的土壤，这在定义企业的一般性系统结构中做了阐述，没了资源，企业就会死亡，其实是企业生命的必要性之一。

而众多的资源中，生生不息的只有知识资源和技术资源，所以说企业的核心是创新，乃至国家的驱动也要靠创新，从这里的逻辑上来看也是比较清晰的。

所以，不变是最大的风险。

所以，创新谋求改变是最大的突破点。

要为企业的生长生存生命负责，要为此付出成本投入的行动，最关键的成本预算和负担就是企业“改变”的成本，这其中最为核心的是“创新”的成本。如果有企业不这么认为，那可以试试不改变、不创新会怎样，抑或不用试了也知道其结局。

在变与不变都有成本的情况下，在面临选择的时候，企业应该做出“改变”的选择，并尽可能正确地核算和保障“改变的成本”，以便不至于因为投入的原因而半途而废。企业的前途不像比赛一样设有终点，所以，没有停下来的机会，也所以，改变一直在路上，不论成本多大，越早做出选择将会越主动。

成本需要成功来对冲，所以失败很令人沮丧

任何的投入，不仅仅是企业，都需要回报。如果没有回报，都不是可持续的，也都没人会投入。将这种情形做一个简要的概括，那就是“成本需要成功来对冲”。

何为成功，也有必要说一下。

比如，在技术创新活动中，获得了新技术、获得了新技术的方向，乃至缩小了新技术可能选择的范围，诸如此类都是成功。虽然对于企业获利而言，还有很长的路。

再比如，在扩大生产规模的活动中，企业的产品产量明显提升了，这需要市场的认可、市场的选择以及销售的支撑，从而产生规模效应，这种成本和成功的传导是最直接的。

还比如，在人才团队的组建过程中，不论是管理人才、技术人才、市场人才的引进还是提升，都会显著地增加企业的运营成本，而如果管理人才到位提升了管理效率、技术人才到位提升了技术水平、市场人才到位提升了销售收入，这都是成功的标志。

但成功不是轻易能得来的，失败如影随形地伴随着企业的生长生存发展，乃至影响着企业的生命，这是很令人沮丧的事情。

所以，为什么在成本投入上大部分企业都会显得畏首畏尾，是因为对成功的判断和把握拿不准。如果说，能够将优秀的人才招揽到手，而不顾及该人才是否一定能够创造新的效益，那么实现这种“成功”是容易的。事实上，在一些案例中，有企业就是这么做的。这些企业相信“优秀的事只能由优秀的人来做，即使失败也是正常的”。

所以，真正令人沮丧的不是“失败”，而是如何看待“失败”或者“成功”。如果，能够建立起一种相对哲学的思考和认识，即“把任何的失败都看成是成功”，听起来就没有那么令人沮丧了。

在上面的认知基础上，所需要解决的就是“术”的层面的问题——企业能力的问题。一旦认识到**成本与成功的关系**、**失败与成功**的关系，那么接下来就是竭尽全力地打造团队的能力——创新的能力、竞争的能力等战术手段了。

成功需要失败来推动，所以实现成功的成本并不低

失败是如影随形的，失败将造成企业投入的损失，这将产生沉默成本。如果反复失败，这种损失的成本将不断增加。如何面对这种局面呢？

首先，没有成功不是从失败中得来的。我们都认同“失败是成功之母”，这是人所共知的逻辑、法则和规律。由此，可以推论得出，实现成功的成本是远远高于某一次失败的成本的。对于任何一次取得成功的成本核算可能都是远远低估了实际应该需要的成本的。

其次，失败也是成功。在企业漫长的成长道路中，好的企业所经历的漫长的生命周期中，从历史的角度看，很多的失败以及对失败的应对也是促进企业实现进化发展的关键点。

最后，为了成功，不计成本。不计成本的概念会让人望而生畏，但事实上，建立在前面分析的基础上，有时为了成功只能不计成本。计较成本的投入，所获得的结果往往都不是真正的成功，这也是很多企业为什么只具有很短的平均生命周期的原因。是不是“置之死地而后生”，死的概率就高呢，这个问题值得思考和探讨。所谓不计成本，就是不设定最终会花多少钱，而是有了钱就投进去。我们在这本书中很少拿具体的企业案例来支撑自身的观点，在这里，我们不妨回顾华为在技术创新投入——“攻城墙”的长达十多年、数以百亿千亿计的投资所赢得的应对美国技术封锁的主动权的事实。这个事例太典型了，其背后也许可以概括为“为了成功不计成本”——只有成功是企业唯一的追求，而不是控制成本。控制好成本是基础，在这个基础之上还要发展，其上的部分才是走向成功。

成本向成功如何转化，也是企业进化的简单范式

我在这里，以企业为主体，围绕企业这个主体建立一个实体关系，那就是：成本和成功的关系。如果对于企业的进化采取另外一个简单范式描述，那可能会是“成本转化为成功”就是企业在进化。

成本的内涵不简单，而追求低成本这个核心能力也更不是简单的内涵了。在论证的范畴内，需要再次说明的是“**低成本 ＝ 低投入成本 ＋ 低选择成本**”。这里有三个概念，它们体现了追求低成本不简单的内涵。

成功的内涵也不简单，而企业追求成功的过程中，如果把“失败＝成功”当作认知观，将会简化成功的内涵，将会统一地做出“成功的成本核算”的模式模型，而不再把失败当作阴影或负担。

企业进化就是实现成本向成功的转化。因为足够简单，所以忽略了太多的细节和要素。能够在本书最后得出这样的结论，目的不是就简而论简，而是希望能够深入浅出地从前面很长的篇幅论证基础上得出这一结论。

企业如何实现从成本到成功的转化，要论述清楚，这就是前文述那么多的文字应该发挥的作用吧。

后　　记

企业进化论是一个崭新的提法，面对的则是老生常谈的企业如何基业长青的问题。随着时代的发展，企业的进化自然而然地发生，借助生物进化论的理念和逻辑，我们对此做出了一定程度的分析和研究。

因为变化是永恒的，所以“执旧方，医新病”的情况也自然是普遍的和永恒的——药方总是滞后于新病。要解决这个问题，有一条出路，那就是提高对疾病的预防能力、提高企业自身健康的报警能力，所谓提高“治未病”的能力。

企业进化论还借鉴了中国传统文化里面的中医学理念和逻辑，以病症、病因、病理的处置思路和认识方法来看待企业的“管理问题”，把问题重新定义和抽象为“病症”，从而适用于企业生命生长的系统论中，这也是本书一个尝试的领域和方向。

企业核心的要素是人，人的个体自然适用进化论的大部分概念，企业是由人组成的一个组织集体，其自然也有潜在的和内在的逻辑适用一些生物进化论的概念，从这些角度展开企业新的运营管理理念的探讨，我们觉得也是有一定益处的。

作为生生不息、日新月异的企业而言，如果能够有一种办法定义其处于何种的生长状态、生命程度、发育情况，则不失为一个基础理论创新。当然，也有可能目前提出的这些概念和定义还经不起严谨科学的推敲。不论这条路走得通还是走不通，到头来都是一种有益的探索和争鸣。

笔者对本书的书名纠结了很久。原因是，企业进化论听起来过于宏大，说清楚企业进化论绝非易事。最终，经过反复的推敲、否定再否定，决定使用“企业进化浅论”这个名字。也许，仅仅将这个名字传播开来而非本书的内容如何吸引人，对我个人而言已是一个聊以欣慰的事情了，也挺好。

本书更多地偏向于抽象和论理特质，自然很适合喜欢逻辑思考、哲学思考的读者来阅读、来思辨。当然，就一本普通读物应具有的启发思想、拓展认识的功能而言，本书也适合广大的企业经营管理者、经济管理专业人士阅读。

最后需要说明的是，作者在书写的过程中，深深感到言不尽意、文不尽意，并且是否立意立得住、新意足够新是我最为彷徨焦虑的事情。望读者们理解海涵，不对之处多多批评指正。

著　者

2020 年 5 月